M.-P. SCHMITT - A. VIALA

SAVOIR-LIRE

Précis de lecture critique

5e édition corrigée

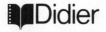

La Collection Faire/Lire
est animée par M.-P. Schmitt et A. Viala

Dans la même collection :

M.-P. Schmitt et A. Viala
Faire/Lire

M.-M. Fragonard
Précis d'histoire de la littérature française

M.-P. Schmitt et A. Viala
Le Cours de français au lycée

Les pages 49 à 75 s'inspirent des grandes lignes d'une étude d'A. Boureau, qu'il nous a gracieusement communiquée, ainsi que les textes 02 et 15.

Nous tenons à remercier pour ses conseils et informations M.-M. Fragonard.

Nous avons été sensibles aux encouragements que C. Benaïm, M. Bilon, S. Grousset, I. Gutkin, P. Weinzorn nous ont donnés à travers leur lecture critique du manuscrit. Mais le soutien le plus chaleureux, nous l'avons bien évidemment trouvé auprès de **Kim,** même après son départ au printemps de 1984.

Couverture de Lucien Moge

© Les Éditions Didier, Paris, 1982. Printed in France

ISSN 0290-294X   ISBN 2-278-03453-7

Avertissement

OBJECTIFS

Un livre de plus consacré à la lecture des textes...

A quoi bon ? Aujourd'hui, le temps est à la communication par l'image et le son, plus que par l'ecrit. Dans l'enseignement, on développe les « méthodes et techniques » : d'expression...

Le présent ouvrage n'ignore pas ces réalités. Au contraire, il en tient pleinement compte. La surabondance des discours est telle qu'on les subit, bien souvent, sans s'interroger sur leurs formes et leurs enjeux. La lecture rapide ou l'audition machinale se font sans esprit critique. Or tous les textes sont des regards sur le réel : ils ne l'expriment qu'à travers des prismes, et selon leurs points de vue et leur idéologie. Face à cela, tous les lecteurs et auditeurs sont plus ou moins désorientés. Depuis 20 ans l'enseignement du Français hésite entre des discours flous sur les « impressions » et opinions de chacun, ou à l'inverse, la tentation d'imposer des systèmes de critique. Il doit sortir de cette impasse, sous peine de renoncer à son rôle formateur déterminant. S'il se borne aux « techniques et méthodes » (comme font ceux qui interprètent trop étroitement les programmes), il se perdra aussi. Il est urgent qu'il s'impose comme une discipline à part entière.

Pour cela, la lecture peut, mieux qu'aucune autre activité, **former la réflexion et l'esprit critique,** *et donner au* **goût** *l'occasion de s'éduquer.*

Car tous les textes peuvent être sources d'idées et de plaisirs. A condition de ne pas les rejeter a priori, en s'imaginant par ex. qu'il faut « savoir » d'abord pour « lire » ensuite. Au contraire : **lire, c'est conquérir des savoirs.** *C'est aussi découvrir les* **plaisirs** *de la réflexion, de la curiosité, de l'émotion, du rire...*

Tels sont les enjeux de ce livre.

CONTENUS

• *Pour une* **lecture informée**

*Ce livre donne sous une forme accessible l'***ensemble des notions nécessaires pour l'analyse des textes,** *avec leurs définitions et applications. Dire qu'elles sont difficiles est un mauvais prétexte : pourquoi admettrait-on l'utilité d'un vocabulaire précis dans toutes les disciplines et pas en Français ? Si quelque chose est difficile, c'est la réalité, et non les mots nécessaires pour l'analyser.*

- *Pour des* **lectures ouvertes**

Ce livre cite **toutes sortes de textes,** *littéraires ou non, de tous les genres, périodes et dimensions. Il n'est pas une anthologie : il donne seulement des exemples variés (en utilisant des « extraits », pour aider et inciter à la lecture des textes intégraux). Nous faisons une large place à la littérature : les textes littéraires sont souvent plus complexes, et donc plus riches que d'autres. Et pourquoi se priver d'une occasion de solliciter le goût et le plaisir de lire ?*

- *Pour des* **lectures actives**

Aucun livre ne remplace un enseignant : nous proposons ici des appuis. Aucun livre ne remplace l'effort personnel de l'élève ou de l'étudiant : nous proposons un outil de travail, un guide pour la découverte des textes. Trop souvent, les manuels se bornent à des lots d'exemples ou des inventaires de notions. Mais les notions ne servent qu'à faire naître des idées. C'est pourquoi nous sommes allés jusqu'au bout de la progression, en organisant les notions en **démarches de lectures actives et plurielles.**

MODE D'EMPLOI

Selon les situations et les besoins, cet ouvrage peut être utilisé en suivant plusieurs parcours de lecture :

- **En suivant sa progression d'ensemble, si l'on veut explorer méthodiquement les voies d'accès aux textes.**

- **En partant de l'index (p. 222) : le livre fonctionne alors comme un réservoir de notions, avec leurs définitions et des exemples (soit dans le corps du texte, soit dans les annexes).**

- **En partant de la table des matières, si l'on veut étudier plus particulièrement telle ou telle question. Par ex., qui souhaite travailler sur le théâtre se reportera directement au chapitre correspondant de la IIe partie. De même, on pourra commencer par les démarches de lecture (IIIe partie) et découvrir au fur et à mesure les notions nécessaires. Dans tous ces cas, il convient de tenir compte de l'introduction de la partie consultée.**

N.B. Par ailleurs, cet ouvrage donne les éléments-clefs pour rédiger des textes et des travaux écrits et préparer des exercices oraux (dissertations, résumés, commentaires, exposés...) : par ex. pp. 180 à 185 les types fondamentaux d'organisation du propos ; p. 148, le résumé ; etc.

Table des matières

Première partie : LES TEXTES ET LA LECTURE

Seconde partie : **RÉCIT, DISCOURS, POÉSIE**

Troisième partie : COMMENT LIRE

ANNEXES

Table des textes cités

1	Tortue-Têtue	22	Ah Dieu ! que la guerre est jolie
2	Thérèse Desqueyroux	23	Rhinocéros
3	Banques sans frontières	24	Le Misanthrope
4	Taxi contre chien d'aveugle	25	Il n'y a pas d'amour heureux
5	L'Albatros	26	Le loup, la chèvre et le chevreau
6	Un Malentendu	27	Un Pauvre honteux
7	Un Prêtre marié	28	Les Tragiques
8	Le Père Goriot	29	Harmonie du soir
9	La Femme qui a connu l'Empereur	30	Le Grand Combat
10	Candide	31	Suis-je pas malheureuse
11	L'Écume des jours	32	Son de cloche
12	La Peste	33	Mignonne, allons voir...
13	La Dot	34	Les deux taureaux et une grenouille
14	Allocution du général de Gaulle	35	Rapport sur les factions de l'étranger
15	Publicité Mousline	36	Le Crapaud
16	Bulletin d'abonnement d'Actuel	37	Une bonne année pour moi
17	La Mort en direct	38	Lettre du 1er juillet 1848
18	Enivrez-vous	39	L'Huître
19	La Marseillaise	40	Saint Nicolas et les trois petits enfants
20	La Joie imprévue	41	Le Procès-verbal
21	Britannicus		

Introduction générale

Un **texte,** au sens courant du terme est une série de mots dont l'agencement produit un sens. Mais, comme le verbe « lire », *texte* est parfois employé dans un sens plus étendu pour désigner toute sorte d'ensembles de signes, de quelque langage qu'ils relèvent : ainsi pourra-t-on dire, par exemple, que les images (affiches, bandes dessinées, films, etc.) sont des textes aussi. Cela tient au fait qu'un texte est un *discours*, au sens scientifique de ce terme, c'est-à-dire la mise en œuvre d'un langage pour communiquer un sens. Les textes verbaux prennent donc place dans cet ensemble des discours de tous ordres et de leur communication, et leur lecture est un cas exemplaire des pratiques d'expression et de communication. C'est à eux que se consacre le présent ouvrage.

> N.B. Le mot *discours*, plus encore que *lecture* et *texte* est employé avec des acceptions diverses, qu'il faut distinguer (voir p. 76).

Au sens strict, la **lecture** est l'action de déchiffrer un texte écrit. Mais au sens large, lire, c'est observer un ensemble de signes, de quelque nature qu'il soit, pour en connaître le sens : ainsi peut-on dire qu'on *lit* une image, un tableau, un paysage, etc. Lire est donc une des activités fondamentales de l'esprit humain ; la lecture des textes est une pratique (apprise) de culture (au sens large d'« ensemble des connaissances intellectuelles et des savoirs, mais aussi des comportements et des valeurs d'un groupe social ») ; elle n'est qu'un aspect de cette *lecture du monde*, mais un aspect particulièrement important dans la vie intellectuelle et sociale.

La lecture est une activité productrice de sens. C'est dans l'acte de lecture que se révèle le sens du texte et, d'autre part, le lecteur attache aux mots, faits ou idées qu'il y découvre plus ou moins d'importance, les affecte de valeurs et de nuances particulières selon ses propres savoirs, goûts et idées. Les textes lus, les situations et motivations de la lecture sont d'ailleurs très divers : on peut, en lisant, rechercher un savoir, une information, un plaisir... Mais les données fondamentales restent les mêmes : découverte du sens d'un texte ; mise en communication, par là-même, du lecteur avec celui (ou ce) qui a produit le texte, et en même temps avec les réalités auxquelles ce dernier fait référence.

PREMIÈRE PARTIE

Les textes et la lecture

1 Qu'est-ce que la lecture ?

a

LA LECTURE : UNE ACTIVITÉ MENTALE

La lecture est d'abord la *perception* d'une série de signes visuels (comme l'audition est perception de signes sonores) ; cet acte apparemment élémentaire peut être source de difficultés de compréhension : l'œil saisit les signes écrits ou les caractères d'imprimerie non un par un, mais par « paquets », et peut ainsi confondre des mots entre eux. De plus, chez celui qui apprend à déchiffrer, cette perception ne donne accès à un sens qu'après un effort d'*abstraction* considérable. Les signes perçus ne prennent une signification que par une série de *représentations* mentales (conceptuelles ou imaginaires) : la définition d'un objet quelconque dans un dictionnaire ne le donne pas à voir, mais suppose que le lecteur en forme le concept. Des représentations mentales du même ordre sont nécessaires par exemple pour imaginer les personnages ou les scènes d'un récit.

La lecture exige aussi une *mémorisation*. Quand on déchiffre, les signes se succèdent, chacun prend son sens en fonction de ceux qui le précèdent, mais éclaire à son tour le sens de ces derniers : la terminaison d'un verbe indique son mode et son temps ; de même pour le sens d'un texte : la fin d'un roman policier, en donnant le mot de l'énigme, révèle ce que signifiaient les événements jusque-là inexpliqués. Une phrase ou un texte ne prennent leur sens que quand ils sont achevés.

La lecture est donc une activité de *structuration,* c'est-à-dire de mise en rapport de signes les uns avec les autres. Elle suppose la connaissance de codes (au sens d'« ensembles de signes et règles de leur assemblage ») dont elle suit le fonctionnement dans le texte : vocabulaire et syntaxe, mais aussi à un plan plus général, enchaînement des actions dans un récit ou des arguments dans un discours. Elle est un travail constant *d'interprétation* (c'est-à-dire attribution de significations).

Les textes et la lecture

b

LA LECTURE : UNE ACTIVITÉ SOCIALE

1 Une communication différée

Dans une communication orale directe (une conversation, un cours), celui qui parle et celui qui écoute sont en présence l'un de l'autre : celui qui parle peut vérifier, par les réactions de son auditeur, que son propos a été compris et, au besoin, y ajouter des moyens de le rendre plus net (gestes, intonations, documents, précisions immédiatement fournies) ; l'auditeur de son côté peut réclamer ces précisions, répondre sur le champ. En revanche, la communication par écrit est *différée* :

— les interlocuteurs ne sont pas en présence (éloignement dans l'espace) ;

— le texte est lu après un délai qui suit le moment de sa rédaction (éloignement dans le temps), que ce délai soit de quelques minutes ou heures (une note de service, un article d'actualité) ou de plusieurs siècles... Quand il y a une réponse, elle est donc décalée et ne peut intervenir dans le cours du texte pour le modifier (et quand on demande par écrit des précisions à la suite d'une lettre, on obtient en réponse un nouveau texte et non la suite pure et simple du précédent). Le texte écrit tend ainsi à faire un tout *en se refermant sur lui-même* (alors que l'oral peut être ouvert sur la situation des interlocuteurs).

De là le *paradoxe* de la lecture : d'une part elle est prisonnière du texte tel qu'il est et elle doit, pour le comprendre, se plier à lui sans possibilité d'obtenir sur-le-champ précisions ou compléments d'information. Mais d'autre part, elle peut jouir à l'intérieur de ces limites d'une grande liberté : alors même que le texte est fixé, le lecteur peut opérer entre les éléments qui le composent des rapprochements, des mises en rapport que l'auteur n'avait pas forcément prévus. Le lecteur peut donc mettre à profit ce paradoxe pour discerner dans le texte des significations inattendues. Dans la pratique courante de la lecture, ce jeu entre la contrainte et la liberté se joue sans que le lecteur en ait toujours conscience et sans qu'il agisse de façon délibérée. Néanmoins, toute interprétation d'un texte met en mouvement ces deux aspects du processus : saisir le sens premier (ou « littéral » selon l'expression courante mais ambiguë) du texte, et y discerner des significations latentes qui peuvent être la projection des goûts et opinions du lecteur.

2 Fonctions sociales de la lecture

— La lecture est une *institution sociale* : on l'enseigne à l'école, elle a des lieux privilégiés d'exercice (bibliothèques, salles de classe...), elle fait l'objet d'un commerce (édition, librairie...). Elle joue un rôle socio-économique en permettant de multiplier les communications de toute sorte entre les individus et les groupes. Et même les lectures personnelles de chacun (choix des textes et façons de les aborder) sont déterminées par cet ensemble social et institutionnel.

— La lecture est donc partie prenante d'une *culture*. Mais il est nécessaire de distinguer plusieurs *degrés* dans la mise en jeu de celle-ci par la lecture. Dans une communication différée, la situation qui réunit l'émetteur et le récepteur du message peut en effet se diviser en plusieurs ensembles formant un système complexe. Un lecteur moderne abordant un texte ancien se trouve face à trois sortes de réalités :

• le passé évoqué dans le texte ;

• ce qu'en dit le texte, avec des modes de pensée et d'expression propres, qui appartiennent à une époque qui n'est pas celle du lecteur ;

• les modes de pensée et d'expression de ce lecteur même.

Mais tous les lecteurs modernes n'ont pas le même statut, et il faut distinguer les « spécialistes » de la lecture et les lecteurs courants. Ainsi, lorsqu'un élève lit, dans un manuel d'histoire (ou de français), un discours de Robespierre, quatre degrés de culture se trouvent mis en présence : les événements de 1793 (degré 1) ; vus et interprétés par le texte de Robespierre (degré 2) ; lui-même présenté d'une certaine façon par l'historien qui a réalisé le manuel (degré 3) ; l'élève (degré 4), lui, reçoit en même temps les trois degrés précédents. Le sujet qu'il étudie (1793 et les opinions politiques du temps) est ainsi perçu de façon très *médiatisée.*

A chacune de ces étapes, les opinions, désirs de savoirs de chacun des lecteurs interviennent pour interpréter ce qui est « lu » : Robespierre voyait (lisait) dans les difficultés de la France en 1793 les conséquences d'un complot royaliste ; les historiens d'aujourd'hui, selon qu'ils sont monarchistes, libéraux ou marxistes, donnent de ses discours des interprétations différentes ; et l'élève qui utilise le manuel projette à son tour dans sa lecture ses propres façons de voir.

Même lorsqu'il s'agit du présent le plus immédiat, ces divers degrés sont en jeu dans un texte et sa lecture : dans un article de presse, les événements racontés passent par un médiateur (le journaliste) dont le lecteur reçoit, en même temps que le récit des faits, les façons de voir, même quand la chose semble anodine (un simple fait divers, v. texte 04). Les codes multiples de tout texte (la langue, l'esthétique, les vues de l'auteur...) sont ainsi toujours confrontés aux codes du lecteur (lequel d'ailleurs ne les connaît pas toujours comme tels), et à ses compétences (savoirs, culture).

— La lecture est prise dans un ensemble d'habitudes culturelles. Elle met toujours en œuvre les mêmes mécanismes fondamentaux, mais les textes ne sont pas tous reçus de la même façon. Certains sont tenus pour si ordinaires et quotidiens qu'on ne prête plus attention au fait qu'ils sont des textes, pris dans les degrés de culture analysés plus haut : lettres commerciales ou privées, petites annonces, publicités, modes d'emplois, manuels ; d'autres sont perçus au contraire comme extraordinaires, parce qu'ils marquent un événement exceptionnel : lettre de déclaration d'amour ou de rupture, communiqué de presse annonçant une déclaration de guerre ou un armistice, etc. ; de même, la lecture d'un roman policier ou d'une bande dessinée est volontiers considérée comme un simple divertissement, tandis que celle d'un ouvrage signé d'un « grand » écrivain est supposée donner un plaisir plus enrichissant et sérieux. Chaque individu, chaque milieu et chaque époque opèrent des hiérarchies et distinctions entre les textes selon le rôle social et affectif dont ils les investissent. Le contexte social décide donc largement de la signification conférée au texte et engage ainsi son sens. Ces distinctions n'ont cependant rien de définitivement fixé : hiérarchies et classements évoluent avec les modifications de la situation, du contexte et de la sensibilité des individus, des groupes sociaux et des époques.

C

LECTURE ET LITTÉRATURE

La notion de *littérature* est une notion mouvante. D'une époque à l'autre et d'un milieu à l'autre, ce mot ne recouvre pas les mêmes images, les mêmes types de textes. Pris dans son sens le plus étendu, il peut désigner l'ensemble des textes écrits (on parle ainsi de « littérature scientifique », « juridique »...) ; au sens le plus étroit, il est parfois entendu comme un synonyme de « fiction » (c'est-à-dire textes d'invention) ; le plus souvent, on assimile littérature avec « grands et beaux textes » (c'est-à-dire en fait, ceux qu'une époque considère comme tels).

La définition de la littérature par le rôle social qui lui est dévolu n'est pas plus évidente que sa définition par l'ensemble des textes qu'elle rassemble. Là encore, les prises de position et les doctrines sont diverses, au fil des temps et dans une même période. Doit-elle faire l'éloge des grands hommes, comme le voulait Malherbe ? Est-elle l'art de plaire et d'instruire des Classiques ? L'« écho sonore » du monde comme chez Hugo, l'« art pour l'art » des Parnassiens, l'« engagement » de Sartre ?... Doctrines limitées et provisoires, d'autant plus que les textes écrits par ceux-là mêmes qui prônent des théories en sont parfois très différents, et toujours plus complexes.

On est donc amené à définir aujourd'hui la *littérature,* au sens strict, comme l'ensemble des textes qui, à chaque époque, ont été considérés comme échappant aux usages de la pratique courante, et visent à signifier plus en signifiant différemment — bref : l'ensemble des textes ayant une dimension esthétique. Quant au *fait littéraire,* il correspond à l'ensemble des pratiques sociales (statuts des auteurs, modes de diffusion des textes, législation, goûts et comportements du public...) qui régissent la production et la réception des textes.

L'évolution du mot « littérature »

Littérature a d'abord signifié *savoirs.* Pour les textes à visée esthétique, on utilisait *poésie* ou *poèmes.* L'apparition de l'imprimerie et l'expansion de l'instruction permettent de franchir un seuil décisif ; au XVIIe siècle, *poésie* se spécialise pour désigner les textes versifiés, tandis que le terme *belles-lettres* désigne l'histoire et l'éloquence.

Le mot *littérature* prend définitivement son sens moderne au XVIIIe siècle et désigne les textes ayant une dimension esthétique. Cela correspond en même temps à un fait social nouveau : l'écrivain peut alors vendre ses écrits et, dans le meilleur des cas, vivre de sa plume ; il ne dépend plus seulement de la générosité des mécènes.

Au fil des siècles et de son évolution, la « littérature » conserve des textes du passé, même s'ils appartiennent à des genres qui ne se pratiquent plus : on n'écrit plus aujourd'hui comme La Fontaine, mais ses *Fables* restent lues. De plus, si une majorité des textes et des auteurs finissent par tomber dans l'oubli, des écrits qui n'étaient pas considérés comme relevant de la « littérature » au moment où ils ont été composés, y ont été ensuite intégrés : c'est le cas des *Lettres* de Mme de Sévigné. C'est donc par la pratique sociale de la lecture que des textes conservent ou acquièrent le rang de textes littéraires.

Ainsi, un texte peut être lu comme « littéraire » dès qu'il suscite un quelconque plaisir esthétique, dès qu'il peut être signifiant par sa *forme* (son style, mais aussi son organisation d'ensemble) et dépasser de la sorte la seule fonction utilitaire. Mais tous les textes ou presque sont porteurs de sens symboliques ; en débordant de leur signification littérale, ils peuvent offrir des vues et des images où des lecteurs trouveront des correspondances avec leurs propres représentations, images, sensibilités. C'est pourquoi un texte dont les virtualités trouvent un écho assez large dans l'esthétique d'une époque ou d'un milieu peut entrer dans la littérature pour cette époque et ce milieu ; c'est pourquoi la littérature n'est jamais un ensemble clos et figé. Elle s'enrichit par ce mouvement constant, qui fait que des textes ou des genres nouveaux, et d'autres longtemps tenus pour marginaux, sont peu à peu « légitimés » et intégrés dans ce qu'une culture tient pour ses normes. Des récits de voyage, des lettres privées, des articles de presse, des rengaines populaires ont ainsi pu recevoir des lectures littéraires ; le conte populaire fut admis comme texte littéraire à la fin du XVIIe siècle ; le roman policier ou de science-fiction, la bande dessinée sont en cours de légitimation.

Le texte littéraire peut donc être à la fois un objet de plaisir, un réservoir d'idées et d'images offert au lecteur, et le lieu d'une forme de savoir et de connaissance du réel. Il est de ce fait susceptible d'une multiplicité de significations qui en font un objet de lecture privilégié. Il est d'une complexité particulière, puisque le jeu des formes y est un moyen supplémentaire d'imposer une idéologie au lecteur ; mais qui sait le déchiffrer peut d'autant mieux déchiffrer tous les autres. C'est pourquoi nous y ferons assez largement référence dans cet ouvrage.

Considérée dans cet ensemble de phénomènes, la lecture n'est donc pas seulement réception des textes, mais action sur eux : si passive qu'elle soit, elle en construit le sens, les jauge et les juge. Une lecture de curiosité, de découverte — *une lecture active* — équivaut à un travail parallèle à celui de l'écriture et tout aussi important. Mais pour pouvoir s'exercer, cette activité suppose la maîtrise de certaines notions et l'analyse, assez technique au besoin, des éléments constitutifs des textes.

2 Les composantes du texte

a

LE TISSU DU TEXTE

Le mot *texte* vient du latin *textus* qui signifie : trame, tissu. C'est bien comme un tissu où s'entrecroisent plusieurs séries de fils que se présente un texte.

1 Observations de départ

texte 01

Tortue-Têtue

Tortue pourquoi te tais-tu *(bis)*
Tortue tu es têtue *(bis)*

Tu ne montres pas ta tête
Mais pourquoi la rentres-tu
5 A te cacher tu t'entêtes
Rentrant tes pattes pointues
    (Refrain)

Sans t'arrêter tu te terres
Mais pourquoi te terres-tu
Tu t'obstines à te taire
10 Comme si on t'avait battue
    (Refrain)

Tu te creuses ta retraite
Mais pourquoi te hâtes-tu
Pour l'hiver tu seras prête
Et très chaudement vêtue
    (Refrain)

Anne Sylvestre, Les Nouvelles fabulettes, 1976, © Tuderio Music.

Thérèse Desqueyroux

(extrait)

L'avocat ouvrit une porte. Thérèse Desqueyroux, dans ce couloir dérobé du palais de justice, sentit sur sa face la brume et, profondément, l'aspira. Elle avait peur d'être attendue, hésitait à sortir. Un homme, dont le col était relevé, se détacha d'un platane ; elle reconnut son père. L'avocat cria : « Non-lieu » et, se retournant vers Thérèse :

« Vous pouvez sortir : il n'y a personne. »

Elle descendit des marches mouillées. Oui, la petite place semblait déserte. Son père ne l'embrassa pas, ne lui donna pas même un regard ; il interrogeait l'avocat Duros qui répondait à mi-voix, comme s'ils eussent été épiés. Elle entendait confusément leurs propos :

« Je recevrai demain l'avis officiel du non-lieu.

— Il ne peut plus y avoir de surprise ?

— Non : les carottes sont cuites, comme on dit.

— Après la déposition de mon gendre, c'était couru.

— Couru... couru... On ne sait jamais.

— Du moment que, de son propre aveu, il ne comptait jamais les gouttes...

— Vous savez, Larroque, dans ces sortes d'affaires, le témoignage de la victime... »

La voix de Thérèse s'éleva :

« Il n'y a pas eu de victime.

— J'ai voulu dire : victime de son imprudence, madame. » [...]

François Mauriac, 1re page de : *Thérèse Desqueyroux*, (1927). Éd. Grasset.

Banques sans frontière

Dans son article « le Soldat méconnu », Georges Mamy utilise le vocable « *indépendance nationale* » sans paraître le moins du monde le mettre en question. Indépendance nationale au bout du fusil, point final.

Eh bien non, pas d'accord.

A quoi servent nos divisions, notre matériel atomique ou autre, contre l'envahissement des capitaux étrangers ? La première indépendance est économique. J'ose à peine le signaler tant cela semble évident. Mon mari travaille pour John Deere S.A. (Arc-les-Gray), ma fille pour Winthrop, mon neveu pour Jeauremand, filiale I.T.T., à Dole... Nos patrons : les Américains.

> Demandez aux petits paysans des Vosges qui achète leurs fer-
> mes à l'abandon ? Des Allemands. Sans parler, bien sûr, de
> l'aliénation « pétrole ». Alors l'armée, vous savez, à part nous
> 15 enfoncer un peu plus sur le plan financier [...]. Essayons de
> changer nos mentalités, le problème de l'armée s'évaporera
> comme rosée au soleil.
>
> Mme M. Courrier des Lecteurs, in *Le Nouvel Observateur* (26 août 1974).

La lecture même très rapide de ces trois textes fait apercevoir leur tissu, et y repère quelques « fils » essentiels, de nature très diverse et inégalement présents dans chacun d'eux.

— Le texte 01 retient l'attention par ses sonorités : répétition du son [t] et de la syllabe [ty] (voir l'A.P.I. p. 221) ; son refrain et ses couplets lui donnent un rythme régulier immédiatement perceptible ; on y interroge une tortue en s'étonnant de son obstiné mutisme : attitude inhabituelle, sauf dans les comptines d'enfant par exemple, auxquelles le texte s'apparente.

— Le texte 02 est très différent ; des personnages s'adressent la parole : le décor, leurs propos, leurs attitudes donnent à comprendre qu'ils sont engagés dans le dénouement d'un procès ; quelques indices permettent de discerner l'origine de celui-ci, une affaire d'empoisonnement, et les liens familiaux entre certains protagonistes. L'ensemble « fait vrai », donne un peu l'impression d'un reportage.

— Le texte 03 est l'affirmation d'opinions politiques ; il se présente comme une réponse à une autre prise de position exprimée dans un article paru dans un numéro précédent du même périodique. Le ton est incisif, le vocabulaire spécialisé.

Ces quelques constatations immédiates, tout incomplètes et désordonnées qu'elles soient, suffisent à montrer que la lecture saisit d'emblée dans les textes divers « fils » ou **aspects**.

2 Les cinq aspects du texte

• Un texte a d'abord un *aspect matériel :* long ou bref, en vers ou en prose, avec ou sans titre, complet ou fragmentaire... Cet aspect est un premier ensemble d'indications sur sa nature et son but.

• Un texte étant la mise en œuvre d'une langue, sa découverte passe par la compréhension des mots (leur phonétique et leur morphologie) et des phrases (leur syntaxe) : une pratique raisonnée de la lecture doit donc, pour rendre compte de cet *aspect verbal* (qui peut être écrit ou oral), mettre en œuvre certains concepts et démarches de la science qui étudie les faits de langue : *la linguistique* ; elle doit lui emprunter en particulier la notion même de *signe*.

• Mais la lecture dont traite ce livre dépasse le déchiffrage premier des mots et des phrases et vise le sens dans le texte ; phonétique, vocabulaire et syntaxe y sont envisagés dans la mesure où ils produisent des effets de sens, qui constituent *l'aspect sémantique* du texte.

• Un texte porte la marque de l'acte de communication qui l'a produit, de la relation entre son auteur et son lecteur, dans un certain contexte et pour certains buts. Cela constitue l'*aspect pragmatique,* celui de la pratique de communication. Ce fait social de communication implique que l'on fait appel pour sa compréhension à des éléments relevant de sciences humaines (Histoire, Sociologie, Psychologie, Théorie de la communication...), même si on les utilise machinalement et sans songer à leur analyse scientifique.

• Tout texte, enfin, est un fait culturel significatif de situations sociales et historiques. Il prend place dans l'ensemble des modes d'expression par lesquels une société manifeste ses attitudes, ses comportements et ses valeurs. Donc, ses significations se jouent aussi selon cet *aspect symbolique.*

Les symboles

Au sens premier, un *symbole* est un objet physique quelconque auquel on a donné une signification conventionnelle : par ex. l'anneau nuptial est le symbole de la fidélité réciproque que se jurent les époux. Par extension, tout signe conventionnel est un symbole : symboles chimiques, mathématiques, et les lettres pour les sons. En un sens dérivé, on parle de symbole pour toute réalité concrète à laquelle on attribue un sens abstrait, soit par convention, soit par analogie : le chien est souvent pris, dans la culture occidentale, comme symbole de la fidélité. Enfin, un symbole est tout objet qui représente une croyance, un idéal, une forme quelconque du sacré : il peut être collectif (la croix pour la religion chrétienne, le drapeau pour la patrie...) ou individuel (tous les objets que chacun de nous a tendance à fétichiser par ex.). Les textes font usage de ces diverses sortes de symboles ; le texte 01 met en scène une tortue, symbole de l'entêtement. Ils peuvent être eux-mêmes les symboles d'une façon de penser, d'une sensibilité, d'une forme d'imaginaire, etc. ; toute la production des textes relève ainsi de l'activité symbolique : le texte 01 est symbolique d'une vision poétique de l'enfance. (Voir aussi *allégorie,* p. 216.)

N.B. Les *symbolistes* sont des écrivains de la fin du XIXᵉ s. qui fondent leur art sur une représentation symbolique et spirituelle du monde, en recourant essentiellement à la suggestion par des images (Mallarmé, Moréas, et partiellement Verlaine, Rimbaud, etc.).

Ces différents aspects sont tous présents dans un texte. On est amené à les distinguer pour les besoins de l'analyse, mais :

– ils se donnent dans *un seul bloc :* le texte ;
– ils sont perçus dans *un même mouvement :* la lecture ;
– ils sont tous partie prenante du *sens* du texte.

3 La notion de structure

Le mot *structure* désigne toute organisation d'éléments agencés entre eux. Les structures d'un texte sont nombreuses, de rang et de nature divers. Certaines sont d'ordre proprement linguistique : définir le signe comme l'agencement d'un signifiant et d'un signifié, c'est l'analyser comme une structure ; de même, tout langage est un ensemble structuré. Mais plusieurs sortes de structures interviennent en même temps. Le vers :

Tortue pourquoi te tais-tu

a une structure syntaxique, une autre sonore, une autre rythmique, une autre encore sémantique ; de même, un personnage comme Thérèse dans le texte 02 est structuré (il a un nom, un statut familial et social, des attitudes, etc.) Dans l'un et l'autre cas, il s'agit de structures concernant des *éléments* du texte (une phrase, un vers, un personnage,...), que l'on peut appeler *micro-structures* ; mais le texte *considéré dans son ensemble* est également une structure résultant des combinaisons des micro-structures et qui détermine son sens global ; il est une *macro-structure*.

> N.B. On ne peut utiliser la notion de structure que pour un ensemble clos. Un texte forme un tel ensemble. Mais un même titre peut recouvrir un ensemble instable ; le cas est fréquent : l'auteur modifie ce qu'il a écrit, un éditeur publie des fragments ou des versions abrégées. Chacun des textes ainsi produits a sa propre structure, qui peut différer nettement du texte initial.

b

LE TEXTE COMME OBJET MATÉRIEL

• le volume

Qu'un texte soit long ou court semble ne rien faire à son sens. Pourtant, son volume est significatif :

– il est un des critères les plus immédiats pour savoir à quel genre de texte on a affaire : deux formes narratives proches comme le roman et la nouvelle se distinguent d'abord matériellement par leur longueur ; dans un journal, un article long est perçu d'emblée comme un article « de fond » ; une encyclopédie ne se présente pas comme une plaquette de poésie ; etc. ;

– il engage le processus de déroulement du sens et sa mémorisation dans la lecture : dans des textes très longs, il faut parfois rappeler au lecteur, de temps à autre, ce qui est déjà très éloigné et risque d'avoir été oublié (c'est le rôle du « résumé des chapitres précédents » dans les feuilletons).

• texte oral, texte écrit

Quoique composés des mêmes éléments, textes oraux et textes écrits présentent des différences notables. Le texte oral est accompagné de signes non-verbaux (sonores ou visuels), immédiatement perceptibles par l'interlocuteur, qui contribuent largement au sens du message ; soutenue par ces signes annexes, la syntaxe de l'oral est souvent peu rigoureuse : des phrases restent inachevées, ou dévient brusquement. Dans le cas d'un oral authentique, improvisé, elles sont souvent hachées par des pauses, des « heu », des « ben », des « tu vois » et des « j'veux dire », des retours en arrière, des redites, qui marquent les hésitations d'une formulation qui se cherche.

L'écrit, n'étant pas accompagné des mêmes signes annexes, ne peut présenter de telles libertés syntaxiques, sous peine d'être vite incompréhensible : même les textes illustrés et la bande dessinée, qui associent texte et images, ne présentent pas autant de souplesse que l'oral. Le texte écrit dispose pourtant de divers moyens pour indiquer les pauses, inflexions, intonations : la ponctuation, le soulignage de mots ou de phrases, etc. De plus, certains inconvénients de l'oral ne s'y manifestent pas : la graphie peut distinguer des mots homophoniques (seau / saut / sceau), et les marques syntaxiques sont plus nombreuses à l'écrit qu'à l'oral : ainsi les marques du pluriel dans : **Les petites filles modèles** (1 à l'oral, 4 à l'écrit), ou : **Belles paroles ne donnent pas de garanties** (0 et 4).

• de l'écrit à l'oral, de l'oral à l'écrit

Oral et écrit ont donc des ressources d'expressivité différentes qui leur sont propres, et qui influent sur l'agencement et les effets de sens du texte. Mais ils peuvent s'imiter l'un l'autre : un cours magistral oral est fort proche des formes de l'écrit ; à l'inverse, des textes écrits miment les tours de la langue parlée en cherchant par ce moyen des « effets », pratique fréquente dans la presse « pour jeunes », par ex. Mais, plus souvent encore, l'écrit doit reproduire des paroles et vice-versa ; un véritable transcodage est alors nécessaire :

– de *l'écrit à l'oral* : en règle générale, il s'agit de textes prévus dès leur rédaction pour être dits (lus, récités, chantés) ; les risques de confusions y sont rares et la difficulté tient à la représentation des nuances d'expressivité de l'écrit, et surtout aux choix que celui-ci laisse possibles à cet égard (situation classique de récitation ou de lecture à haute voix) ;

– de *l'oral à l'écrit* : la reproduction aussi fidèle que possible à l'écrit d'un propos oral spontané donne souvent un texte écrit peu intelligible (flottements de la syntaxe, intonations impossibles à indiquer) ; une interview enregistrée au magnétophone, par ex., exige un travail de réécriture pour pouvoir passer à l'écrit ; aussi le plus souvent, l'écrit vise non à reproduire exactement l'oral, mais à le *figurer*, en utilisant les ressources et les conventions des trois *modes de citation* : style direct, indirect, indirect libre.

Style direct, indirect, indirect libre

Le *style direct* est la reproduction des paroles telles qu'elles ont été prononcées dans la réalité, ou sont censées l'avoir été dans une fiction). La syntaxe de l'oral (pronoms, temps des verbes) y est respectée. Les paroles y sont parfois accompagnées d'indications de tons, mimiques, attitudes... (cas des indications scéniques au théâtre). Typographiquement, il est signalé par des guillemets (« ») et, le plus souvent introduit par un tiret.
Le style indirect rapporte les paroles prononcées, mais en les intégrant à un tour narratif : par ex. « Il dit qu'elle pouvait... ». La syntaxe ne respecte plus celle de l'oral ; elle se subordonne nécessairement au verbe introductif.

Le *style indirect libre* rapporte des paroles ou des pensées comme le style indirect, mais sans faire intervenir un verbe introductif. Par ex. ; dans le texte 02 : **La petite place semblait déserte...** exprime ce que pense Thérèse, sans qu'il y ait une précision comme **« Thérèse remarqua que... »**

Les textes et la lecture

- **typographie et présentation**

Typographie et présentation sont des moyens de l'écrit pour mettre en œuvre ses propres ressources d'expressivité.

– la typographie peut présenter au regard du lecteur des indices d'insistance ou de nuances par l'aspect et la grandeur des signes : mots ou phrases en italique, en caractères gras, en capitales, en couleur... De même, elle peut mettre en œuvre la disposition du texte dans l'espace de la page (prose ou vers et strophes) ou du livre (paragraphes, chapitres).

– La présentation : le titre, les sous-titres, la matière du support de l'écrit (qualité du papier ou de la toile), la couverture et le graphisme d'un livre, l'en-tête et le paraphe dans une lettre, l'écriture manuscrite même, ... : autant d'éléments signifiants. De même, qu'un texte soit donné in-extenso ou cité par fragments (« extraits » dans les manuels scolaires), accompagné ou non de notes et de commentaires, oriente sa lecture. La communication à laquelle on le destine, l'usage pour lequel il est prévu, s'inscrivent donc dans sa matière même : sa circulation commerciale, le public qu'il vise, bref : sa *pragmatique,* sont ainsi présents de façon sensible.

C

LE TEXTE : UN FAIT DE LANGUE

Tout texte appartient au langage et met en œuvre une langue, donc un code linguistique. C'est sur cette base que se construit son sens.

Définitions linguistiques élémentaires

- **Signe, signifiant, signifié**

La linguistique étudie la langue (systèmes de signes verbaux commun à un groupe humain) et le langage (mise en œuvre d'une langue). Mais elle se limite à l'échelle des mots ou de la phrase. Elle en analyse les éléments constitutifs : les sons (phonèmes) ou leurs représentations écrites (graphèmes), qui forment l'élément matériel et sensible du signe verbal, c-à-d. *le signifiant.* Les unités de sens (sèmes) forment *le signifié :* dans le texte 02, *victime* est un signifié qui regroupe les sèmes « être animé », « mort ou blessé », « par une agression », etc.

Un signe est donc l'association d'un signifiant et d'un signifié. La séparation des deux est commode pour l'analyse ; mais le signifié n'existe jamais sans signifiant, et inversement.

D'autre part, le sens d'un signe est le produit arbitraire d'une convention : le mot « tortue » n'a aucun rapport d'ordre visuel ou sonore avec l'animal qu'il désigne ; d'autres langues, par ex., useront pour le nommer d'autres signifiants : « tortoise » en anglais, « tortuga » en espagnol... Ce sens, d'ailleurs, est fixé par l'usage et codifié par les dictionnaires à une époque donnée ; c'est dire qu'il peut évoluer historiquement.

• Sens dénoté et sens connoté

Le sens d'un mot tel que le donne un dictionnaire est appelé sens *dénoté*. Mais cette définition n'épuise pas les sens que l'on peut associer au mot : « tortue » désigne un « quadrupède reptilien à carapace » (sens dénoté), mais évoque aussi les caractéristiques de l'animal : la lenteur, la dureté d'une carapace, une chair comestible,... Un signe prend donc une valeur particulière dans un contexte donné, un sens *connoté*. Ces sens varient avec les individus, les groupes sociaux, les époques, les civilisations : nous disons aujourd'hui « quelle tortue ! » pour taxer quelqu'un de lenteur[1]; mais la Chine ancienne faisait de la tortue l'animal mythique qui portait le monde sur sa carapace, et le mot recevait alors une connotation respectueuse. Les connotations sont donc d'abord des idées reçues qu'inculquent l'éducation et la culture. Elle fondent des distinctions de valeurs et ont un grand poids idéologique : quand on lit, dénotations et connotations se mêlent toujours, la plupart du temps sans qu'on en ait conscience. L'ensemble des sens dénotés et connotés d'un mot forme son champ sémantique.

• Paradigmes et syntagmes

Le sens d'un mot résulte d'abord de la perception d'une série d'identités et d'oppositions. Le mot « tortue » désigne un « animal », mais qui ne se confond pas avec un « lapin », un « aigle », un « crocodile ». L'ensemble « animal » s'oppose à « humain », mais les deux se réunissent comme des « animés », s'opposant aux inanimés (végétal, minéral). Du point de vue des catégories grammaticales, le processus est le même : « tortue » est un substantif, qui ne se confond pas avec un verbe, un adjectif, un pronom. Chacune des catégories grammaticales ou lexicales où l'on peut ranger un mot s'appelle un *paradigme*. Les paradigmes relèvent de la langue dans sa totalité et non d'un texte particulier : dans le texte 01, le lecteur n'a pas besoin de voir figurer d'autres noms d'animaux pour placer immédiatement le mot « tortue » dans le paradigme « animal ».

Le sens d'un mot résulte aussi de la place qu'il occupe dans un groupe de mots et des rapports qu'il entretient avec les mots ou signes de ce groupe. Chaque groupe associé selon les règles de la syntaxe et formant une unité de sens cohérent (phrase, proposition,..) est un *syntagme*. La situation du mot dans le syntagme où il apparait détermine son sens : **tortue** est employé comme un nom d'animal en position de sujet, et non comme un qualifiant de la lenteur comme il le serait en situation d'attribut (« cette voiture est une tortue »). Un syntagme est donc l'enchaînement d'éléments choisis dans des séries paradigmatiques.

d

LE TEXTE : UN OBJET DE SENS

1 Qu'est-ce qu'un signe textuel ?

La linguistique étudie les signes à l'échelon de la phrase. Or dans un texte, il y a aussi des signes de dimension plus grande : des paragraphes, des personnages, des événements ou des épisodes entiers dans un récit, etc. Ces *signes textuels* sont eux aussi le résultat d'un processus de *connotation*. Les sens connotés d'un mot, on vient de le voir, apparaissent chaque fois qu'il prend une signification particulière :. dans l'expression « c'est une tortue », tortue renvoie non à l'animal à carapace, mais à une personne ou un véhicule lent ; dans l'expression « former la tortue », il s'agit d'une tactique de combat de l'armée romaine ; « tortue » peut donc avoir pour sens connoté « lenteur » ou « tactique de combat à l'abri des boucliers ».

Dans un texte, les mots (qui sont des signes) renvoient à des ensembles plus vastes que leur sens dénoté. Dans le texte 02, la présence du mot **victime** donne à penser qu'il existe tout un événement (signe textuel) ; néfaste : crime ? accident ? erreur judiciaire ? ; de même à son tour, **gouttes** renvoie selon toute vraisemblance à un événement « empoisonnement » ; donc, « crime » et « empoisonnement » signifient qu'il y a eu tentative *d'assassinat,* qui renvoie encore à *procès,* et ainsi de suite. S'il ne se construisait pas de la sorte toute une série de signes textuels de plus en plus larges, le texte 02 resterait privé d'une signification pour le lecteur.

La discipline qui étudie les ensembles de signes en général est la *sémiologie.*

Les signes textuels peuvent être de nature et de dimensions très variées :

– dans le texte 01, à force de se répéter, la sonorité « t » forme une série qui retient l'attention ; or elle s'associe avec d'autres éléments relevant de l'aspect matériel du texte (vers groupés en strophes, avec des couplets et des refrains). Tout cela marque l'appartenance de **Tortue-têtue** au monde des comptines et chansons enfantines ;

– dans le texte 02, ce sont des personnages, leurs actions, leurs situations qui prennent rang de signes textuels ;

– dans le texte 03, le groupement des phrases en paragraphes, et la longueur plus ou moins grande de ceux-ci, sont aussi des signes textuels. Etc.

Dans un texte donc, tout peut avoir fonction de signe, et tout peut « faire signe » au lecteur. Cette expression est d'ailleurs à entendre dans son ambivalence. En effet, l'analyse textuelle ne dispose pas d'une grille préalable et fixe pour repérer et délimiter les signes ; c'est la lecture qui repère pour chaque texte selon sa dynamique propre, les éléments qui se regroupent en signes textuels et avec quelles significations.

2 L'enchaînement des signes

Les signes textuels s'ordonnent, dans le texte, de la même manière que les signes linguistiques dans une phrase : les éléments s'enchaînent dans le déroulement du texte (selon l'axe syntagmatique), et peuvent en même temps être en rapport les uns avec les autres suivant leur nature ou leurs qualités (selon l'axe paradigmatique). Dans le texte 02, des éléments s'enchaînent par leur succession (sortir, regarder dehors, rencontrer quelqu'un, lui parler...), d'autres sont liés par leur appartenance à une même catégorie (**Thérèse, Duros, Laroque** sont des personnages ; **fille, père, gendre** désignent les membres d'une famille).

Le sens d'un texte se construit donc avant tout au fil de la succession des éléments qui le composent (un récit par la succession des événements racontés ; un raisonnement par celle des arguments....). Cette succession forme la *chaîne sémantique.*

• énoncé et discours

Par nécessité d'analyse, on distingue *l'énoncé* (les faits racontés, les arguments,...) et la façon d'énoncer, le *discours*. Le texte 02 est le début d'un roman dont la fiction (l'énoncé) relate l'enfance et la jeunesse de Thérèse Desqueyroux, puis son mariage jusqu'à son procès et les suites de celui-ci. Mais le roman ne présente pas les faits dans cet ordre : le discours place d'emblée le lecteur au moment où le procès s'achève, et reviendra ensuite en arrière pour raconter l'enfance. L'ordre chronologique des faits et celui du récit qui les raconte ne correspondent donc pas ; le sens global du texte résulte en partie de la façon dont les deux se combinent.

> N.B.   La terminologie présente quelques difficultés :
> *discours* que nous avons déjà rencontré dans d'autres emplois est susceptible de plusieurs acceptations (v. pp. 12 et 76). *Enoncé et discours* restent cependant les termes les plus commodes. Dans l'analyse des récits, ils peuvent être remplacés par des termes plus précis (v. p. 49). On prendra garde que cette distinction entre l'énoncé et le discours ne recouvre nullement l'opposition qu'on faisait autrefois et encore parfois entre le « fond » et la « forme » (fond = les « idées » du texte ; forme = les effets et beautés éventuelles de son style). En effet, la façon de dire est *aussi signifiante* que ce qui est dit.

• Les séquences

La chaine sémantique se divise en segments ou *séquences*. Toute partie d'énoncé qui forme une unité de sens constitue une séquence. Dans l'ordre linguistique, un syntagme, une phrase sont des séquences. Mais lorsqu'il s'agit d'un texte, les séquences sont plus complexes : le premier paragraphe du texte 03 forme une séquence centrée sur un même sujet, mais elle est composée de deux phrases. Pour délimiter ces séquences complexes, on tient compte des critères suivants :

— Elles doivent correspondre à une même concentration de l'intérêt (ou **focalisation**) ; soit qu'on y observe un seul et même objet (un même fait, un même personnage, une même idée, un même champ de réflexion) : dans le texte 02 par ex., de la l. 13 à la l. 21, plusieurs personnes s'intéressent à un même objet ; soit que plusieurs objets différents sont présentés à travers le regard d'un même personnage (texte 02, l. 1 à 12).

— Elles doivent former un tout cohérent dans le temps ou dans l'espace : se situer en un même lieu ou un même moment, ou rassembler plusieurs lieux et moments en une seule phase : une période de la vie d'une personne, une série d'exemples et de preuves à l'appui d'une même idée, etc.

Les critères ne sont pas toujours tous présents à la fois, et n'interviennent pas de façon mécanique. C'est le texte qui, par ses caractéristiques propres, définit les critères pertinents pour délimiter les séquences. Le texte 03 évoque plusieurs lieux (lieux de travail, les Vosges), mais traite d'un seul et même sujet : l'**envahissement des capitaux étrangers**, sur lequel se concentre l'attention.

D'autre part, les séquences ainsi définies peuvent être chacune un élément d'une séquence plus grande, jusqu'au texte entier qui forme la séquence maximale. Chaque strophe du texte 01 contient plusieurs phrases, mais fait en même temps elle-même un tout, et apparaît comme un élément de l'ensemble des trois couplets.

Dans des textes plus longs, le système pourra compter plus de niveaux encore. On peut schématiser de la façon suivante ces intégrations successives :

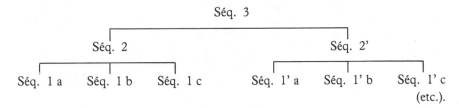

Séq. 3

Séq. 2   Séq. 2'

Séq. 1 a   Séq. 1 b   Séq. 1 c   Séq. 1' a   Séq. 1' b   Séq. 1' c
(etc.).

Saisir et hiérarchiser les séquences est fondamental pour la lecture (v. pp. 63 et 182).

3 Les réseaux de signification

• la notion d'isotopie et son utilisation

Le sens d'un signe est déterminé par la place qu'il occupe dans la chaîne sémantique, mais il l'est aussi par les relations entre des signes sans liens syntaxiques. Ce sont alors des éléments communs présents dans les uns et les autres, qui établissent ces relations. Dans le texte 01, **tu te terres** et **à te taire** sont proches par leurs sonorités ; de plus, la combinaison de phonèmes [tr] les relie avec d'autres signes qui contiennent aussi cette sonorité **(montrer, rentrer)**. Les réseaux de signes reliés entre eux dans un texte par leur appartenance à de mêmes catégories textuelles sont nommés des *isotopies* (grec : *iso* : même ; *topos* : lieu). Ce terme appartient d'abord au vocabulaire de la chimie, où il qualifie des éléments de même composition mais de poids atomiques différents ; il a été appliqué par analogie à l'analyse textuelle pour y désigner des séries d'éléments qui appartiennent à des catégories identiques tout en occupant des positions différentes dans la chaîne sémantique ou dans les aspects du texte, et forment ensemble une ligne de compréhension du texte.

> N.B.   Les isotopies se distinguent des paradigmes en ce qu'elles sont des catégories *présentes* dans le texte et *définies par celui-ci*, alors que les paradigmes relèvent non d'un texte en particulier, mais de la langue, et existent en dehors du texte. On ne peut donc dresser de répertoire général des isotopies : celui-ci ne se définit que par et pour *un* texte.

On peut distinguer des isotopies simples et d'autres plus complexes. Les plus simples rassemblent des éléments d'une même nature : sonore, morphologique (mots de même famille ou classe), lexicale (mots se rapportant à un même sujet), sémantique (signes ayant des sèmes communs). Les plus complexes combinent des éléments de ces quatre catégories, et qui peuvent relever d'aspects différents du texte.

• les champs lexicaux

Les champs lexicaux regroupent les mots d'un texte qui se rattachent à une même notion (isotopies lexicales). Dans le texte 03, **soldat, fusil, divisions, matériel atomique**, relèvent du même champ lexical de **l'armée** ; à noter que le syntagme **nos divisions**, s'il ne se trouvait pas dans un tel champ lexical, pourrait recevoir le sens de « désaccords » ou « opérations de calcul », au lieu de « corps de troupes ».

Plusieurs champs lexicaux peuvent être mis en relation par l'intermédiaire de termes qui leur sont communs. Dans l'exemple, **armée** est lié à **indépendance nationale** et à **plan financier** ; par l'intermédiaire de ce dernier mot, ce champ lexical entre en rapport avec celui de l'« économie » : **indépendance économique, acheter, patrons, travailler, paysans, capitaux**. Les signes qui établissent ainsi un lien entre deux ou plusieurs isotopies sont appelés des *connecteurs*.

• les motifs et les thèmes

On emploie *motif* et *thème,* avec le sens qu'ils ont en composition musicale d'« éléments qui se répètent ». Un *motif* est une isotopie minimale, simple (lexicale, sonore...) ; un *thème* est une isotopie complexe, formée de plusieurs motifs.

Chaque thème peut devenir, à son tour, un motif dans un thème de rang supérieur. Ainsi dans le texte 03, **armée** est un thème, dont les motifs sont : **fusil, soldat, divisions...** ; mais il est à son tour intégré dans le thème plus général **indépendance nationale**. On conçoit donc l'importance des éléments connecteurs, à ces divers degrés : c'est à travers eux que s'organisent les relations entre les thèmes, leur hiérarchie, donc une large part du sens du texte. Le texte 03 peut se résumer en hiérarchisant deux motifs : l'**indépendance nationale** tient plus à l'**économie** qu'à l'**armée**.

Ce phénomène s'observe particulièrement bien dans les histoires drôles, qui reposent sur des ambiguïtés de sens, où, à partir d'un **calembour** connecteur, deux thèmes sont concurremment possibles :

> **Porte-monnaie spécial étanche pour argent liquide** (Pierre Dac).

En introduisant **étanche**, P. Dac crée un thème (**étanche, liquide**) qui fait percevoir l'ambiguïté de sens de l'adjectif **liquide**, à partir de l'expression courante **argent liquide**.

Motifs et thèmes peuvent s'organiser aussi bien à partir d'éléments lexicaux, sémantiques que sonores ou morphologiques. Ils peuvent donc créer des relations entre les divers *aspects* d'un texte. Dans le texte 01, on discerne un motif sonore **tr** et un autre **t-t**. Les mots ou expressions contenant l'un ou l'autre s'organisent donc en séries : d'une part **taire, terrer, ne montre pas, rentrer, retraite** ; d'autre part : **têtue, pourquoi te tais-tu, tête, s'entêter**. Mais on voit que chaque série contient des termes qui présentent aussi un élément de sens (aspect sémantique) commun : s'isoler pour la série en **tr** ; s'obstiner pour la série **t-t**. Elles forment donc chacune un thème. Entre les deux, un rapprochement de sonorités sert de connecteur : d'un côté le jeu **têtue/tais-tu**, de l'autre le mot **tortue**. Le sens du texte se construit ainsi à travers les rapports entre deux thèmes tels que la crainte (le désir de se cacher) et l'entêtement. Et ces thèmes sont à leur tour rattachés aux traditions des chansons et jeux de mots de l'enfance (les joies du : « tu-t'entêtes-et-t'as-tort », « le-tort-tue »...).

Le texte 01 joue systématiquement des sonorités : d'où l'importance des motifs sonores. Mais ailleurs, ce seront des champs lexicaux, des événements, des idées, des personnages — bref, toutes sortes de signes textuels qui auront le rôle de motifs et de thèmes centraux.

Ainsi, dans la lecture d'un texte, l'esprit du lecteur est sollicité par des effets de sens résultant des motifs et des thèmes, en même temps que par des effets de sens dus à l'ordre de succession des éléments.

N.B. *Thème* est un mot ambigu (voir INDEX).

3 Le texte et le réel

a

LES POINTS DE VUE

Dans un texte, le réel est représenté à partir du *point de vue* de celui qui parle ou écrit.

Au sens propre, un *point de vue* est l'endroit où l'on se place pour observer quelque chose. Dans un texte, c'est le regard à travers lequel nous sont présentées les informations : regard de témoin, de participant à ce que relate le texte ou d'auteur censé tout savoir. Ainsi dans le texte 02, celui qui raconte la scène n'est pas un des participants des événements, mais connaît les faits et les attitudes de tous les personnages. Au sens figuré, *point de vue* équivaut à : façons de voir, opinions. Les opinions et les déterminations psychologiques de celui qui énonce les informations donnent aux représentations de ce qu'il évoque une orientation et une coloration particulières. Dans le texte 03, l'auteur est impliqué dans le sujet : cette lettre est faite pour mettre en cause un point de vue jugé trop simpliste (celui de l'auteur de l'article incriminé) et pour en faire valoir un autre. On note que le signataire de cette lettre présente son point de vue non comme tout à fait individuel, mais comme celui de toutes les personnes qui veulent bien regarder la réalité en face et qui subissent les mêmes situations que lui.

Toujours émis à partir d'un certain point de vue, aucun texte n'est neutre ; il est chargé d'affectivité et d'idéologie. Le point de vue est une manifestation clef des implicites, c.-à-d. de ce que l'auteur tient pour vrai, voire comme allant de soi : l'auteur du texte 03 considère qu'il va de soi de désirer l'**indépendance nationale**. Le point de vue est aussi une technique d'écriture qui permet la mise en œuvre, spontanée ou calculée, de ces attitudes de l'auteur. Le texte 01 mime le regard (point de vue) d'un enfant sur un animal ; mais il révèle en fait, par cette imitation même, le point de vue de l'auteur adulte (qui s'efface derrière des paroles imitant celles qu'on pourrait attribuer à un enfant), sur les enfants et leurs manières d'être. Dans le texte 02, les informations sont données par un narrateur qui sait tout mais avec, par moments, des relais où le point de vue est celui du personnage de Thérèse : en la privilégiant de la sorte (Thérèse), le texte invite ses lecteurs à juger comme elle ce qui l'entoure, à le voir à travers elle.

Discerner le ou les point(s) de vue qui fondent un texte, c'est donc saisir sa position face au réel (aux référents, aux contextes) et sa visée.

N.B.   Les indices textuels du point de vue font partie de l'énonciation (v. p. 34).

b

LES RÉFÉRENTS

Les *référents* sont les éléments de la réalité extérieurs au texte et auxquels il renvoie. Il faut distinguer :

– le référent proprement dit, c.-à-d. le réel lui-même que le texte se propose d'évoquer ou de représenter (même s'il est fictif) ;
– la situation et les circonstances de la production du texte ;
– l'environnement textuel : un texte prend historiquement place parmi d'autres textes ; cela peut être rattaché au cas précédent, mais constitue un phénomène assez important pour être mentionné à part.

Ces éléments sont de natures extrêmement variées, puisqu'ils relèvent de toutes les catégories de la réalité : sensible, conceptuelle ou imaginaire. Mais, s'ils sont extérieurs au texte, ils s'y manifestent à travers des signes textuels à partir desquels on peut les connaître ou les étudier. Dans le premier paragraphe du texte 03, l'article de G. Mamy incriminé relève de l'environnement textuel ; des expressions comme **vous savez, à part nous enfoncer...** renvoient à l'auteur et aux destinataires, donc à une situation de parole ; **l'armée, le pétrole, les Américains, les Vosges** renvoient à des réalités politiques et économiques.

Un texte a un référent vrai quand celui-ci (êtres, choses, situations...) peut être authentifié et vérifiable. Dans le texte 03, il est possible de s'assurer de la réalité des **Américains, des petits paysans des Vosges,** de **l'armée,** ainsi que des faits qui y sont rapportés, quelle que soit l'interprétation qui en est donnée. A l'inverse, le référent peut être *fictif,* et renvoyer à des réalités imaginaires comme dans le texte 02 : Thérèse, Duros, Larroque n'ont jamais existé et ne sont que des « êtres de papier », ce ne sont pas des personnes, mais des personnages.

L'utilisation d'un référent vrai correspond à un effort pour avoir prise sur la réalité, informer, affirmer des interprétations, donner une opinion pour vraie. L'utilisation d'un référent fictif, de son côté, peut viser à « faire vrai », en accumulant les effets de réalité : de tels effets fondent *l'illusion réaliste,* comme dans le texte 02, et s'appuient sur le vraisemblable (c.-à-d. ce qui est considéré comme plausible, pouvant être vrai, par un milieu ou une époque donnés). Ainsi le début de **Thérèse Desqueyroux** se présente un peu comme un reportage, donnant des précisions détaillées sur les lieux **(couloir, escalier, petite place, platane)** et les conditions atmosphériques **(brume),** qui sont autant d'effets de réels, de même que les tournures familières qui apparaissent dans le dialogue **(les carottes sont cuites, c'était couru)** ; les comportements des personnages (honte de Thérèse, froideur de son père, prudence de l'avocat) relèvent du vraisemblable. A noter que, dans de tels textes, le vraisemblable « dévie » toujours un peu et l'illusion se révèle souvent fragile dès qu'elle est envisagée avec un regard critique : comment, par ex., un reporter témoin de la scène aurait-il pu connaître les pensées de Thérèse ?

A l'inverse, un texte à référent vrai peut adopter des tournures proches de celle de la fiction : le cas est fréquent dans les reportages journalistiques, les récits de voyage et les autobiographies. Un texte fictif peut d'autre part ne faire à l'illusion du vrai qu'une place limitée, en l'incluant dans un jeu : c'est le cas du texte 01.

C

LA COMMUNICATION : DONNÉES GÉNÉRALES

Les points de vue, manifestations de la position de celui qui parle, s'inscrivent dans l'acte de communication, et s'expriment à travers l'énonciation.

1 La communication

Un texte est une forme (parmi d'autres) de communication : il met en relation un émetteur (qui parle ou écrit) et un récepteur (auditeur ou lecteur). Sa communication se déroule dans des conditions qui tiennent :

– à la situation de l'émetteur et du récepteur (proches ou éloignés, connus ou inconnus l'un de l'autre, etc.) ;
– aux moyens qu'ils utilisent pour communiquer ;
– à la connaissance et maîtrise qu'ils ont l'un et l'autre de ces moyens et du sujet traité.

Les divers éléments doivent être pris en charge par le texte, où ils laissent leur marque.

Les fonctions du langage

R. Jakobson (v. p. 202) a proposé de distinguer dans toute communication :
– l'*émetteur* du message (un individu ou une collectivité) ; texte 03 : Mme M. ;
– le *récepteur ;* ici, la rédaction de l'hebdomadaire et, au-delà, tous les lecteurs ;
– le *message* proprement dit, c.-à-d. le contenu des informations transmises ; ici, l'opinion et les arguments de Mme M. ;
– le *canal* de communication, moyen technique d'acheminer le message : la voix, l'écriture, le téléphone, la photo, etc. ; ici l'écrit, dans un hebdomadaire (le titre est donné par la rédaction de celui-ci) ;
– le *code* (v. p. 15) ; ici, la langue française ;
– le *référent* (v. p. 31) ; ici, la place qu'il convient d'accorder à l'armée en France.

Dans la communication, le langage se charge de six **fonctions :**

– la *fonction expressive* exprime l'attitude de l'émetteur à l'égard du contenu de son message et de la situation de communication ; texte 03 : **J'ai honte de le dire...** ;
– la *fonction conative* exprime ce qui concerne ou met en cause le destinataire ; **changeons nos mentalités** ;
— la *fonction phatique* correspond à ce qui sert à établir, maintenir ou couper le contact ; **vous savez...** ;
– la *fonction référentielle* renvoie aux référents situationnels ou textuels ; ici, la citation, les noms propres ;

– la *fonction métalinguistique* concerne tout ce qui sert à éclairer ou préciser le code utilisé ; ici, la remise en question du sens du vocable **indépendance nationale.** [« Métalinguistique » est formé sur « métalangage » (langage qui parle du langage)] ;

– la *fonction poétique* est la mise en évidence du langage lui-même par le jeu de ses structures, tonalités, rythmes, sonorités, dans le but d'apporter un effet de sens supplémentaire ; **Eh bien non, pas d'accord :** tour oral et elliptique placé dans un message écrit, cette exclamation a un effet d'insistance.

Cette analyse a parfois été discutée. Mais, si l'on garde à l'esprit que les diverses fonctions se combinent et s'imbriquent les unes dans les autres et qu'un même signe peut participer de plusieurs (**pas d'accord :** fonctions poétique et expressive), elles permettent une analyse satisfaisante de la communication.

L'ensemble des éléments de la communication et des fonctions du langage se schématise ainsi :

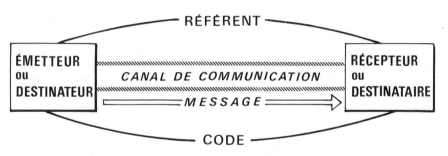

2 Les interlocuteurs

Tout échange de communication met en relation des *interlocuteurs*. Les termes servant à les désigner sont nombreux. Nous retiendrons les notions suivantes :

– Du côté de l'émetteur, on appelle *auteur* celui qui a produit, créé le texte. Lorsqu'il s'agit d'un professionnel de la littérature, on le désigne comme *écrivain*. Celui qui prononce un texte oral est nommé *locuteur* ; celui qui rédige un texte écrit, *scripteur*. Le plus souvent, c'est une seule et même personne qui crée le texte et le prononce ou rédige ; cependant il arrive qu'on récite ou écrive un texte composé par quelqu'un d'autre. Dans le cas des textes de récit, celui qui raconte, le *narrateur*, ne se confond pas forcément avec l'auteur du texte.

– Du côté du récepteur (qui peut répondre et donc devenir à son tour émetteur), on distingue le *destinataire*, à qui le texte s'adresse, et le *lecteur* ou l'*auditeur*. Là aussi, c'est le plus souvent une seule et même personne qui est à la fois destinataire et lecteur (ou auditeur). Mais il arrive maintes fois qu'un texte soit lu par quelqu'un à qui il n'était pas destiné. De plus, quand il s'agit d'un texte publié (livre, journal, émission de radio), il est impossible que l'auteur connaisse précisément les destinataires.

Il peut ainsi se créer des situations de communication très complexes où un même texte est perçu et interprété différemment selon les interlocuteurs et peut même prendre des sens très divers selon les conditions de sa circulation. Analyser ces situations est donc essentiel pour une compréhension efficace.

Les diverses instances de la parole peuvent intervenir tout à tour dans un texte. Il s'établit alors des *relais de parole* : les propos d'un personnage sont, par ex., rapportés par un narrateur (texte 02). Chaque locuteur ayant son point de vue, des distorsions peuvent apparaître dans la façon dont il retransmet les propos. Parfois, un personnage semble être le porte-parole de l'auteur. Mais on prendra garde que ses propos sont déterminés par son point de vue de personnage. En tout état de cause, la signification d'un texte résulte de l'interaction des faits et dires de *tous* les personnages.

3 L'énonciation

L'*énonciation* est l'acte par lequel un texte est énoncé. Mais, à la suite d'E. Benveniste on désigne plus particulièrement par énonciation les traces que porte le texte de l'acte de communication dans lequel il est englobé. Ces traces sont les indices des situations et relations exposées ci-dessus. Elles s'observent surtout dans :

– les pronoms, qui désignent l'auteur et le récepteur du propos (dans le texte 03 : **Je, vous, nous**), les adjectifs démonstratifs et possessifs (**nos patrons, nos mentalités**) ;
– les modes et temps verbaux, qui indiquent la situation de l'auteur et du récepteur, et leurs rapports en fonction du présent de l'acte de parole : **changeons nos mentalités** indique que la personne qui parle et celle à qui elle s'adresse sont proches dans le temps (présent), l'espace (même pays), la situation sociale et les façons de penser ;
– les indices d'opinion, c.-à-d. toutes les interventions de celui qui parle (ou écrit), de quelque forme qu'elles soient, pour exprimer des jugements, commenter le texte, solliciter le lecteur : vocatifs, impératifs, qualificatifs de jugement de valeur, questions (vraies ou fausses). Tous ces éléments relèvent des fonctions expressive, conative et phatique.

> N.B. Les indices de l'énonciation sont donc présents autant dans la syntaxe que dans le vocabulaire, et les constructions syntaxiques ont ici valeur de signes par elles-mêmes (p. ex., le fait qu'un verbe s'adressant au lecteur soit à l'impératif est signifiant, indépendamment même du sens de ce verbe).

L'observation de ces indices d'énonciation permet de discerner les éléments essentiels de l'aspect pragmatique du texte :
• les conditions de production et de communication ;
• les points de vue (qui parle et avec quelles opinions) ;
• le but de l'acte de communication : dans le texte 03, les pronoms personnels et les adjectifs possessifs manifestent un glissement du **je** (l'auteur) à un **nous**, où se confondent l'auteur et ses proches (**nos patrons**) ; puis un second **nous** réunissant l'auteur, ses proches et tous les lecteurs (**nous enfoncer, changeons nos mentalités...**) ; le texte vise à convaincre et son énonciation *mime* l'adhésion des lecteurs aux vues de l'auteur.

L'énonciation n'est donc pas un acte neutre, ni une pure technique d'expression, mais la manifestation des points de vue et des buts du texte.

d

L'AUTEUR ET LE LECTEUR

1 L'auteur

Tout texte a un auteur, mais celui-ci peut se présenter sous des formes diverses.

Le cas le plus banal se présente quand le texte est produit et signé par une personne désignée par son nom et connue du lecteur. C'est souvent à partir de ce qu'on sait de l'auteur que s'établissent des renseignements importants pour la compréhension du texte, ne serait-ce que la date, le lieu et les conditions dans lesquelles il a été produit ; en un mot, les bases mêmes de la situation de communication.

Mais il est presque aussi fréquent qu'on lise des écrits composés par une personne dont on ne connaît guère que le nom. L'auteur est parfois collectif, par ex. quand un éditorial de revue est signé : « le comité de rédaction », un tract : « les grévistes de Manufrance ». Il n'est pas rare non plus qu'un auteur reste entièrement anonyme, ou se dissimule sous un pseudonyme. Combinant deux des cas précédents, on trouve aussi des pseudonymes dissimulant un collectif : les travaux de mathématique signés « Bourbaki » sont en réalité l'œuvre d'un groupe de chercheurs. Autre situation paradoxale, mais banale : nombre de personnes célèbres signent de leur nom des livres qu'elles ont faits rédiger par des écrivains à leurs gages (qu'on appelle alors des « nègres ») et dont le nom n'est même pas cité. Bref : un auteur peut en cacher un autre, et il n'est pas toujours facile de savoir simplement « de qui est » le texte qu'on lit. Cela n'empêche pas qu'il ait un sens.

Quelques distinctions s'imposent donc.

L'auteur, personne réelle, peut être connu comme un individu, avec sa psychologie (personnalité, goûts, caractère, histoire intime), et comme un personnage social, appartenant à un milieu, une culture, confronté à des réalités historiques et prenant position par rapport à des courants d'opinion. Mais parfois même des connaissances bien établies dans ce domaine ne servent guère à éclairer le texte. Ainsi l'histoire littéraire a analysé en détail les opinions catholiques de Mauriac, mais cela ne contribue pas directement à expliciter les significations de la page citée de **Thérèse Desqueyroux** (texte 02). Même quand un auteur est présent dans son texte, ou intervient à la première personne pour exposer sa situation, ses idées, ses désirs, voire laisser deviner ses fantasmes, on ne peut avoir de lui par ce moyen qu'une connaissance partielle. Ainsi le texte 03 nous apprend nombre de choses sur « Mme M. », mais ne nous permet de rétablir ni sa personnalité, ni son histoire individuelle. Il faut donc avoir présent à l'esprit que le langage modifie toujours le réel , et qu'il peut même être utilisé dans ce but. C'est le cas de bon nombre de textes autobiographiques. Ainsi des *Mémoires d'Outre-Tombe :* le livre abonde en renseignements authentiques, mais Chateaubriand y vise surtout à construire de lui-même une image glorieuse.

Bien souvent, le langage sert à se payer de mots, à se leurrer, à mentir. C'est pourquoi on évitera toute interprétation qui consisterait à prendre les textes comme des projections simples et directes de la biographie de leurs auteurs. A plus forte raison, on évitera d'inventer des biographies d'auteur à partir des textes interprétés. Les renseignements historiques et biographiques apportent souvent des indications capitales, mais ne donnent pas seuls le sens d'un texte. Le référent-auteur est soumis comme tous les autres à une représentation qui le déforme au moins en partie : on l'étudiera donc en tenant compte avant tout des marques d'énonciation qui le concernent.

L'auteur, le texte, la critique

La question du rapport entre le texte et son auteur est particulièrement importante pour les œuvres littéraires. De nombreux systèmes critiques en ont fait leur objet principal. Certains, prenant les textes comme l'expression directe de leur auteur, les considèrent comme « transparents ». Depuis le XIXᵉ siècle a régné ainsi une telle critique biographique, et de telles démarches persistent encore. Mais elles ont fait l'objet de sévères dénonciations. D'autres types de critiques littéraires recourent à la psychanalyse : elles admettent que l'auteur ne s'exprime pas de façon directe et que le texte est en partie le produit du travail de l'inconscient. Des analyses intéressantes ont été avancées ; nulle ne peut être définitive : il n'existe pas de vérité sûre en ce domaine (v. p. 199 sqq).

En fin de compte, la critique ne peut éviter de s'interroger sur les auteurs. Mais il reste à savoir le but qu'elle s'assigne : recherche-t-elle la personnalité de celui qui a écrit ? Ou bien s'interroge-t-elle sur les significations du texte, qui ne dépendent pas seulement des intentions, toujours problématiques, de l'auteur ? Or la lecture n'a jamais affaire qu'à des *textes*, et l'intention de l'auteur n'est connaissable que dans la mesure où elle a reçu une formulation. La question : « que veut dire l'auteur ? » n'est donc jamais payante ; on ne peut que demander : « que signifie le texte ? »

---

2 Le lecteur

• le lecteur réel

Un texte s'adresse à un (des) destinataire(s) : il peut les nommer, et viser à obtenir d'eux une rédaction précise : le **vous** du texte 03 désigne la rédaction du **Nouvel Observateur**, et la lettre vise à obtenir d'être publiée, ce dont la rédaction a eu le pouvoir de décider. En revanche, nul texte ne peut prévoir ce que seront ses *lecteurs réels* : l'auteur de cette lettre ne manquera pas d'être surprise de voir son texte figurer dans le présent livre. Les attitudes, goûts, démarches des lecteurs réels peuvent être totalement étrangers à ce que le texte suppose, et produire des contresens à la réception.

• le lecteur supposé

Parfois, le destinataire n'est pas indiqué dans l'énoncé du texte, mais la forme du discours ou son aspect matériel désignent un lecteur ou une catégorie de lecteurs. On parle dans ce cas de *lecteur supposé*. Le texte 01 sollicite, par ses jeux sonores proches des comptines, et par le titre et la présentation du disque-recueil auquel il appartient, un public enfantin ; le texte 02, pour sa part, efface toute marque de destinataire, mais sa présentation, son allure, son sujet supposent un certain public ayant des *compétences de lecture* (savoirs, habitudes, capacités) données ; cet effacement apparent du destinataire va de pair avec l'illusion réaliste : feignant d'être le réel, le texte feint de s'adresser à tout le monde et n'importe qui, alors même qu'il suppose une certaine catégorie de lecteurs (ceux qui goûtent le roman « réaliste » et psychologique). De même, en règle générale, la grande presse (écrite ou parlée) feint de s'adresser ·à tout lecteur, alors qu'en réalité chaque journal a ses publicscibles.

3 Pacte et enjeux de lecture

• le pacte de lecture

Tout texte propose à son lecteur d'accepter un certain nombre de conventions, sans lesquelles il deviendrait irrecevable : le texte 01 suppose que l'on accepte le *jeu* selon lequel on peut parler en vers et en musique à une tortue pour lui demander de répondre ; le texte 02 suppose qu'on admette l'omniscience d'un narrateur qui connaît les pensées et sentiments des personnages. Ces conventions, l'attitude et la forme d'intérêt qu'elles supposent chez le lecteur forment *le pacte de lecture*. Ce pacte est parfois donné de façon explicite (p. ex., le « soit une baignoire dont les robinets... » des énoncés d'arithmétique). Parfois, une expression conventionnelle y suffit (le « Il était une fois... » des contes). Quelquefois même, il devient l'occasion d'un jeu, comme dans **Jacques le Fataliste** de Diderot, qui débute par une question d'un lecteur fictif et la réponse de l'auteur : « **Comment s'étaient-ils rencontrès ? Que vous importe... »**. Le plus souvent, le pacte est implicite ; mais il se discerne toujours dans les premières lignes du texte, voire le titre (existence ou non d'une indication du genre du texte, effets de réel ou non, utilisation du « je », etc.).

• les enjeux du texte

Tout pacte est une sorte de piège : il vise à faire entrer le lecteur *dans le jeu* du texte. Or ce dernier vise toujours à exercer une action sur le lecteur (le convaincre, le charmer, le distraire, l'informer) et, pour cela, doit capter son attention. On appellera *enjeu discursif* cet objectif de l'acte de communication (à distinguer des « enjeux textuels », qui concernent les contenus du texte ; v. pp. 62 et 151).

Les enjeux discursifs sont parfois explicites (texte 03), souvent implicites (textes 01 et 02). Ils peuvent être distingués en :

– enjeux *performatifs,* c.-à-d. : qui font du texte un moyen d'action sur le destinataire, visant à confirmer ou modifier ses attitudes et pratiques immédiates (en le convainquant, en l'informant) : texte 03, par ex. ;

> N.B. On appelle « performatif » un verbe, et plus largement tout énoncé qui équivaut à une action : dire **Je crois en...** ou **je t'aime** sont des actes ; le **oui** nuptial en est l'exemple type.

– enjeux de *plaisir* (distraire, amuser, charmer, émouvoir) ; le texte n'exerce pas d'influence pratique immédiate, mais a une visée esthétique.

- **les implicites**

Les contenus explicites sont ceux que le texte énonce de façon déclarée, manifeste. Ils entraînent par relation logique, des contenus *supposés*. Le texte 02 ne dit pas que Thérèse a été l'accusée d'un procès, mais on le suppose à coup sûr, à partir d'indices tels que le lieu, la présence d'un avocat, le terme **non-lieu**, les attitudes de Thérèse.

L'*implicite* est ce que le texte traite comme allant de soi. Il relève d'une culture : lorsque le texte 02 indique que Thérèse **aspira profondément** une bouffée d'air, cela est perçu par le lecteur comme un signe du plaisir d'être libre, parce que ce geste est un lieu commun des représentations d'une telle situation. Il prend souvent la forme du sous-entendu. L'implicite est donc le fonds commun culturel et idéologique sur lequel le texte s'appuie sans le formuler ; il est la condition même de l'acceptation du pacte et de la réalisation des enjeux.

Le rapport entre explicite, supposé et implicite est l'ordre dialectique : chacun des trois est une condition nécessaire des deux autres. Cette dialectique est indispensable à la mise en place et à la réalisation des pactes et enjeux : si le lecteur ne suppose pas le procès, le texte 02 devient inintelligible ; s'il n'admet pas comme pouvant aller de soi le désir d'indépendance nationale, le texte 03 lui devient irrecevable.

e

LES INTERTEXTES

1 Les intertextes explicites

Un texte est toujours en relation avec d'autres textes : ce phénomène est nommé *intertextualité*, et les ensembles ainsi formés des *intertextes*. Les rapports d'un texte avec d'autres peuvent se manifester par :

- **la réécriture**
  - Il y a réécriture globale :
  - quand un texte reprend tout le sujet d'un autre ; s'il en copie en outre de larges fragments sans le préciser, il y a plagiat ;
  - quand il donne de celui-ci une nouvelle version : un résumé, une paraphrase, un texte entièrement revu et corrigé par son auteur, sont des réécritures ;
  - quand il est adaptation d'un mode d'expression à un autre : par ex., un roman adapté à la scène ou à l'écran ;
  - quand il y a reprise dans un autre ton, dans la parodie (imitation comique), ou le pastiche (« à la manière de »...).
  - Il y a réécriture partielle quand un aspect seulement du texte est concerné ; c'est le cas notamment :
  - des variantes (quand un auteur modifie son texte sur certains points) ;
  - des citations (texte 03 premier §) ; toute citation coupée de son contexte d'origine est susceptible de prendre un sens nouveau et n'est donc pas un simple renvoi ;
  - des reprises de structures partielles (un personnage, une scène, un thème, un passage, comme c'est le cas pour les extraits dans les manuels).

Toute réécriture implique que le texte d'origine soit repérable, et — le plus souvent — que le lecteur soit en mesure d'évaluer les conformités et les différences.

• les références et les sources

Au sens courant du terme, la *référence* consiste à renvoyer à un texte sans le reproduire, en indiquant seulement son titre ou le nom de l'auteur, parfois en esquissant une brève analyse de tel ou tel point de son contenu ou en mentionnant des numéros de pages ou de lignes. Les bibliographies et les notes de bas de page qui figurent dans les ouvrages scientifiques ou critiques relèvent de la référence.

A propos de tels renvois, on emploie couramment l'expression « citer ses sources ». On appelle *sources* les textes dont un auteur s'inspire pour concevoir et rédiger son propre ouvrage. Il peut les déclarer, les nommer explicitement ; il est fréquent qu'elles soient utilisées sans être désignées. Retrouver les sources et voir comment un texte les met en œuvre, s'en inspire ou les modifie, permet de saisir ses référents culturels, et donc d'éclairer largement ses significations.

Références et sources font souvent appel à des *autorités,* c.-à-d. des personnes ou des ouvrages réputés pour leur savoir sur le sujet traité. Par ce moyen, le texte se donne une plus grande capacité à convaincre le lecteur. Ces procédés sont très employés dans les articles ou ouvrages concernant des débats d'idées ou de polémique.

• l'imitation

Les intertextes relèvent du processus général de l'*imitation,* plus ou moins marquée, plus ou moins consciente. Elle fonde la plupart des jeux de culture qui s'observent dans les textes. Elle peut avoir comme buts :

– de renforcer le poids persuasif du texte ; c'est ce que l'on vient de voir à propos des sources et des autorités ;

– d'offrir au lecteur l'impression d'un cadre de pensée familier, où il retrouve des idées, des thèmes, des traditions qu'il connaît et apprécie ;

– d'introduire parfois, à l'inverse, des effets de surprise, lorsque l'imitation se fait en déformant le texte d'origine, ou en le caricaturant (la parodie burlesque en est une forme).

2 Les intertextes implicites

Ils sont les plus fréquents. Un ton, l'allure générale d'un ouvrage, l'importance qu'il accorde à certains centres d'intérêt, le respect de certains principes de composition peuvent suffire à apparenter un texte avec d'autres, relevant d'un genre ou d'un style proches ou identiques. Parmi ces intertextes implicites, trois cas sont plus délicats à analyser :

• les thèmes culturels

Dans un emploi particulier de la notion de thème (v. p. 183), on appelle *thèmes culturels* des sujets ou des centres d'intérêt en vogue dans une société à un moment donné (un jeu de thèmes liés entre eux forme une thématique). Ils fonctionnent de fait comme des intertextes : en général, d'ailleurs, des textes les concernant sont présents dans la mémoire de tous ; ainsi par ex. le texte 03 a pour sujet l'indépendance nationale : or qui, de nos jours, n'a pas lu d'article ou entendu de discours traitant de ce thème, ne serait-ce que *La Marseillaise ?*

Les textes et la lecture

Certains thèmes peuvent être passés dans les habitudes au point de constituer des faits de mentalité profonde. Ils valent alors comme éléments de *mythologies* : on désigne par ce terme des croyances, des sacralisations, des fétichisations, le plus souvent inconscientes, et qui rassemblent des mythes : séries d'images, de récits ou de bribes de récits (fictifs). Il peut s'agir par exemple des mythologies grecque ou latine telles qu'elles sont illustrées dans l'*Iliade,* l'*Odyssée,* l'*Énéide,* ou encore de la mythologie judéo-chrétienne de la *Bible.* Roland Barthes use également de ce terme (*Mythologies,* 1957) pour désigner les cadres de référence inconscients et des présupposés d'une culture dans ses manifestations les plus quotidiennes. Admises par tous sans vérification, elles véhiculent des façons de voir le monde, et sont à la base des *valeurs* d'une société. Ainsi on parlera du « mythe de la poésie de l'enfance » à propos du texte 01 ; ce mythe est relativement récent dans notre civilisation : avant le XVIIᵉ siècle, on ne prêtait guère attention aux enfants dans la vie sociale et familiale. Autre exemple : l'assimilation de l'artiste à un animal martyrisé (*L'Albatros* de Baudelaire, *Le Pélican* d'A. de Musset, *Le Crapaud* de T. Corbière) est un « mythe » de la poésie romantique et post-romantique, etc.

• les lieux communs

Ce sont des motifs particuliers de thèmes culturels passés en formules quasi-figées. Tels sont les dictons et proverbes. Les discours politiques, les media font un large usage des lieux communs : vérités admises par tous, ils servent à convaincre le plus large public. Dans l'ancien apprentissage de l'art de bien discourir, on utilisait les « lieux communs » comme points de repère pour chercher tout ce qu'il pouvait y avoir à dire sur un sujet donné. En perdant ce sens technique pour devenir un terme de l'usage courant, « lieu commun » a pris une nuance péjorative.

• les horizons d'attente

On nomme *horizons d'attente* des modèles implicites de sujets, de formes et de contenus que la culture d'une époque et d'un milieu façonne. Ainsi de nos jours se sont développés des ouvrages et des façons de composer récits, poèmes et chansons spécialement adaptés à l'enfance, et fondés sur l'idée que l'enfance est un temps de la vie où le plaisir de jouer avec le langage est particulièrement grand : le texte 01 répond à un tel horizon d'attente.

Thèmes culturels, lieux communs et horizons d'attente sont chargés d'implicite, et contribuent largement aux modifications du réel dans les textes.

f

LES NORMES ESTHÉTIQUES

Les attentes d'un public, les modèles admis par une époque et un milieu peuvent prendre une forme contraignante : il s'agit alors de *normes* auxquelles le texte doit se soumettre. Elles sont en partie explicites, codifiées par des institutions, voire enseignées ; mais elles peuvent aussi rester partiellement implicites, tout en étant très efficaces. Elles sont autant de *codes.*

1 Les normes du langage

La première norme imposée à un texte verbal est la langue. Tacitement admise, la norme linguistique est aussi officialisée, textes juridiques et règlements à l'appui. Elle fait l'objet de recueils codificateurs (grammaires et dictionnaires), de programmes d'enseignement et d'études scientifiques. Elle est même protégée contre les contaminations : l'État a jadis combattu énergiquement les langues régionales, considérées comme dangereuses pour l'unité linguistique et donc politique du pays ; aujourd'hui, il leur accorde une place dans l'enseignement, mais combat (beaucoup plus mollement) le « franglais ». La norme linguistique évolue historiquement, et chaque époque a un *état de langue* donné. Les contraintes de la norme se font sentir dans la distinction, opérée à toute époque, de divers *niveaux de langue*. Une société, en prenant comme repère la langue de la catégorie sociale culturellement la plus agissante, distingue les registres d'expression qui s'écartent de celle-ci, soit en « mieux » (niveaux plus « élevés ») soit en « moins bien ». L'époque actuelle tient pour « langue commune » celle de la moyenne bourgeoisie (c'est le niveau de langue de la majorité des organes de la presse écrite et parlée). Elle en distingue une langue *soutenue* (allocutions, textes officiels), une langue *noble* (grands plaidoyers et discours...) et, à l'inverse, une langue *familière* (conversation courante) et une langue *populaire* (conversation « relâchée », argot). Ces rubriques, certes commodes, sont fortement normatives, leurs intitulés mêmes supposant qu'existent de plus ou moins « beaux » langages. En fait, il faut constater que chaque niveau de langue constitue un ensemble cohérent, avec ses propres caractéristiques de vocabulaire et de syntaxe (et aussi ses nuances internes). Il ne convient pas d'opérer entre eux une hiérarchisation (sauf à reproduire la vision des hiérarchies sociales inscrite dans les tendances idéologiques), mais de les connaître comme tels. Il arrive très souvent que des changements de niveaux de langue soient un moyen d'expressivité dans un texte (texte 02 : **les carottes sont cuites** ; texte 03 : niveau de la langue commune, coupé par des expressions familières : **pas d'accord, Alors vous savez....**).

2 La Rhétorique

La *rhétorique* est l'art de composer des discours (au sens strict, v. p. 80) et de parler pour convaincre et persuader. Ce mot est aujourd'hui souvent affecté d'une nuance péjorative, après avoir longtemps désigné une discipline majeure et enseignée. En fait, alors qu'aujourd'hui on se défie de la rhétorique, la nécessité d'organiser son propos de façon persuasive est partout présente : un exposé, une dissertation, une lettre de demande d'emploi, une publicité, un courrier des lecteurs (texte 03), une lettre d'amour et même une conversation entre amis, portent la marque de cette rhétorique générale dans la façon dont ils agencent leurs éléments dans le but de convaincre : l'exclamation **pas d'accord**, la référence à témoin (**Demandez à...**) et l'impératif d'exhortation, dans le texte 03, sont autant de figures et procédés de rhétorique. La rhétorique est donc, aujourd'hui encore, une norme, largement implicite mais réelle.

3 La Poétique

La *Poétique* est la discipline qui codifie la façon de produire des textes et de les juger. Elle vise donc leur art et leur beauté, engage des jugements esthétiques et des classements de textes. En particulier, elle définit les *genres* (v. p. 210). Dans son principe, elle vise les textes *littéraires,* mais touche en fait toute sorte de textes : il y a un art (au sens de « théorie et pratique de... ») de la bande dessinée, du slogan publicitaire, de la chanson pour enfants. La *Poétique* est toujours largement implicite. Mais elle est opératoire. Par ex., le fait que le texte 02 ouvre un roman en projetant le lecteur au milieu d'une action déjà engagée correspond à un principe très ancien de la poétique du roman et de l'épopée. Elle prend parfois une forme officialisée, légitimant des horizons d'attente, des critères esthétiques et des types de texte pour en faire les éléments reconnus d'une culture qui s'enseigne. Aujourd'hui, alors même qu'elle semble plus diffuse et implicite que jamais, on enseigne à l'école les principes de certains genres, l'édition utilise constamment des rubriques de poétique, des chercheurs se consacrent à son étude, tout auteur en subit l'influence et tout critique en fait constamment usage.

La Poétique et la Rhétorique sont en relation dialectique : tout texte appartient à un « genre », et relève donc de la Poétique, mais il vise aussi à exercer une action sur son lecteur, et relève de ce fait de la Rhétorique.

4 La question du style

La notion de *style* est utilisée dans diverses acceptions. Elle pose la question de la forme de l'expression et de l'appréciation de sa qualité et de ses significations :

— parfois *style* est entendu comme « beau langage ». C'est un emploi abusivement restrictif, qui enferme l'expressivité dans une norme, un usage, et finalement un stéréotype ;

— parfois *style* est utilisé, au contraire, comme désignant l'expression qui met en valeur un *écart* par rapport à la norme (les changements de niveaux de langue relevés plus haut, par ex.). Cette acception retrouve l'étymologie grecque du mot : le style, comme le stylet, c'est ce qui « marque ». On envisage alors, le plus souvent, le style comme la marque *individuelle* d'un auteur, d'une école littéraire, etc. Cette notion, très vulgarisée, est celle qui a le plus souvent cours dans les manuels scolaires et une large part de la critique.

— en fait, l'élaboration d'une forme d'expression et l'analyse de ses significations ne peuvent se faire qu'en tenant compte à la fois de la norme *et* de la marque spécifique. Un style se définit par rapport à l'*usage* où il prend place (le code de la langue, celui du genre pratiqué), et aux choix d'*écriture* (c.-à-d. ici la mise en œuvre particulière de ces codes dans un texte) qui lui confèrent une qualité spécifique.

> N.B.   On prendra garde au sens du mot « style » quand il désigne, au-delà d'une écriture particulière, une façon d'être, de parler et de se comporter, commune à un groupe ou une époque (le style romantique, par ex.) : il s'agit alors d'une dimension historique qui dépasse celle d'un texte particulier, d'une norme pour toute cette époque et tout ce groupe.

Le style, notion problématique, engage donc des analyses touchant à l'*esthétique* des textes (au sens de : réflexion sur les formes et leur signification, appréciation de leur éventuelle beauté). Il rejoint en cela la Poétique et la Rhétorique : tous trois concernent la façon dont se modèle la configuration d'un texte (sa *plastique* en un mot) et fixent ses normes (*codes esthétiques*). Mais ce champ de réflexion est plus vaste encore ; il engage les perceptions des lecteurs, l'évolution des goûts et des codes symboliques au fil des époques, dans les divers contextes historiques et sociaux.

g

CONTEXTES HISTORIQUES ET SOCIAUX

Tout texte a des référents historiques et sociaux. Sa situation d'énonciation (interlocuteurs, normes) est déterminée par sa localisation dans un temps, une société, une idéologie, une culture. L'Histoire, dans une perspective diachronique (au fil du temps) et la Sociologie, dans une perspective synchronique (en opérant des « coupes » dans le temps), sont deux disciplines complémentaires qui interviennent en fait toujours dans l'analyse des textes. Les contextes historiques et sociaux sont essentiels pour l'examen des aspects pragmatique et symbolique. Ils forment un ensemble qui est extérieur au texte, mais il est possible et indispensable de cerner, non l'Histoire et la Société en général à partir d'un texte, mais les marques que porte chaque texte de sa situation historique et sociale et qui contribuent à lui donner ses significations idéologiques. En tout état de cause, une lecture qui ne tiendrait pas compte de cela est toujours possible ; mais une telle lecture constitue en elle-même un acte social qui n'est pas idéologiquement neutre.

1 Le référent socio-historique

Il peut être de tous ordres, la difficulté étant d'en tracer les limites exactes dans chaque texte. De plus, il peut être explicite, manifeste dans l'aspect sémantique du texte (texte 03), ou implicite (texte 02). Il peut comprendre des faits, extraordinaires ou quotidiens, mais aussi des systèmes de pensée, des réalités économiques ou sociales (conflits d'intérêts ou de valeurs entre groupes sociaux : texte 03), voire psychologiques et morales (texte 02), où le référent socio-historique apparaît en filigrane, comme un composé des attitudes, comportements et valeurs de personnages appartenant à un certain milieu. Son observation se fait par l'inventaire des isotopies relevant du domaine socio-historique. A travers elles on établit ce que le texte saisit du social (son *champ* socio-historique), en tenant compte de *tous* ses aspects. C'est souvent dans l'aspect symbolique que se manifestent les liens du texte avec un référent social, politique ou idéologique : dans le texte 01, certaines valeurs (l'enfance) de la société actuelle n'apparaissent que dans cet aspect ; ailleurs, dans une fable ou une chanson populaire (textes 34 et 40), c'est la « morale », explicite ou implicite, qui révèle ces implications.

2 Le texte et les institutions

• les pouvoirs

Fait social, le texte met en jeu un rapport aux pouvoirs, en particulier aux pouvoirs politiques, même quand il ne semble pas avoir de contenus politiques. Ces rapports aux pouvoirs se définissent à travers :

— la *législation* du texte (définition de la propriété littéraire, du statut du producteur, réglementation de l'édition et de la vente...) ;

— la *censure,* qui peut être préventive (interdiction de certains sujets) ou punitive (intervenant après coup : des œuvres comme **Les Fleurs du Mal** et **Madame Bovary**, des éditeurs ou des journaux furent condamnés pour immoralité). La censure peut déborder la législation et s'exercer dans les mentalités : un éditeur interdit à ses auteurs certains sujets ou propos, ou encore les auteurs se les interdisent à eux-mêmes ; elle peut aussi être le fait d'un groupe social donné (un milieu, un parti, une institution, une église peuvent déconseiller ou interdire un texte à leurs membres). Il est évident que cette censure se joue souvent sur des *interprétations* du texte : Flaubert ne prêchait pas l'immoralité dans **Madame Bovary,** et il ne va pas de soi que la littérature érotique soit effectivement immorale ;

– le *mécénat,* qui est la forme par laquelle un pouvoir (financier ou politique) soutient et protège (financièrement en particulier), un auteur ou certains textes. L'institution d'académies et de prix littéraires est une forme de mécénat et d'exercice du pouvoir.

Par contrainte ou par censure intériorisée, parfois inconsciente, les auteurs ne traitent pas n'importe quel sujet de n'importe quelle façon, n'importe quand ; cela aura aussi des répercussions sur la circulation sociale du texte.

• le commerce

Tout texte est objet de commerce : d'abord parce qu'il est pris dans un échange (sens premier de « commerce ») entre auteur et lecteurs ; ensuite et surtout parce que les textes sont des marchandises : l'information (les journaux, les manuels scolaires...) s'achète, le texte publicitaire fait partie d'un plan commercial, enfin l'édition et la librairie représentent une activité économique importante, au moins dans les pays développés. Depuis l'apparition de l'imprimerie (fin du XVᵉ siècle), le développement parallèle de l'instruction et de la librairie (depuis le XVIIᵉ siècle surtout), puis de la presse périodique (XIXᵉ et XXᵉ siècles) ont fait du commerce des textes une activité majeure dans notre société.

Ces structures commerciales représentent des pouvoirs considérables, qui peuvent contraindre un texte à se plier à leurs exigences, l'exclure du marché, orienter les goûts du public. L'accueil fait au texte lors de sa parution puis aux diverses époques, la place qui lui est reconnue (littéraire ou non, par ex.), sa survie (possibilité de rester lu), dépendent donc largement de ses rapports aux institutions.

3 Texte et culture

• situations culturelles

Un texte dépend du matériel verbal (état de langue), mental et conceptuel (état des sciences, de la philosophie, des thèmes culturels, des « mythologies »), dont dispose son auteur et la société pour connaître le monde et se le représenter. Pour saisir les conséquences de ce fait, il faut tenir compte de tous les indices dans le texte de ces savoirs et façons de représenter le monde : une étude du lexique permet de les déceler. Mais il faut tenir compte en même temps des informations que fournit l'Histoire sur la société et sa culture à l'époque, pour parvenir à situer le texte dans cet ensemble : en tenant compte des connaissances et modes d'expression qu'il met en œuvre, savoir à quelle place il se trouve dans la vie culturelle de son époque. Une vision naïve de ces questions serait, bien entendu, source de contresens : dans le texte 01, le vocabulaire est simple, l'attitude évoquée n'a aucun caractère scientifique ; pourtant, l'auteur n'est pas un enfant tout ébaubi, mais bien un adulte cultivé : mots et images prennent sens par rapport à l'acte où ils sont employés.

• textes et prises de positions

Face aux savoirs, aux thèmes et aux événements de son époque, un texte prend toujours position, même quand il semble neutre ou indifférent. Il entre dans un jeu de normes, d'implicites, de valeurs morales, culturelles, politiques. Ainsi le texte 03 manifeste une prise de position politique explicite. Ou encore : Balzac était d'opinions royalistes ; par ailleurs il croyait à la possibilité d'une science des faits psychologiques et sociaux, et tenait la littérature pour une représentation complète du réel : ses romans portent la marque de telles options idéologiques.

Toujours, un auteur est influencé par les attitudes et valeurs du groupe social où il est né, ou de celui où il évolue. Cela peut décider de ses raisons même d'écrire. Cela, en tout cas, oriente sa façon d'écrire, y compris quand il prend position contre son groupe d'origine ou d'appartenance. Il est donc essentiel de chercher à situer le texte dans les courants de pensée et de valeurs qu'il illustre ou défend.

Mais le sens d'un texte dépend aussi du type d'échange culturel auquel il participe. Selon les comportements du public, des sens différents, voire inattendus, surgissent parfois. Le fait est surtout marqué quand le même ouvrage est lu à des époques différentes. La critique marxiste moderne a pu déceler chez Balzac une image de la société française au début du XIXe siècle conforme aux thèses du matérialisme dialectique, alors même que les opinions de Balzac, royalistes et empreintes de mysticisme, étaient diamétralement opposées aux valeurs que défend le marxisme. Cette analyse va donc à contre-sens de ce qu'affirmait Balzac; cependant elle est légitime parce qu'elle met en lumière des significations possibles du texte dont le romancier lui-même ne pouvait avoir conscience. Il s'agit là d'un cas typique de ce que l'on nomme des *contresens créateurs*. Par eux, le texte se trouve investi de significations nouvelles, alors que les référents historiques qu'il met en jeu et la situation culturelle où il prenait place ont profondément changé.

Ainsi, chaque texte, lui-même *système de représentation* du réel, est lié à des systèmes de représentation qui déterminent sa production comme sa réception (visions du monde du groupe social où évolue l'auteur, visions du monde des lecteurs). Les significations et la considération sociale qui lui sont conférées dépendent, à chaque instant, d'un jeu des forces culturelles dont il est lui-même une petite partie. Il peut d'ailleurs, quand il obtient un retentissement assez grand auprès du public, contribuer à modifier les attitudes et valeurs d'un groupe social. La philosophie de Descartes, plus tard celles de Marx, ou encore les recherches psychanalytiques de Freud, en se diffusant dans un vaste public (fût-ce au prix de déformations) ont modifié les façons de penser de plusieurs générations.

Conclusion :
l'effet de prisme

Si un texte renvoie toujours au réel, il n'est *jamais* le réel : il ne peut en donner qu'une image. Elle est médiatisée, c.-à-d. qu'elle se forme à travers un certain nombre d'intermédiaires.

Que son référent soit fictif ou vrai, un texte est d'abord mise en œuvre d'une langue. Or celle-ci est déjà le lieu d'un certain découpage du réel : les mots ne sont pas toujours des équivalents exacts d'une langue à une autre. Par exemple, l'esquimau dispose de vingt substantifs pour désigner la neige, et le français pratiquement d'un seul. En second lieu, un texte s'élabore et prend son sens par rapport à une situation de communication donnée, et il met en cause un auteur et un lecteur qui ont leur culture et leurs comportements propres. Enfin, il est déterminé par les valeurs et conventions d'une époque et d'une société.

Ce sont, au total, autant de *prismes* à travers lesquels l'image des référents et des contextes est réfractée, donc incomplète et déformée. Une lecture critique attentive examine les différents prismes et leurs effets, de manière à ne pas lire le texte sans recul (s'imaginer par ex. que les Romains de l'Antiquité parlaient comme on les fait parler dans la tragédie classique, ou prendre Thérèse Desqueyroux comme une personne réelle), ni négliger les implicites et les jeux de point de vue qui y sont à l'œuvre.

Le texte littéraire et le réel

Le texte littéraire est soumis aux mêmes effets de prisme que les autres, mais ils s'y trouvent encore accrus.

Les codes esthétiques (la Poétique, les effets de style) qui y sont en jeu constituent des prismes plus forts qu'ailleurs puisque le texte littéraire vise à atteindre une certaine qualité esthétique ; si le texte est ancien et ses codes peu familiers au lecteur, leur effet se trouve encore renforcé.

Par ses jeux de forme, le texte littéraire souligne sa qualité d'objet artistique (il est acheté comme œuvre d'art ; il doit donc s'affirmer comme tel, sous peine de ne pas trouver de public) : ce faisant, il tend à se singulariser pour montrer qu'il est bien « littéraire » ; il affirme sa « littérarité ».

SECONDE PARTIE

Récit
Discours
Poésie

Introduction

Les significations d'un texte s'organisent autour d'un choix initial, conscient ou non, du locuteur ; elles n'existent que par et pour le but assigné à sa production et à sa communication. Or ce choix ne peut s'opérer, à la base, qu'entre trois sortes d'activités, qui appartiennent aux activités fondamentales de l'esprit humain :

– *raconter* (informer, re-présenter,...) ;

– *discourir* (argumenter, raisonner, discuter, délibérer, laisser vagabonder la pensée,...) ;

– *dire* (quand il s'agit moins de raconter ou de discourir que de chercher à créer une forme d'émotion par une expression particulière).

Tout texte s'inscrit dans l'un de ces trois domaines de signification : **récit, discours, poésie.** Il dépend rarement d'un seul, mais on peut repérer quelle combinaison des trois s'y opère, quelle place est faite à chacun, lequel joue un rôle de dominante. Tous les éléments constitutifs du sens s'intègrent à ces orientations décisives. Chacune entraîne, en pratique, des types d'organisation particuliers : le récit se fonde sur une série de faits qui se succèdent et joue sur leur ordre de succession ; le discours procède le plus souvent par des relations logiques ; la poésie joue surtout avec les signifiants et les connotations, en engendrant des identités, des échos, des contrastes.

1 Le RÉCIT : généralités

a

DÉFINITIONS

Notre vie quotidienne est tissée de récits : journaux, radio, télévision nous racontent l'actualité. Une conversation courante est pour une large part une activité narrative : nous racontons ce que nous avons vu, ce que nous avons entendu. Dans la rue, une scène ou un incident sont perçus par notre esprit comme une suite d'actions, une histoire. Nos rêves et nos rêveries éveillées sont aussi des histoires que nous nous racontons. Toutes les littératures populaires du monde connaissent le récit, oral ou écrit. Ce n'est d'ailleurs pas un hasard si une *histoire* (c.-à-d. un récit) et l'*Histoire* (c.-à-d. la suite des époques qui ont transformé le monde, ou la discipline qui étudie ces époques) sont désignées par le même mot en français.

« Récit », « histoire », « narration » sont des termes à peu près équivalents dans le langage courant, pour désigner le produit d'une même activité : rapporter des événements dans un ordre de succession compréhensible et orienté. Dans un sens plus strict, il faut les distinguer :

– l'*histoire* est constituée par ce qui est raconté, la série des événements qui forment la matière du récit, les circonstances dans lesquelles ils sont survenus, les personnes réelles ou les personnages qui les ont accomplis. Lorsqu'il s'agit d'événements fictifs, l'histoire est nommée *fiction ;*

– la *narration* est la façon de raconter ;

– le *récit* est l'ensemble formé par l'histoire et la narration.

> N.B. Les terminologies en ce domaine sont assez floues. Nous nous en tiendrons en règle générale à la terminologie ci-dessus, par souci d'éviter des confusions possibles, not. la multiplication des emplois du mot « discours » (v. p. 76)

Le récit peut rapporter les faits de deux façons :

– sous une forme proprement narrative, en relatant une succession de faits ; on parle alors de récit *diégétique ;*

– en s'efforçant de représenter les faits, de les mimer, en particulier en reproduisant les paroles des personnages au style direct, accompagnées ou non d'indications de leurs gestes et attitudes ; on parle alors de récit *mimétique*. Ainsi, une pièce de théâtre est un récit mimétique, qui représente les faits ; il y arrive parfois cependant

Récit - Discours - Poésie

qu'il faille raconter des faits survenus avant ceux que l'on voit sur scène : c'est alors un personnage qui se trouve chargé de donner un récit diégétique, à l'intérieur de l'ensemble mimétique.

Lorsqu'un récit détaille la représentation des faits, les paroles et attitudes des personnages, on dit qu'il s'agit d'une *scène*. Lorsqu'il les énonce brièvement, résumant en peu de mots de nombreux faits ou une longue période de temps, il en donne un *sommaire*.

Les diverses façons de représenter et leurs combinaisons peuvent donc insister davantage sur certains faits ou paroles, en mentionner à peine d'autres, voire les éluder totalement. Ainsi, quand on passe sans transition d'un moment à un autre, ou d'un fait à ses conséquences, il y a *ellipse,* ce que l'on nomme couramment effet de « raccourci ». De même, il est fréquent que l'ordre dans lequel les faits sont racontés (l'ordre de la narration) ne respecte pas l'ordre chronologique (l'ordre de l'histoire ou de la fiction). Le texte 02 est une scène, et un début de récit qui plonge le lecteur dans les événements sans suivre l'ordre chronologique. De tels choix ont toujours des effets de sens et d'esthétique : insister sur un fait, dérouter le lecteur, susciter sa curiosité, etc.

b

LA MISE EN RÉCIT

Que le récit emprunte ses référents à la réalité historique ou les invente, il est toujours le produit d'une vision prismatique du réel. Quelle que soit la conformité des faits et des événements relatés avec la vérité historique (vision prismatique ne signifie pas mensonge), la *mise en récit* sélectionne et organise les éléments du réel d'une façon particulière.

texte 04

Taxi contre chien d'aveugle

Grenoble. — Un aveugle, M. Roger Paganon, âgé de soixante ans, a porté plainte, mercredi 23 janvier, au commissariat de police de Grenoble (Isère), contre un chauffeur de taxi qui avait refusé de le prendre en charge. M. Paganon était accompagné du chien qui le guide pendant ses déplacements. Le chauffeur invoqua la présence de l'animal qu'il ne souhaitait pas transporter.

Pour le président du Groupement d'intérêt économique des chauffeurs de taxi de Grenoble, M. Camille Galvin, les mem-
10 **bres de son association acceptent de transporter tous les animaux à condition que soit averti, *« quelque temps auparavant »,* le central téléphonique qui groupe les appels. Quant au chauffeur incriminé, il affirme qu'il ne s'est pas rendu compte que son client était aveugle.**

Le Monde, 27-28 janvier 1980.

Dans cet article, des renseignements qui pouvaient avoir leur importance ne nous sont pas donnés : l'âge du chauffeur de taxi (alors que celui de l'aveugle est indiqué), le temps qu'il faisait, la destination où se rendait l'aveugle, etc. Ils sont éludés, assurément parce qu'ils ne représentent pas d'intérêt par rapport au type d'information que le journaliste a voulu relater.

Dans d'autres cas l'idéologie s'insinue dans la mise en récit : le portrait de l'accusé, tel que le brosse un président de tribunal dans un acte d'accusation, est une biographie qui engage déjà une opinion. De même, la comparaison des manchettes de plusieurs journaux à propos d'un même événement est instructive quant aux choix idéologiques de leurs rédacteurs en chef.

D'autre part, la classification courante des genres du récit se fonde sur l'opposition entre référent vrai et référent fictif. Roman, conte, nouvelle, théâtre, relèvent du fictif ; autobiographie, mémoires, chronique, Histoire narrent des événements authentiques. Mais cette distinction n'est pas rigoureuse : de nombreux récits romanesques sont des autobiographies à peine déguisées ; l'autobiographie, en revanche, remodèle le réel et, si désireux que soit l'auteur de respecter la vérité, il n'en donne pas moins une image partielle et déformée ; entre le roman historique et l'histoire romancée, la frontière est douteuse.

En fait, cette opposition du réel et du fictif ne suffit pas à distinguer les formes de récits. Certes, des genres se situent délibérément dans le fictif : ainsi, nous l'avons vu, la formule rituelle « il était une fois » signale que nous lisons un conte ; les premières lignes d'un roman de science-fiction, en situant l'action dans des lieux ou des temps inconnus de l'homme, annoncent le caractère fictif du récit. Mais la forte tradition du roman « réaliste » qui s'est développée en Europe depuis le XVIIIᵉ siècle tend à brouiller la distinction entre le réel et le fictif. Tout un arsenal de procédés est utilisé pour rendre vraisemblables les faits rapportés. Que ce soit dans les préfaces de romans du XVIIIᵉ siècle qui présentent le récit comme la copie fidèle d'un manuscrit autobiographique, ou plus généralement dans les *effets de réalité* (descriptions de décors et de mœurs, portraits, recours aux diverses formes du pittoresque, etc.), les moyens abondent pour donner au lecteur des images qui tendent à se confondre avec ses propres représentations du réel, à lui faire prendre pour vrai le vraisemblable. De la sorte, un récit fictif peut se présenter comme un témoignage ou un document, de la même façon qu'un article de presse ou un récit historique. En retour, l'auteur d'un récit vrai, s'il ne peut donner libre cours à son imagination, utilise les mêmes procédés narratifs fondamentaux que l'auteur de fiction. Les données essentielles de la *mise en récit* (sélection des faits, choix d'un mode de présentation) restent les mêmes, quels que soient les genres.

C

L'UTILISATION DES FORMES NARRATIVES

La part et le rôle du récit dans un texte peuvent être très variables. Le récit est souvent un moyen au service d'autre chose que lui-même : c'est notamment le cas des récits encadrés. Mais à l'inverse, il intègre aussi des discours ou des éléments poétiques : il est alors récit-cadre.

Récit - Discours - Poésie

• Récits encadrés et récits-cadres

– Les discours (v. p. 79) comportent, pour la plupart, des récits à l'intérieur de leur propos : la conversation courante en fait grand usage ; une plaidoirie ou un réquisitoire doivent contenir un exposé des faits et donc une narration. Des genres du discours reposent même sur la mise en œuvre de récits orientés vers une leçon morale, religieuse, symbolique : ainsi la fable, l'apologue, souvent le conte populaire. Dans de tels textes, le discours-cadre peut être très bref : quelques lignes, voire une seule, suffisent à l'établir, en donnant au récit une signification déterminée (v. textes 05 et 34) ; souvent, le discours-cadre n'apparaît qu'une fois (au début ou à la fin).

– Le récit peut être encadré par un autre récit : il est fréquent qu'une histoire, vraie ou fictive, exige que le narrateur fasse des retours en arrière pour éclairer la biographie d'un personnage nouveau, indiquer les causes d'un fait, etc. La tradition des récits « à tiroirs » c'est-à-dire où chaque épisode en arrive à former un récit autonome, est ancienne et forte dans la littérature occidentale. Au théâtre, nombre d'événements sont censés se dérouler hors de la scène, ou s'être accomplis avant le début de la pièce ; il faut alors qu'un personnage les raconte pour que le spectateur puisse comprendre la représentation : c'est le cas notamment des scènes d'exposition, (v. texte 20). Le rôle de ces *récits enchâssés* dans d'autres récits peut donc être d'apporter des explications, alors que dans d'autres cas (récits « à tiroirs »), il s'agit plutôt de rendre plus varié le divertissement proposé au lecteur.

– La poésie met aussi à contribution les récits encadrés, quand un poète expose sa vision du monde en l'illustrant ou en la fondant sur des narrations. Celles-ci ne sont alors qu'une nécessité de présentation des choses. On parle en ce cas de *récit poétique* (p. ex. : **Les filles du feu** de Nerval, **L'amour fou** de Breton) : la narration y est explicitement au service d'une recherche de relations cachées entre les êtres et les choses, d'un sens secret de ces choses. (Ne pas confondre avec la poésie narrative, qui est la présentation d'un récit sous un aspect versifié).

A l'inverse, le récit peut intégrer, « encadrer », des fragments ou des textes qui relèvent de la poésie ou des discours. Ainsi, pour un ouvrage historique, un reportage de presse, un roman ou une nouvelle, qui comprennent des fragments de discours : paroles des personnages (v. texte 11), intervention de l'auteur ou du narrateur ; ils peuvent aussi *citer* des discours ou des poèmes. Dans les cas les plus courants, les discours intégrés au récit font partie de la trame narrative, prennent rang de « scènes », de moments de récit mimétique (v. texte 02). Cas extrême : le récit peut être constitué par une série de discours (roman par lettres).

Dans d'autres cas, les discours intégrés au récit sont des réflexions sur les significations de celui-ci, ou de certains de ses passages. Toute une esthétique du roman repose sur la combinaison de passages proprements narratifs et de dialogues ou réflexions (des personnages ou de l'auteur) ; ils peuvent être présentés en alternance (dans les romans de Sade, des passages de réflexion philosophiques alternent avec des passages proprement narratifs), ou fondus ensemble (comme dans **La Recherche du temps perdu** de Proust). De nombreux textes à histoire vraie utilisent ce procédé : dans un reportage de presse, mais aussi dans une thèse d'Histoire, et plus encore dans ces « récits historiques » qui fleurissent dans les média, un commentaire interprétatif de l'auteur accompagne la trame narrative.

• cadre et dominante

Un récit encadré peut être beaucoup plus long que la part de texte discursif qui lui sert de *cadre* ; inversement un récit-cadre peut occuper une fraction de texte nettement inférieure à celle qu'occupent les discours ou poèmes qu'il fait intervenir. Il faut donc évaluer l'importance quantitative de chaque domaine (narratif, discursif ou poétique) dans un texte, voir celui qui occupe le volume le plus important et qui décide de la *dominante* ; le statut des divers domaines fait d'eux des éléments cadres ou encadrés. Distinction importante : la *dominante* décide en effet de la façon dont se construit le sens premier du texte ; le cadre, de la façon dont ce sens premier doit être interprété. Or, bien souvent, la dominante d'un texte est ambiguë.

texte 05

L'albatros

Souvent, pour s'amuser, les hommes d'équipage
Prennent des albatros, vastes oiseaux des mers,
Qui suivent, indolents compagnons de voyage,
Le navire glissant sur les gouffres amers.

5 A peine les ont-ils déposés sur les planches,
Que ces rois de l'azur, maladroits et honteux,
Laissent piteusement leurs grandes ailes blanches
Comme des avirons traîner à côté d'eux.

Ce voyageur ailé, comme il est gauche et veule !
10 Lui, naguère si beau, qu'il est comique et laid !
L'un agace son bec avec un brûle-gueule,
L'autre mime, en boitant, l'infirme qui volait !

Le Poète est semblable au prince des nuées
Qui hante la tempête et se rit de l'archer ;
15 Exilé sur le sol au milieu des huées,
Ses ailes de géant l'empêchent de marcher.

Ch. Baudelaire, *Les Fleurs du Mal*, II. (1857).

Ici, les trois premières strophes sont narratives : le récit est donc la dominante manifeste ; la quatrième relève du discours : l'auteur intervient pour expliciter le sens symbolique des faits relatés. Le discours est donc le cadre. Cependant, l'aspect matériel de ce texte impose bien de le reconnaître comme un poème. Le récit y est au service d'un discours (exposition d'une idée) en forme de poème. L'écriture poétique devient un moyen de frapper l'esprit du lecteur. Il y a là concurrence entre la dominante narrative et la dominante poétique.

Il convient donc, dans l'étude des textes, de tenir compte des combinaisons. On est amené en particulier à constater que le récit existe rarement pour lui-même. Certains genres narratifs visent bien avant tout au seul divertissement : des romans policiers, certaines bandes dessinées, la plupart des histoires drôles, une large frange de la production des romans, des contes et des nouvelles, n'ont souvent d'autre but que de procurer le plaisir de suivre le fil d'une histoire. Mais le plus souvent, la mise en récit est destinée à transmettre une information orientée dans un but précis : si un télex d'agence de presse donne une information à peu près « brute », l'utilisation qu'en font les articles de presse est en général orientée vers une interprétation précise ; un compte-rendu d'expérience scientifique vise à confirmer ou infirmer une hypothèse ; un récit historique, de même. Même les récits les plus « objectifs » en apparence sont soumis à de telles orientations : un constat de police ou d'huissier établissent des responsabilités. Dans les textes de fiction, le cas est fréquent de visées discursives explicites ou implicites : un roman ou une nouvelle peuvent être des récits « à thèse » (destinés à défendre ou combattre une idée), ou du moins fortement marqués par les opinions de l'auteur ou d'un groupe social.

De ce fait, nombre de textes à dominante narrative nette, et qui ne sont nullement des récits « encadrés », prennent par leur sens symbolique, valeur d'illustration d'une idée ou d'une façon d'interpréter le réel. Ainsi les mythes, contes, légendes, sont pour la plupart des interprétations, sous forme de récits fabuleux, de faits inexpliqués par les savoirs rationnels de la culture qui les produit. Les récits allégoriques, les paraboles bibliques p. ex., mettent plus systématiquement encore la forme narrative au service de l'art de persuader.

L'analyse de la mise en récit et de ses procédés, de ses composantes et de ses effets, ne peut donc éclairer utilement le sens des textes narratifs qu'en s'efforçant de définir à chaque fois la place, le statut et le rôle qui y sont donnés au récit.

$\Big(2$ Les composantes du récit

LES POINTS DE VUE NARRATIFS

Le *point de vue narratif* est le regard à travers lequel nous sont racontés les faits d'un récit, c'est-à-dire la situation dans laquelle se trouve le narrateur par rapport à ce qu'il raconte ; cette situation détermine le degré de connaissance qu'il a de l'histoire et par voie de conséquence celui que pourra en avoir le lecteur. Il existe trois types fondamentaux de points de vue narratifs qui peuvent se combiner. On les nomme aussi *modes de vision*, et parfois *focalisations*.

> N.B. Dans *Figures III*, Genette distingue la focalisation zéro (vision par en-dessus), la focalisation interne (vision interne), la focalisation externe (vision externe).

1 Techniques du point de vue narratif

• le mode de vision externe

L'histoire est racontée par un témoin des faits. Les seules indications données sont des actes observés, des lieux décrits, des paroles rapportées. On ne sait donc pas tout, en particulier on ignore les pensées des personnages, on ne peut pas savoir ce qu'a été un événement survenu en même temps que celui qui était raconté, et plus généralement on ne peut plonger dans le passé que si un personnage ou un document apportent des informations à ce sujet. Tout semble vu par un observateur extérieur, un spectateur. C'est la règle générale dans tous les récits de témoignage (les reportages sportifs, par exemple). Dans les récits de fiction, l'utilisation systématique du procédé est rare, mais de nombreux romanciers y recourent partiellement, en particulier au début de leurs œuvres, pour créer un effet d'énigme qui attire la curiosité du lecteur. Cette technique veut reproduire la situation de tout individu, qui ne peut avoir en tout état de cause qu'une vue externe (donc limitée) de ce qui n'est pas lui.

• le mode de vision interne

C'est la vision qu'a des faits un personnage qui y participe : cas des récits à la première personne mais également de certains récits à la troisième personne où le narrateur se « coule » dans l'un des personnages (sa connaissance des faits se trouve alors limitée à ce que celui-ci voit ou entend, et elle est déterminée par les caractéristiques de ce personnage : sexe, âge, situation historique et sociale, traits psychologiques). Dans les œuvres de fiction, ce procédé est d'une exécution difficile, puisque le personnage doit connaître assez d'éléments de l'histoire pour que le lecteur comprenne de quoi il s'agit, mais en même temps ne pas pouvoir en expliciter les tenants et aboutissants qui ne dépendent pas de lui. Son intérêt est de pouvoir tenter de reproduire ce monologue intérieur que constitue la pensée de chacun, avec ses erreurs de perspective, sa perception limitée de la réalité, et aussi sa forte charge affective. Cette technique du point de vue interne (qui, en pratique, favorise les phénomènes d'identification du lecteur avec les personnages), fait particulièrement bien apercevoir les implications idéologiques que représente tout point de vue.

texte 06

Dans cette nouvelle, Daudet essaye de doubler la vision interne en faisant raconter la même histoire par les deux membres d'un couple (il a fait imprimer les deux versions en vis-à-vis). Les ignorances et les interprétations abusives chez chaque personnage que suppose le point de vue interne, y apparaissent clairement.

Un malentendu

Version de la femme

Qu'est-ce qu'il y a ? De quoi m'en veut-il ? Je n'y comprends rien. J'ai pourtant tout fait pour le rendre heureux... Mon Dieu ! Je ne dis pas qu'au lieu d'un poète je n'aurais pas mieux aimé épouser un 5 notaire, un avoué, quelque chose de plus posé, de moins en l'air comme profession ; mais enfin, tel qu'il était, il me plaisait. Je le trouvais un peu exalté, mais gentil tout de même, bien élevé ; puis il 10 avait quelque fortune, et je pensais qu'une fois marié, sa poésie ne l'empêcherait pas de chercher une bonne place, ce qui nous mettrait tout à fait à l'aise. Lui aussi, dans ce temps là, me trouvait à son 15 idée. Quand il venait me voir chez ma tante, à la campagne, il n'avait pas assez de paroles pour admirer l'ordre et l'arrangement de notre petit logis, tenu comme un couvent. « C'est amusant !... » disait-il. 20 Il riait, m'appelait de toutes sortes de noms pris dans les poèmes, des romans qu'il avait lus. Cela me choquait un peu, je l'avoue ; je l'aurais voulu plus sérieux. Mais ce n'est que quand nous avons été 25 mariés, installés à Paris, que j'ai senti la différence de nos deux natures.

Version du mari

J'avais pensé à tout, pris toutes mes précautions. Je ne voulais pas d'une Parisienne, parce que les Parisiennes me faisaient peur. Je ne voulais pas d'une femme riche qui m'apporterait avec elle tout un train d'exigences. Je craignais aussi la famille, ce terrible enlacement d'affections bourgeoises, accapareuses, qui vous emprisonnent, vous rapetissent, vous étouffent. Ma femme était bien ce que je rêvais. Je me disais : « Elle me devra tout. » Quelle joie de former cet esprit naïf aux belles choses, d'initier cette âme pure à mes enthousiasmes, à mes espérances, de donner la vie à cette statue !

C'est qu'elle avait l'air, en effet d'une statue, avec ses grands yeux sérieux et calmes, son profil grec si régulier, ses traits légèrement arrêtés et sévères, mais adoucis par le flou des jeunes visages, ce duvet nuancé de rose, l'ombre des cheveux soulevés. Joignez à cela un petit accent provincial qui faisait ma joie, que j'écoutais les yeux fermés comme un souvenir d'heureuse enfance, l'écho d'une vie tranquille dans un coin bien loin, bien

Moi qui rêvais un petit intérieur bien tenu, clair et propre, je l'ai vu tout de suite encombrer notre appartement de meubles inutiles, passés de mode, perdus de poussière, avec des tapisseries fanées, et si anciennes... Pour tout, ç'a été la même chose. Concevez-vous qu'il m'a fait mettre au grenier une très belle pendule Empire qui me venait de ma tante, et des tableaux magnifiquement encadrés, donnés par des amies de pension. Il trouvait tout cela hideux. J'en suis encore à me demander pourquoi. Car enfin son cabinet de travail était un ramassis de vieilles toiles enfumées, de statuettes que j'avais honte de regarder, d'antiquailles ébréchées, bonnes à rien, des chandeliers pleins de vert-de-gris, des vases où fuyait l'eau, des tasses dépareillées. A côté de mon beau piano en palissandre, il en avait mis un petit, tout vilain, tout écaillé, où manquait la moitié des notes, et si usé qu'on l'entendait à peine. A part moi, je commençais à me dire : « Ah ça ! mais un artiste, c'est donc un peu fou... Il n'aime que les choses inutiles, il méprise tout ce qui peut servir. »

ignoré. Et dire que maintenant cet accent-là m'est devenu insupportable !...
30 Mais j'avais la foi. J'aimais, j'étais heureux, disposé à l'être encore plus. Plein d'ardeur au travail, j'avais, sitôt marié, commencé un nouveau poème, et, le soir je lui lisais les vers de la journée. Je vou-
35 lais la faire entrer complètement dans mon existence. Les premières fois, elle me disait : « C'est gentil... » et je lui étais reconnaissant de cette approbation enfantine, espérant qu'à la longue elle
40 comprendrait mieux ce qui faisait ma vie. La malheureuse ! Comme j'ai dû l'assommer ! Après lui avoir lu mes vers, je les lui expliquais, cherchant dans ses beaux yeux étonnés la lueur attendue, croyant
45 l'y voir toujours. Je l'obligeais à me donner son avis et je glissais sur les sottises pour retenir seulement ce que le hasard lui inspirait de bon. J'aurais tant désiré en faire ma vraie femme, la femme d'un
50 artiste !... Mais non ! Elle ne comprenait pas. J'avais beau lui lire les grands poètes, m'adresser aux plus forts, aux plus tendres, les rimes d'or des poèmes d'amour tombaient devant elle avec
55 l'ennui et la froideur d'une averse. Une fois, je me souviens, nous lisions la *Nuit d'octobre*[1], elle m'interrompit pour me demander quelque chose de plus sérieux. J'essayais alors de lui expliquer qu'il n'y a
60 rien de plus sérieux au monde que la poésie, qui est l'essence même de la vie et flotte au-dessus d'elle comme une lumière vibrante où les mots, les pensées s'élèvent et se transfigurent. Oh ! le sou-
65 rire dédaigneux de sa jolie bouche et la condescendance du regard. On eût dit que c'était un enfant ou un fou qui lui parlait.

1. Poème romantique d'A. de Musset (1837).
A. Daudet, *Un malentendu* in *Les Femmes d'artistes* (1874).

• **le mode de vision par en-dessus**

C'est le point de vue d'un narrateur qui sait tout sur tous les faits rapportés, qui connaît les pensées et sentiments des personnages, qui peut en toute liberté parler de faits survenus en divers lieux et temps. Il voit les pensées et les actions « d'en haut », « comme s'il était Dieu ». D'innombrables récits utilisent cette technique, qu'ils soient à référent vrai ou fictif. Les « récits historiques » y ont volontiers recours, donnant allègrement, sur des bases souvent minces, des pensées et des sentiments supposés à des personnages réels. Le roman fait grand usage de ce mode de vision, propre à créer une illusion réaliste particulièrement forte.

57 Récit - Discours - Poésie

Sombreval, le personnage principal du roman, jadis prêtre mais qui s'est défroqué pendant la Révolution, s'est marié et a eu une fille (Calixte). Revenu dans son village, il est en butte à l'hostilité des paysans, très pieux. La scène se situe à la sortie de la grand-messe du dimanche.

Un prêtre marié

(extrait)

[...] A l'église, elle avait déjà souffert de l'effet produit par la présence de son père[1] mais elle n'avait pas murmuré. Lorsqu'elle en sortit et qu'elle aperçut l'air de ces groupes, animés et menaçants, qui semblaient épier son passage, elle
5 appuya doucement la main sur le bras de son père, dont elle avait senti les redoutables muscles se roidir !

— Père ! dit-elle avec cette voix dont elle connaissait la puissance, rappelez-vous ce que vous m'avez promis !

— Oui, ma fille, répondit Sombreval, je serai calme, puisque tu
10 l'exiges. Je n'entendrai rien que ta voix.

Il avait entendu autre chose : une injure avait cinglé son oreille comme une balle et y avait appelé la flamme. Cette injure trouvait mille échos ; des mots cruels, des mots vengeurs se détachaient sur le murmure grossissant des groupes. Indécis
15 d'abord, puis redoublé, ce murmure prit enfin les proportions d'une huée, d'un tonnerre.

Si Sombreval avait été seul, il y avait en lui assez de Cromwell pour braver cette clameur et rester impassible. Mais il avait à côté de lui, à son bras, sa vie, son âme, sa passion, tout ce
20 qu'il valait encore, cet homme tombé, car il ne valait que par elle ! L'injure qui passait par cette fille adorée et qui la déchirait lui atteignait le cœur ! Fort comme il était, il pensait qu'en s'avançant sur ces groupes et en saisissant le plus robuste de ces hommes grossiers pour s'en faire une massue vivante et
25 frapper les autres, il allait dissiper ces insolents ou les dompter par cette foudre humaine — la force — que les hommes adorent ; et la tentation l'envahissait : mais il n'y succombait pas. [...]

Barbey d'Aurevilly, *Un prêtre marié* (1865).

1. Calixte est pieuse, à l'opposé de son père.

Dans ce texte alternent des descriptions d'attitudes, des paroles rapportées, et la mention de pensées cachées qui expliquent les gestes et les paroles : le narrateur connaît donc aussi bien les pensées de Calixte que celles de Sombreval (et, ailleurs, celle des paysans). Les verbes et constructions qui indiquent les pensées ou perceptions abondent : **elle avait souffert, avait senti..., il y avait en lui, il pensait...**

• les modes de vision mêlés

Dans la plupart des récits, d'un moment de la narration à un autre, il arrive que la technique du point de vue varie : on suit le point de vue d'un personnage, ou bien on a une vision externe, pour passer ensuite à une vision par en-dessus (auquel cas, celle-ci est en fait l'élément décisif : si le narrateur peut tout savoir, les moments où il s'impose des limites ne peuvent être que des recherches d'effets particuliers). Dans d'autres cas, le narrateur peut prendre une position décalée : il privilégie tel ou tel personnage, sans se confondre tout-à-fait avec lui, il explique certaines de ses pensées, mais en ignore d'autres, il le juge, le met à distance, etc. Cette technique des points de vue mêlés est fréquente dans le roman. Elle illustre de façon particulièrement nette les effets déformants des points de vue, et le rôle des conventions qui seules peuvent faire admettre qu'un même narrateur pratique à la fois ces divers modes de vision, et passe de l'un à l'autre sans se justifier. Voir, p. ex., dans le texte 01, l'alternance des points de vue externe et par en-dessus.

2 Les types de narrateur

Rappel : l'auteur (l'être historique qui produit le texte) n'est pas à confondre avec le narrateur, celui qui dans un récit raconte l'histoire (v. p. 35). Le narrateur appartient au texte ; hors du texte, il n'existe pas. Il peut avoir divers statuts.

• le narrateur-relais

On parle de narrateur-relais lorsque le soin de raconter une histoire est confié à quelqu'un (vrai ou fictif) qui en a été le témoin. Ce narrateur-relais ne joue pas (ou très peu) un rôle dans les faits relatés ; il est un témoin extérieur. Ainsi, de nombreux reportages journalistiques font intervenir des récits de témoins, des ouvrages historiques citent des mémoires et témoignages. Dans les textes de fiction, l'auteur feint d'attribuer le récit à une personne dans le but de faire paraître la fiction authentique, ou encore pour déjouer la censure, ou simplement pour suivre les lois d'un genre : ainsi, les recueils de nouvelles comme le **Décaméron** de l'Italien Boccace ou son imitation par Marguerite de Navarre, l'**Heptaméron** présentent d'abord un groupe de personnes qui, obligées de séjourner dans un lieu isolé, entreprennent de raconter tour à tour des histoires pour se distraire et forment ainsi un groupe de narrateurs.

Dans de tels cas, le narrateur peut accompagner l'histoire qu'il raconte de divers commentaires ; l'auteur peut s'effacer tout-à-fait derrière le narrateur ou commenter à son tour ; le lecteur reçoit donc l'histoire à travers deux relais.

• le narrateur effacé

Personne ne semble raconter les actions, le récit semble objectif ; pourtant il y a un organisateur secret qui choisit tel ou tel ordre de narration, tel ou tel moyen d'exposition des faits. Parfois un détail révèle la présence, discrète mais décisive, de ce narrateur : un jugement porté sur les personnages (le choix d'un simple qualificatif de jugement moral peut en être l'indice), ou encore une réflexion de portée générale, n'appartiennent pas au tissu proprement narratif et ne peuvent être attribués qu'à ce narrateur effacé.

Le Père Goriot

(extrait)

[...] Eugène se trouva seul et face à face avec Vautrin.

« Je savais bien que vous y arriveriez, lui dit cet homme en gardant un imperturbable sang-froid. Mais écoutez ! J'ai de la
délicatesse tout comme un autre, moi. Ne vous décidez pas
5 dans ce moment, vous n'êtes pas dans votre assiette ordinaire. Vous avez des dettes. Je ne veux pas que ce soit la passion, le désespoir, mais la raison qui vous détermine à venir à
moi. Peut-être vous faut-il un millier d'écus. Tenez, le voulez-
vous » ?

10 Ce démon prit dans sa poche un portefeuille et en tira trois billets de banque qu'il fit papilloter aux yeux de l'étudiant.
Eugène était dans la plus cruelle des situations. Il devait au
marquis d'Ajuda et au comte de Trailles cent louis perdus sur
parole. Il ne les avait pas et n'osait aller passer la soirée chez
15 Mme de Restaud, où il était attendu. C'était une de ces soirées
sans cérémonie où l'on mange des petits gâteaux, où l'on boit
du thé, mais où l'on peut perdre six mille francs au whist. [...]

H. de Balzac, *Le Père Goriot* (1834).

*Dans ce texte, il semble que personne ne raconte, mais deux détails sont des
indices de l'intervention d'un narrateur caché (**ce démon**, indice de jugement ; **c'était une de ces soirées**, indice d'implicite).*

- **le narrateur personnage**

Dans de très nombreux récits, le narrateur raconte, à la première personne, une histoire dans laquelle il intervient. C'est le cas notamment des autobiographies, ou
encore de la correspondance privée. On peut avoir affaire à plusieurs narrateurs-
personnages alternés : dans le roman par lettres, en particulier comme **La Nouvelle
Héloïse** de Rousseau ou **Les Liaisons dangereuses** de Laclos ; ou encore dans
d'autres formes de roman, comme **Les Faux Monnayeurs** de Gide. Dans **La Peste** de
Camus, le narrateur révèle à la fin qu'il est un des personnages du récit (le docteur
Rieux), présenté jusque-là à la troisième personne ; dans **La Modification** de Butor,
pas de narrateur déclaré, mais pas de narrateur véritablement effacé non plus, puisque le **vous** de qui il est question n'est autre que le personnage principal qui se parle
à lui-même. Le narrateur-personnage se rencontre souvent dans les textes à référent
vrai : nombre de lettres privées, de récits de voyage, de reportages y ont recours.

> N.B. Dans les récits autobiographiques, l'auteur construit son propre person-
> nage ; sa fonction de narrateur transforme son être réel, riche d'infinies
> variations potentielles, en un *personnage* clos, figé parce que défini seule-
> ment par la part de texte qui lui est consacrée.

3 Les types de narrataire

Le lecteur (l'être réel qui lit et interprète le texte) n'est pas à confondre avec le *narrataire*, qui est celui à qui le narrateur est censé raconter l'histoire. Le narrataire
peut avoir divers statuts, parallèles à ceux du narrateur.

- **le narrataire-relais**

Il assure l'adhésion du lecteur éventuel, en établissant comme intermédiaire un être à qui l'on s'adresse à la seconde personne, et que l'on tâche de convaincre de la vérité, de la moralité ou de la portée du récit. Il est souvent utilisé dans la fiction, et donne lieu parfois à des constructions assez complexes, un narrateur pouvant devenir narrataire, et vice-versa. Dans le cas précédemment cité de l'**Heptaméron**, chacun des narrateurs devient narrataire en écoutant les récits que font ses compagnons ; dans **Manon Lescaut** de l'abbé Prévost, le narrateur est le personnage principal (Des Grieux), qui raconte son histoire à un narrataire, désigné comme « un homme de qualité », lequel devient à son tour narrateur en la retranscrivant. L'ambiguïté de tels jeux a pour effet que les liens entre narrateur et narrataire sont propices à l'illusion d'un lien entre auteur et lecteur.

- **le narrataire effacé**

Il n'est pas nommé ou présenté comme tel, mais il est présent de façon implicite à travers tout ce que le narrateur suppose connu par le destinataire de son propos, ou encore par les valeurs, jugements et attitudes présentés comme allant de soi.

---

texte 09

La Femme qui a connu l'Empereur

(extrait)

[...] M. Le Vergier ne paraît pas lui-même prêter d'attention au flot de rue qui roule sous son regard. Mais dans le pays, la légende et l'Histoire s'occupent de lui. Plus bonapartiste que Bonaparte, paraît-il, adversaire non seulement de la République et du socialisme, mais aussi de l'empire libéral, combattant acharné d'Emile Ollivier, et le seul homme peut-être dont le désastre de Sedan ait laissé intacte la foi à la Dynastie, M. Le Vergier des Combes a formé jadis une image idéale de souverain à laquelle s'est d'abord adapté parfaitement le visage de l'Empereur, si bien qu'en servant Napoléon III, il a pu croire qu'il adorait ses propres rêves. Plus tard, lorsque la politique, la chute du maître, la fin tragique du régime eussent pu décourager son espoir, il a conservé le masque glorieux qu'il avait façonné, gardant une reconnaissance à l'Empereur de la lui avoir portée si longtemps sans le lui briser. [...]

H. Rebell, *La Femme qui a connu l'Empereur* (1899).

Ce récit n'est pas d'emblée intelligible par n'importe qui, il requiert pour être compris la connaissance d'informations concernant notamment la vie politique sous le Second Empire (1852-1870) : **l'empire libéral** *représente l'évolution du régime de Napoléon III* **(Bonaparte)** *après 1867 ; cette évolution était animée par* **Emile Ollivier**, *libéral mais hostile aux Républicains et aux Socialistes, situés plus à gauche ;* **le désastre de Sedan** *est la défaite militaire française devant les Prussiens, qui provoque l'effondrement du régime impérial le 4 septembre 1870. Ainsi se construit, touche par touche, l'image d'un narrataire effacé certes, mais bien défini.*

- **le narrataire personnage**

Le cas est fréquent, évidemment, dans la correspondance privée (et donc aussi dans le roman par lettres), où le rédacteur de chaque lettre est narrateur et adresse son récit à un correspondant précis, lui-même personnage. On rencontre aussi des narrataires personnages dans tous les récits qui contiennent des récits enchâssés faits par un personnage à un autre personnage qui est le narrataire.

b

ACTION ET STRUCTURES NARRATIVES

1 L'action : définition

L'ensemble des *faits* relatés dans un récit constitue son action. Cette action comprend :
— des actes (les agissements des divers participants) ;
— des états (qui affectent ces participants) ;
— des situations (dans lesquelles ils se trouvent, qui concernent les rapports qu'ils ont entre eux) ;
— des événements (naturels ou sociaux, qui surviennent indépendamment de la volonté des participants).

L'action du récit se construit selon les rapports et transformations de ces quatre éléments, actes et événements venant modifier états et situations.

> *Dans le conte de* **Cendrillon,** *on observe successivement (en ne considérant que les faits principaux) : l'enfance heureuse de Cendrillon avant le remariage de son père (situation 1) ; les mauvais traitements qu'elle subit de sa belle-famille après le décès de son père (situation 2) et sa tristesse (état 1) ; le bal que donne le prince (événement 2) ; l'intervention de la fée qui change Cendrillon en belle princesse (acte 1) ; l'admiration dont la jeune fille est l'objet (situation 3, avec répétition des ces faits le second soir) ; son retour à sa triste condition (situation 4) ; la décision du prince de chercher la propriétaire de la pantoufle perdue (acte 2) ; le moment où il découvre Cendrillon (acte 3) ; le mariage (situation 5) ; la joie de Cendrillon et le pardon qu'elle accorde à sa belle-famille (situation 6).*

Ces diverses sortes d'éléments se combinent différemment selon les espèces de récits : un roman d'aventures privilégie les actes et les événements, un roman psychologique ou une biographie s'attardent plutôt sur la description des états et des situations, un récit tragique insiste sur les événements et les états. Ces diverses combinaisons éclairent donc un aspect essentiel de la nature de l'action : orientée vers un progrès ou un déclin, caractérisée par la prépondérance d'actes délibérés ou d'événements et de hasards, etc.

2 Enjeu de l'action et intrigue

Au fil du cheminement d'une situation initiale à une situation finale, les actes des participants visent un objectif qu'on appellera : *l'enjeu de l'action.* Ressort essentiel de l'action, l'enjeu peut être énoncé dès le titre du texte ; ainsi des titres de roman comme : **Le Mystère de la chambre jaune** (G. Leroux), celui d'un des albums de bandes dessinées les plus célèbres de la série des Tintin : **Objectif lune**, ou celui d'un article de presse comme : **L'avenir de l'alimentation humaine et animale sera-t-il assuré par le tabac ?** *(Le Monde).* A défaut de figurer dans le titre, l'enjeu est indiqué dans le fil du propos (dans **Cendrillon**, la recherche d'un époux), et souvent dans le début du récit, où les données de l'action sont présentées de façon telle que se pose la question de savoir quels personnages tourneront la situation dans le sens de leurs intérêts. Il peut y avoir dans un même récit plusieurs enjeux concurrents. Il y a en tout cas, au sein de l'enjeu d'ensemble, plusieurs enjeux partiels : chacun des actes a son enjeu. De plus, il est fréquent qu'un même récit ait des enjeux différents dans deux aspects (v. p. 20) de significations différents ; en particulier, l'enjeu peut avoir une signification symbolique : dans **La Peste** de Camus, l'enjeu est au plan proprement narratif (dans l'aspect sémantique immédiat du texte) la victoire sur une épidémie ; mais si l'on envisage l'aspect symbolique, l'enjeu devient la conquête par l'homme de sa liberté. Il arrive parfois que l'enjeu soit diffus et problématique : dans le **Voyage au bout de la nuit** de Céline, c'est, à travers l'action, la question du sens de l'existence qui est posée.

> N.B. Ne pas perdre de vue qu'il y a, outre l'action et l'enjeu narratifs, une action et un enjeu de l'acte de communication lui-même (v. p. 37).

La façon dont les personnages organisent leurs actes en vue d'emporter l'enjeu, la façon dont les faits s'enchaînent à partir de là, forment *l'intrigue* du récit. Pour Cendrillon, il s'agit de se libérer de la tutelle de sa belle-famille, tandis que celle-ci œuvre pour maintenir sa domination ; à partir du conflit autour de cet enjeu, la fée organise l'intrigue, en donnant des ordres et des consignes, en prévoyant des résultats possibles.

3 Séquences narratives

• définition

Rappel : une séquence est, d'une façon générale, un segment de texte qui forme un tout cohérent autour d'un même centre d'intérêt (v. p. 27). Une **séquence narrative** correspond à une série de faits représentant une étape dans l'évolution de l'action. Dans **Cendrillon**, la transformation de Cendrillon en princesse comprend plusieurs petites actions (l'appel à la fée, les ordres donnés par celle-ci d'aller chercher la citrouille et les rats, les coups de baguette magique, les consignes imposées à Cendrillon) et forme une séquence ; de même la soirée au bal (arrivée, présentation au prince, danse, sortie précipitée à minuit). Il s'agit là de séquences complexes : chacune comprend plusieurs actions particulières (qui sont autant de séquences plus petites), et elles se hiérarchisent pour former la « grande séquence » qu'est le texte. (Pour une présentation schématique, v. p. 28).

• structure temporelle du récit

— Le récit présente cette particularité que l'histoire et la narration ne se déroulent pas toujours selon le même ordre (v. p. 182) ; aussi, le traitement de la durée y est-il spécifique, et chaque récit trouve là une de ses caractéristiques essentielles. D'autre part, il faut distinguer le *temps de l'histoire* (ou *de la fiction*), c'est-à-dire celui dans lequel se déroulent les faits dans le référent vrai ou fictif, et qui se mesure en minutes, heures, jours, mois, années, et le *temps de la narration*, c'est-à-dire celui que le texte accorde à chacun de ces faits et qui s'évalue en volume textuel : lignes ou vers, pages.

— La durée de l'histoire et celle de la narration sont rarement proportionnelles : des faits qui se sont déroulés sur plusieurs années peuvent être résumés en peu de lignes (c'est alors un sommaire) ; des événements ou actes très courts peuvent, à l'inverse, être détaillés en scènes minutieuses.

L'enchaînement des faits dans un récit ne peut se réaliser qu'au fil de la succession des séquences. Mais le plus souvent, chaque fait, chaque séquence semble découler, être un effet, de ce qui précède. Il tend à s'établir ainsi une confusion entre la *consécution* (le fait de se succéder) et la *conséquence* (un rapport de cause à effet). Un récit comme **Candide** de Voltaire joue systématiquement, et de façon ironique, sur cette confusion : les événements s'y succèdent au fil du hasard, mais certains personnages, Pangloss notamment, s'obtinent à y déceler les liens de nécessité. En effet, ce qui précède un événement peut bien en donner une explication : Candide se retrouve en El Dorado parce qu'il a quitté l'Europe, entre autres raisons ; mais ils n'en sont pas la cause : quitter l'Europe n'implique pas que l'on aille forcément en El Dorado. Cette confusion de la consécution et de la conséquence est un aspect important de l'illusion réaliste entretenue par de très nombreux textes : le lecteur prend en effet l'enchaînement des séquences pour naturel et nécessaire, alors qu'il est le produit d'un choix, conscient ou non, parmi de multiples possibilités narratives.

A chacune de ses étapes en effet, un récit s'oriente à travers des choix. Par exemple : une fois posée l'obligation pour Cendrillon de rentrer à minuit, le récit peut faire en sorte que cette obligation soit respectée, non respectée, ou encore presque respectée (ce qui est le cas dans le conte). Ces choix entre diverses possibilités (on parle de *possibles narratifs*) engagent des options esthétiques ou idéologiques. Même un récit à référent vrai engage de tels choix : pour rendre compte d'un match de rugby, le reporter peut commencer par le récit des dix dernières minutes (ces effets sont très répandus dans la presse sportive qui cultive le style épique, avec un début *in media res*, c'est-à-dire au milieu de l'action). L'ordre d'enchaînement des séquences, toujours artificiel, est un élément décisif de l'effet créé par un récit sur son lecteur.

N.B. Queneau, dans **Un conte à votre façon** illustre les choix narratifs en disposant une séquence par page, et en invitant le lecteur à choisir, à la fin de chacune, dans une gamme de possibilités qui le renvoient à diverses pages ; un tel procédé trace autant de parcours, autant de récits différents : chaque lecteur peut alors se raconter comme il lui plaira l'histoire des trois petits pois...

• les séquences et leurs fonctions

Les séquences ont des fonctions différentes dans le déroulement de l'action. Une séquence qui bouleverse la situation (l'intervention de la fée dans **Cendrillon**) est une *péripétie* ; une séquence qui n'apporte pas de données nouvelles, mais développe ou explique les conséquences d'une péripétie, en prépare une autre, ou encore fait digression, est un *épisode*. Les péripéties donnent à l'action ses points d'appui essentiels : le *nœud de l'action* (moment où s'engagent les efforts du participant pour obtenir l'enjeu), et le *dénouement* sont des péripéties ; elles s'accomplissent souvent par « reconnaissance » ou « révélation » : les personnages principaux découvrent alors des faits ou des savoirs jusque-là ignorés d'eux, et qui bouleversent leur situation.

Il n'y a pas de relation entre la longueur des séquences et leur fonction de péripétie ou d'épisode : une péripétie peut être très brève et un épisode très long. D'autre part, leur importance pour les significations du texte ne tient pas seulement à leur fonction ; un épisode peut présenter un grand intérêt par les thèmes qui s'y manifestent, ou encore par l'effet de suspens qu'il crée en retardant l'action.

> N.B. Les termes *péripétie* et *épisode* sont pris ici non en leur sens courant, mais au sens strict ; ils sont, comme « reconnaissance » et « révélation », empruntés à la *Poétique* d'Aristote (IVe s. av. J.C.). Cette terminologie est encore opératoire. Pour la moderniser, on emploie parfois les termes proposés par R. Barthes (v. p. 202) : pour les péripéties, de « fonctions cardinales » (c'est-à-dire qui orientent)et, pour les épisodes, de « fonctions catalyses » (c'est-à-dire qui unissent).

texte 10

Nous donnons ici la table des matières de ce conte philosophique, de façon à faire apparaître les phénomènes décrits ci-dessus dans les grandes structures d'un récit long. Il va de soi qu'il sont observables aussi dans le détail des textes.

Candide
(table des matières)

Récit - Discours - Poésie

Voltaire, *Candide* (1759)

*Les titres mêmes de certains chapitres (**VIII, XI, XII, XXIV**) indiquent qu'il s'agit d'autant de retours en arrière. De fait, si l'on rétablit l'ordre chronologique, les aventures de la Vieille se trouvent placées au début. On notera d'ailleurs qu'elles forment une séquence, qui occupe deux chapitres : la* composition *(la division en chapitres) ne correspond pas exactement à la structure des séquences et à la structure temporelle du récit. De plus, certains chapitres contiennent des retours en arrière partiels (**ch. IV** : **Pangloss** raconte ses aventures depuis que Candide a quitté le château ; **ch. XXVI** : les* **six étrangers** *relatent leurs histoires personnelles).*

Ces décalages entre le temps de l'histoire et celui de la narration peuvent commodément se présenter par un schéma (v. p. 182). Lorsque l'ordre chronologique et l'ordre de la narration ne coïncident pas, on peut réécrire l'histoire selon l'ordre chronologique, en établissant ce que l'on nomme sa *fable*. On voit ainsi apparaître des effets de décalage, d'inversion, etc.

La structure temporelle d'un récit a toujours des implications esthétiques : effet d'insistance (événements détaillés), effet de surprise (on découvre par un retour en arrière des relations inattendues entre les faits) ou annulation des surprises possibles (par les anticipations). Elle a aussi des significations idéologiques : rapprocher ou éloigner deux faits dans la narration peut marquer des parentés ou oppositions que l'auteur choisit de rendre sensibles ou non.

N.B. Pour désigner les cas de figure correspondant aux retours en arrière, anticipations, etc., Genette propose dans *Figures III* une terminologie particulière. Nous nous bornons ici aux termes les plus courants : retour en arrière, anticipation, ellipse.

C

MODES D'EXPOSITION : NARRATION, DESCRIPTION ET DIALOGUE

1 Définitions

Un récit peut comporter, en propositions variables, trois types de présentation du propos ou *modes d'exposition* :

- **la narration proprement dite**

Elle relate des actions, résume des paroles ou les rapporte au style indirect. Les verbes d'action y ont une part essentielle. Les marques syntaxiques de la narration sont, dans de nombreux récits, l'usage des temps du passé, l'usage également de la troisième personne (singulier ou pluriel), ou de la première personne quand le narrateur est un personnage. Il s'agit là des tours les plus fréquents, mais le récit peut utiliser toutes les constructions syntaxiques : l'imparfait de durée, le présent (d'actualité ou d'éternité, ou le présent historique...), etc.

- **la description**

La description renseigne sur les états, ainsi que sur les situations. Elle donne des indications de forme, volume, contenu, composition, concernant des lieux et des objets. Elle peut donner aussi des renseignements d'ordre psychologique et social sur des personnages (il s'agit alors de *portraits* : voir p. 70). La description fait usage surtout de verbes d'état et de qualificatifs. En principe, une description suspend le déroulement du temps : elle donne à voir les lieux, objets ou personnages soit à un instant précis, soit dans leurs qualités invariables. Elle peut être fort longue, et intégrer de petits récits (explications de tel ou tel détail) ou se borner à une brève indication (un simple adjectif). Il est fréquent qu'une description contienne, au moins de façon implicite, un jugement sur ce qui est décrit, ou des indices de l'état d'esprit de celui (auteur ou personnage) à travers le regard de qui elle est faite ; ainsi, depuis le XIXᵉ siècle, la technique du « paysage état-d'âme » est devenue un procédé courant.

- **dialogue et monologue**

Ils reproduisent des paroles telles qu'elles ont été prononcées ou sont censées avoir été prononcées ; ils utilisent le style direct et en portent les marques. Ce sont des « discours » (v. p. 76), intégrés au récit. L'usage de la première et de la seconde personnes pour désigner les interlocuteurs y est la règle ; les indices d'*énonciation* y abondent. Lorsqu'il s'agit d'un *monologue intérieur,* c'est-à-dire de paroles non pas prononcées mais seulement pensées par un personnage, il y a très souvent usage du style indirect libre. Dialogues et monologues sont pour le récit des moyens de *mimer* la réalité (récit mimétique) ; ils sont souvent utilisés quand le texte donne à voir une « scène », et ils sont donc le mode d'expression fondamental dans les textes de théâtre.

2 Combinaisons des modes d'exposition

Ces trois modes d'exposition sont le plus souvent présents ensemble dans un récit. Ils se combinent ordinairement par des jeux d'enchâssements : un dialogue s'insère dans un passage narratif, une description, éclaire une « scène ». Il n'y a pas de valeur a priori de chacun de ces modes d'expression, mais ce sont leurs combinaisons qui produisent des effets de sens particuliers dans chaque texte. En règle générale, la narration est propice à un énoncé où les faits se succèdent, la description interrompt l'action, et le dialogue la ralentit en détaillant une scène. Mais en pratique, chacun de ces modes peut prendre une valeur particulière selon l'ensemble du contexte.

L'Écume des jours raconte dans ses dernières pages la mort lente de l'héroïne Chloé. Sa souris apprivoisée, après son décès, décide de se donner la mort.

L'Écume des jours

(extrait)

[...]

— Vraiment, dit le chat, ça[1] ne m'intéresse pas énormément.

— Tu as tort, dit la souris. Je suis encore jeune, et jusqu'au dernier moment, j'étais bien nourrie.

— Mais je suis bien nourri, dit le chat, et je n'ai pas du tout
5 envie de me suicider, alors tu vois pourquoi je trouve ça normal.

— C'est que tu ne l'as[2] pas vu, dit la souris.

— Qu'est-ce qu'il fait ? demanda le chat.

Il n'avait pas très envie de le savoir. Il faisait chaud et ses
10 poils étaient tous bien élastiques.

— Il est au bord de l'eau, dit la souris, il attend, et quand c'est l'heure, il va sur la planche et il s'arrête au milieu. Il voit quelque chose.

— Il ne peut pas voir grand-chose, dit le chat. Un nénuphar[3]
15 peut-être.

— Oui, dit la souris, il attend qu'il remonte pour le tuer.

— C'est idiot, dit le chat. Ça ne présente aucun intérêt.

— Quand l'heure est passée, continua la souris, il revient sur le bord et il regarde la photo.

20 — Il ne mange jamais ? demanda le chat.

— Non, dit la souris, et il devient très faible, et je ne peux pas supporter ça. Un de ces jours, il va faire un faux pas en allant sur cette grande planche.

— Qu'est-ce que ça peut te faire ? demanda le chat. Il est mal-
25 heureux, alors ?...

— Il n'est pas malheureux, dit la souris, il a de la peine. C'est ça que je ne peux pas supporter. Et puis il va tomber dans l'eau, il se penche trop.

— Alors, dit le chat, si c'est comme ça je veux bien te rendre
30 ce service, mais je ne sais pas pourquoi je dis « si c'est comme ça », parce que je ne comprends pas du tout.

— Tu es bien bon, dit la souris.

— Mets ta tête dans ma gueule, dit le chat, et attends.

— Ça peut durer longtemps ? demanda la souris.

35 — Le temps que quelqu'un me marche sur la queue, dit le chat ; il me faut un réflexe rapide. Mais je la laisserai dépasser, n'aie pas peur.

La souris écarta les mâchoires du chat et fourra sa tête entre les dents aiguës. Elle la retira presque aussitôt.

40 — Dis donc, dit-elle, tu as mangé du requin, ce matin ?

1. D'aider la souris à mourir.

2. Colin, le compagnon de Chloé.

3. Image dont use l'auteur pour figurer la maladie de poitrine dont est morte Chloé.

— Écoute, dit le chat, si ça ne te plaît pas, tu peux t'en aller. Moi, ce truc-là, ça m'assomme. Tu te débrouilleras toute seule.

Il paraissait fâché.

45 — Ne te vexe pas, dit la souris.

Elle ferma ses petits yeux noirs et replaça sa tête en position. Le chat laissa reposer avec précaution ses canines acérées sur le cou doux et gris. Les moustaches noires de la souris se mêlaient aux siennes. Il déroula sa queue touffue et la laissa
50 traîner sur le trottoir.

Il venait, en chantant, onze petites filles aveugles de l'orphelinat de Jules l'Apostolique.

Boris Vian, L'Écume des jours (1947), Éd. Pauvert, fin du roman.

> *Dans ce texte, le dialogue retarde l'action et crée par sa longueur un effet de suspens. Ici, la mort de la souris est différée pendant tout le dialogue. L'effet de suspens tient, entre autres, à la disproportion entre la longueur de ce dialogue et le très court passage narratif qui clôt le roman.*

Il est donc important d'observer quel mode d'exposition est dominant dans un texte ou un passage donné, quels effets de rythme, quelle coloration (et donc quels effets esthétiques) sont ainsi obtenus. Au fil d'un long récit, les dosages et combinaisons de ces diverses ressources contribuent à donner au récit son rythme d'ensemble : l'analyse des séquences doit donc tenir compte des modes d'exposition qui caractérisent chacune d'elles.

d

LES PERSONNAGES

Les participants de l'action sont ordinairement les *personnages* du récit. Il s'agit très souvent d'humains ; mais une chose, un animal ou une entité (la Justice, la Mort, etc.) peuvent être personnifiés et considérés alors comme des personnages. Que leur référent soit vrai ou fictif, les personnages ne sont dans un texte que des « êtres de papier », c'est-à-dire qu'ils sont définis par les indications que donne le texte à leur sujet. Celles-ci concernent leur *être* (données psychologiques et sociales), mais aussi leur *faire* (des comportements, des actes).

1 Éléments constitutifs du personnage

Quand un personnage apparaît dans un récit, la question qui se pose pour le lecteur n'est pas de savoir s'il existe : l'existence du personnage, même fictif, s'impose d'emblée puisque le *pacte* narratif fait que l'on admet cette existence ; mais la question qui se pose en fait est celle de son être, repérable à travers ses caractéristiques et attributs. Ainsi, même dans des récits brefs (un compte, un fait divers), une description minimum est donnée des personnages pour permettre de les identifier.

- **le portrait**

Un personnage est toujours une collection de traits : physiques, moraux, sociaux. La combinaison de ces traits et la manière de les présenter, constituent le *portrait* du personnage. Le portrait relève de la description, mais il peut intégrer des éléments proprement narratifs. Il est une pratique très ancienne, qui a toujours suivi des règles plus ou moins implicites, et variables selon les époques. Aux XVIe et XVIIe siècles, l'ordre de présentation était constant : portrait physique, puis portrait moral et social ; et à chaque étape la succession des traits était réglée : un portrait physique se faisait « de la tête aux pieds », détaillait le visage et les mains, etc. Qu'il s'agisse de personnages réels ou fictifs, le « genre » du portrait imposait les mêmes exigences. Le roman réaliste a utilisé le portrait pour préparer et donc faire admettre les attitudes et les actes des personnages : leurs traits physiques, psychiques, sociaux s'y ordonnent alors de telle sorte que leurs agissements paraissent ensuite vraisemblables, puisque conformes à leur portrait. Il s'agit là d'un des « effets de réalité » les plus couramment utilisés.

---

texte 12

La Peste
(extrait)

[...] A première vue, en effet, Joseph Grand n'était rien de plus que le petit employé de mairie dont il avait l'allure. Long et maigre, il flottait au milieu de vêtements qu'il choisissait toujours trop grands, dans l'illusion qu'ils lui feraient plus
5   d'usage. S'il gardait encore la plupart de ses dents sur les gencives inférieures, il avait perdu en revanche celles de la mâchoire supérieure. Son sourire., qui relevait surtout la lèvre du haut, lui donnait ainsi une bouche d'ombre. Si l'on ajoute à ce portrait une démarche de séminariste, l'art de raser les
10 murs et de se glisser dans les portes, un parfum de cave et de fumée, toutes les mines de l'insignifiance, on reconnaîtra que l'on ne pouvait pas l'imaginer ailleurs que devant un bureau, appliqué à réviser les tarifs des bains-douches de la ville ou à réunir pour un jeune rédacteur les éléments d'un rapport
15 concernant la nouvelle taxe sur l'enlèvement des ordures ménagères. Même pour un esprit non prévenu, il semblait avoir été mis au monde pour exercer les fonctions discrètes mais indispensables d'auxiliaire municipal temporaire à soixante-deux francs trente par jour.
20 C'était en effet la mention qu'il disait faire figurer sur les feuilles d'emploi, à la suite du mot « qualification ». Lorsque vingt-deux ans auparavant, à la sortie d'une licence que, faute d'argent, il ne pouvait dépasser, il avait accepté cet emploi, on lui avait fait espérer, disait-il, une « titularisation » rapide. Il
25 s'agissait seulement de donner pendant quelque temps les preuves de sa compétence dans les questions délicates que posait l'administration de notre cité. Par la suite, il ne pouvait manquer, on l'en avait assuré, d'arriver à un poste de rédacteur qui lui permettrait de vivre largement. Certes, ce n'était

30 pas l'ambition qui faisait agir Joseph Grand, il s'en portait garant avec un sourire mélancolique. Mais la perspective d'une vie matérielle assurée par des moyens honnêtes, et, partant, la possibilité de se livrer sans remords à ses occupations favorites lui souriait beaucoup. S'il avait accepté l'offre qui lui
35 était faite, ce fut pour des raisons honorables et, si l'on peut dire, par fidélité à un idéal[1]. [...]

A. Camus, *La Peste* (1947), Éd. Gallimard.

1. Grand se sent une vocation d'écrivain.

Ce qui est dit du personnage (à première vue, il semblait avoir été mis au monde...) *prépare et fait déjà admettre ce que seront ses comportements dans la suite du roman : Grand apportera à ses fonctions dans la lutte contre la peste la même minutie, la même abnégation, le même désintéressement que dans son travail de bureau.*

Autour de ces principes de base, des variations sont possibles : le dosage des traits psychologiques, physiques, sociaux peut être divers ; le portrait peut intervenir dès l'apparition du personnage, ou bien plus tard, dans le cours de ses agissements. Dans tous les cas, il sert à assurer la cohérence du personnage, à expliquer et justifier ses actes. De plus, il est souvent le lieu où des jugements, même implicites, sont formulés sur l'être qu'on présente. En particulier, le portrait peut être fait selon divers points de vue, qui engagent tous une appréciation des traits décrits.

L'énoncé de son nom suffit déjà à établir la présence d'un personnage. Quand il s'agit de personnages historiques de quelque importance, ou du moins connus du lecteur, leur nom porte déjà l'évocation de traits, d'une histoire, parfois d'une légende. Les textes de fiction usent des moyens que donne la fabrication de noms pour indiquer la situation ou les caractéristiques du personnage : **Cendrillon** est fait sur « cendres » (dans certaines versions du conte, elle se nomme Cucendron) ; **Renart**, nom du personnage, s'est imposé comme nom commun à la place du nom de l'animal qui le portait (le goupil) dans le **Roman de Renart**, et symbolise la ruse ; Balzac nomme un usurier **Gobseck** (gobe-sec) ; Stendhal fabrique les noms des personnages par anagrammes (**Julien Sorel, Louis Jenrel, Louise de Rênal** dans **Le Rouge et le Noir** ; Le Clézio (v. texte 41), choisit de nommer son héros **Adam** par allusion au premier homme dans la tradition judéo-chrétienne. Etc.

- **les personnages en actes**

Le portrait psychologique traditionnel a été critiqué à un moment où, par ailleurs, la psychanalyse montrait que le comportement d'un individu n'était pas forcément l'expression directe de son « caractère ». Proust, par ex., a construit des personnages dont la mobilité psychologique se laisse difficilement enfermer dans un portrait. Les écrivains du « Nouveau Roman » ont insisté sur la différence radicale entre personne réelle et « personnage », et ont dénoncé comme une forme de mystification les portraits psychologiques exécutés à partir d'une vision « par en-dessus ». Tourner en dérision de tels portraits (voir un portrait parodique dans le texte 41 de Le Clézio) est devenu fréquent.

De fait, la construction du personnage se fait souvent, et pas seulement à l'époque contemporaine, par l'ensemble des indications données à son sujet au fil du texte, par ce qu'il fait et ce qu'il dit. Le cas est particulièrement net dans les textes de théâtre.

Récit - Discours - Poésie

2 Types, créations et stéréotypes

Un *personnage type* renvoie à une idée que l'auteur, et éventuellement le lecteur, se font consciemment ou non d'une catégorie d'individus à une époque donnée : L'Harpagon de Molière et le père Grandet de Balzac sont deux types d'avares, mais le premier est plutôt un avare d'Ancien Régime (qui entasse et enterre ses trésors), l'autre un avare de l'époque industrielle (qui spécule). Un type est donc un composé de données psychologiques et sociologiques. Il peut s'agir de modèles sociaux réels, observés à une époque donnée : le grand seigneur, l'employé dévoué, etc. ; à la fin des années 1970, les autobiographies de « types » paysans ont eu ainsi un grand succès avec des ouvrages comme **Mémé Santerre, Grenadou, Une soupe aux herbes sauvages...**). Ou encore de modèles psychologiques : l'amant jaloux, l'adolescent timide. Mais dès qu'ils sont présentés dans des textes, que le référent soit vrai ou fictif, ces types sont le produit d'une vision concentrée et accuse leurs traits.

Il arrive parfois qu'un personnage littéraire présente des caractères originaux : il est alors une *création*. De telles créations peuvent influencer des comportements sociaux : **René** (1802) de Chateaubriand eut un grand succès et fut imité, créant un personnage-type de héros romantique, dont on suit la trace tant dans des comportements que dans les productions culturelles de tout le XIXᵉ siècle. Ce qui était une création devient alors un type, un modèle.

Lorsque ce modèle se réduit à un petit nombre de traits, fortement conventionnels, et devient la reproduction mécanique d'un type déjà existant, il s'agit d'un *stéréotype* : ses caractéristiques et comportements sont tout à fait prévisibles, servilement conformes à un modèle. De nombreuses œuvres littéraires font usage de stéréotypes : la jeune fille innocente, l'escroc tentateur, la femme fatale, le débrouillard sympathique, etc.

La distinction entre création, type et stéréotype n'est pas radicale et toujours nette puisqu'une création peut devenir un type, et un type, un stéréotype. Surtout, elle fait intervenir les images personnelles du lecteur, son degré de culture, et confronte son idéologie avec celle de l'auteur : si James Bond ou Astérix apparaissent à un adulte cultivé comme des variations de stéréotypes, l'un des héros invincibles, l'autre du Français râleur, chauvin, mais sympathique, ils peuvent être néanmoins perçus par des enfants comme des héros fortement individualisés et admirables.

> N.B. On ne confondra pas types et stéréotypes avec *rôles*. Toute personne ou tout personnage est amené à jouer des rôles, ne serait-ce que ceux dont le chargent les groupes où il évolue (il est un chef, un père, un boute-en-train, etc.). Et cela, qu'il apparaisse lui-même comme original ou conventionnel. Mais certains genres littéraires ont codifié des rôles ; par exemple, au théâtre, on trouve des *soubrettes*, des *valets*, des *jeunes premiers* ..., dans les romans noirs, des *justiciers* et des *traîtres*, etc. (ce que dans la terminologie du spectacle on nommait jadis des *emplois*). Mais au sens strict, le *rôle* désigne la part de texte qu'un acteur doit dire pour interpréter un personnage.

Vrais ou fictifs, les personnages des récits résultent donc de combinaisons de procédés. Ils sont pourtant un des éléments sur lesquels s'investit le plus l'affectivité du lecteur. Il est fréquent qu'un auteur se *projette* dans ses personnages : on connaît le célèbre : « Madame Bovary, c'est moi » de Flaubert, et il suffit d'écouter ou de lire des interviews d'écrivains pour constater combien ce thème est omniprésent ; ou s'il ne s'y projette pas, qu'il les traite du moins comme des êtres autonomes, vivant une vie indépendante, alors qu'ils n'existent que par le tissu des mots qu'il fabrique à leur sujet. En retour, il est fréquent aussi que le lecteur se projette, *s'identifie*, à des personnages : les *héros*, historiques ou littéraires, sont autant d'invitations faites au lecteur de s'imaginer vivant les mêmes aventures qu'eux. C'est là une des sources du plaisir de lire des récits. C'est aussi un des moyens d'imposer ou de suggérer au lecteur certaines idées, certaines valeurs. C'est donc un des lieux où se jouent le plus fortement les implications idéologiques des textes. Il ne s'agit pas de juger ici ces projections ou identifications : tout lecteur est libre de s'y adonner ou pas.

e

LES FORCES AGISSANTES DANS UN RÉCIT

1 La notion de force agissante

Si un personnage est un être (ou un simulacre d'être), il est aussi un faire, une *force agissante*, en cela qu'il porte le mouvement de l'action. Mais les personnages ne sont pas les seules forces agissantes d'un récit ; toutes sortes d'entités peuvent l'être aussi : des objets, des animaux (personnifiés ou non), des institutions, des sentiments, des valeurs... On appellera donc force agissante toute réalité (vraie ou fictive) qui participe à l'action. Un personnage d'ailleurs peut aussi n'être là que comme toile de fond, pour « faire vrai » ; dans d'autres cas, à l'inverse, il peut à lui seul être le siège de plusieurs forces agissantes : le personnage de Rodrigue, dans les stances du *Cid*, est partagé entre le sentiment de l'honneur et le sentiment amoureux, deux forces agissantes qui le déchirent.

L'analyse des forces agissantes dans un récit intègre donc celle des personnages (envisagés alors dans une autre perspective que ci-dessus, et celle de tous les éléments actifs. Elle part de cette constatation que les situations d'un récit reposent sur un équilibre (ou une tension) entre plusieurs forces, et que le récit progresse au fil des actes et événements par modification de ces rapports de forces.

> N.B. Propp a formulé l'hypothèse que les personnages qui interviennent dans les contes se distribuent en sept rôles fondamentaux : le donateur, le héros (ou le faux-héros), la princesse, l'agresseur, l'auxiliaire, le mandateur, le père. Des personnages différents peuvent ainsi occuper dans un même récit ou dans des récits différents, un même rôle : un ogre, un ours, une marâtre peuvent avoir le même rôle d'agresseur par ex.
>
> De son côté, Souriau a dégagé dans les pièces de théâtre un certain nombre de fonctions qu'occupent les *actants* (participant actifs), de l'histoire (le donateur ou destinateur, l'arbitre, le héros, l'objet...).
>
> Plus tard, Greimas a précisé la notion d'actants : ce sont des fonctions obligées dans toute action, que peuvent occuper toutes sortes d'entités. Il en a proposé un schéma en six fonctions (voir § suivant).
>
> Pour notre part, nous adoptons le terme de *force agissante*, parce qu'il précise le caractère dynamique de ces fonctions.

Récit · Discours · Poésie

2 Fonctions des forces agissantes

Les rapports entre les forces agissantes s'ordonnent autour de fonctions constantes, présentes dans tout récit. Ce sont :
– le *destinateur,* qui a le pouvoir de donner (un objet, un ordre), qui provoque (lorsqu'il donne) ou entrave (lorsqu'il refuse) le mouvement de l'action ;
– le *destinataire,* qui reçoit ;
– le *sujet,* qui désire, vise, poursuit une chose, un bien, une personne.
– l'*objet,* donné ou recherché.
– l'*adjuvant,* qui aide (il peut y avoir des adjuvants de chacune des fonctions précédentes).
– l'*opposant,* qui entrave (idem que ci-dessus).

Un même personnage peut être à la fois sujet et destinataire : dans **Le Tartuffe,** Tartuffe est à un moment à la fois sujet (il désire Marianne) et destinataire (Orgon la lui promet). Une même fonction peut être occupée par plusieurs forces agissantes ; il y a souvent plusieurs adjuvants et plusieurs opposants etc., opposants d'un même sujet, il y a souvent plusieurs sujets en compétition : dans **Tartuffe,** Tartuffe et Valère sont deux sujets rivaux. Enfin, une même force agissante peut, au fil d'un récit, changer de fonction.

L'action d'un récit progresse à travers les configurations des rapports entre ces forces. Selon le personnage qui apparaît comme force agissante principale ou que le lecteur prend comme tel – le « héros » –, l'appréciation de ces configurations change : quand deux sujets rivaux sont en présence, les adjuvants de l'un sont opposants de l'autre, et vice-versa. Ces configurations de fonctions peuvent se représenter sous la forme d'un schéma, où prennent place les forces agissantes du texte.

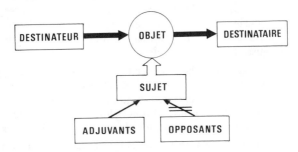

- Les flèches indiquent *l'action* d'une force sur une autre.
- Seuls sont indiqués ici les adjuvants et les opposants du sujet ; il y en a aussi pour chacune des autres f.a.

La Dot

(extrait)

Personne ne s'étonna du mariage de maître Simon Lebrument avec Mlle Jeanne Cordier. Maître Lebrument venait d'acheter l'étude de notaire de maître Papillon ; il fallait, bien entendu, de l'argent pour la payer ; et Mlle Jeanne Cordier avait trois
5 cent mille francs liquides, en billets de banque et en titres au porteur.

Maître Lebrument était un beau garçon, qui avait du chic, un chic notaire, un chic province, mais enfin du chic, ce qui était rare à Boutigny-le-Rebours.

10 Mlle Cordier avait de la grâce et de la fraîcheur, de la grâce un peu gauche et de la fraîcheur un peu fagotée ; mais c'était, en somme, une belle fille désirable et fêtable.

La cérémonie des épousailles mit tout Boutigny sens dessus dessous.

15 On admira fort les mariés, qui rentrèrent cacher leur bonheur au domicile conjugal, ayant résolu de faire tout simplement un petit voyage à Paris après quelques jours de tête-à-tête. [...]

Maupassant, *La Dot*, 1re page (1880).

L'analyse des forces agissantes est nette : **Lebrument** *est sujet : il désire* **Jeanne** *et sa* **dot** *(objets) ; il est aussi* destinataire *: il recevra ces objets. Ses adjuvants sont : les conventions sociales relatives au mariage, son* **chic,** *sa prestance, l'inexpérience de Jeanne. Ce qui suscite son action (c'est-à-dire le* destinateur*) est le besoin* **d'argent.** *Ce qu'on peut schématiser de la sorte :*

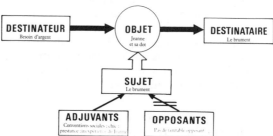

L'analyse des forces agissantes d'un récit fait souvent appel à l'étude des champs lexicaux, qui permettent de définir ces forces agissantes et leurs attributs ; dans l'exemple, les champs lexicaux de l'argent et de l'attrait physique sont prépondérants. Ainsi apparaît ce que le texte choisit de traiter, dans le champ des réalités, comme éléments actifs, efficaces, dominants, et ce qu'il préfère négliger ou passer sous silence ; les valeurs qu'il met en jeu, même implicitement, et les résultats de ce jeu, se révèlent alors.

N.B.　On ne perdra pas de vue que tout texte (narratif ou non) vise à exercer une action sur son lecteur : il y a donc *aussi* des forces agissantes en jeu dans l'acte de communication lui-même.

3 Les stratégies des DISCOURS

a

LES SENS DU MOT « DISCOURS ».

– Le mot **discours** désigne au sens large tout acte d'énonciation, toute action de dire ou d'écrire quelque chose.

– Dans le langage courant, ce même mot désigne le développement d'un propos organisé sur un sujet donné, comme le *discours politique* par exemple, ou des textes d'un genre voisin comme le sermon, la harangue, etc. Ces textes sont des aspects particuliers du *discours* tel qu'il sera entendu ici.

– On désignera ici par **discours** tout texte ou fragment de texte qui met en avant l'**acte** d'énonciation lui-même pour influencer le destinataire. Il prend alors les formes les plus diverses.

N.B. Ces questions ont été particulièrement étudiées par Benveniste (p. 202).

Divers dans leurs formes, les discours ne le sont pas moins dans leurs fonctions. En fait, ils embrassent tout le champ de la communication, et sont constamment présents autour de chaque personne : conversations courantes, slogans publicitaires, lettres privées, déclarations d'amour, invectives d'automobilistes, sont des *discours*, au même titre que les « discours » politiques ou de circonstance..., les sermons, les harangues, les prêches, les avis officiels, les déclarations solennelles, ou encore les traités et manuels scientifiques, les « essais », les « dialogues d'idées », les réquisitoires et plaidoyers, ou simplement toute prise de parole dans une assemblée quelconque.

Certains paraissent quotidiens, et on ne prête pas attention à ces mises en œuvre de la parole, tandis que d'autres sont perçus, d'emblée, comme des recherches d'effets particuliers. Pourtant, *tous* les discours recourent à des procédés pour agir sur le destinataire et sont des prises de parole visant à exercer un *pouvoir* sur un public. De façon significative, la Grèce antique utilisait un objet symbolique (le *skeptron*) que tenaient en main à tour de rôle ceux qui avaient « droit à la parole » : il est devenu ensuite le *sceptre*, emblème du pouvoir ; les cultures africaines connaissaient le *samp*, qui a même fonction : qui le tient en main, fût-il homme du petit peuple, a le droit sacré de parler librement et les puissants doivent l'écouter sans le punir, même s'il les critique. Ces signes rituels du « droit à la parole » tendent à disparaître (encore qu'on puisse dire avec Bourdieu que le micro joue largement, dans les sociétés modernes, le rôle de *skeptron*), mais les enjeux des pratiques du discours subsistent.

b

FONCTIONS ET POUVOIRS DU DISCOURS

1 Les visées des discours

Le discours est donc *action*. Ce caractère performatif ne prend pas toujours les mêmes formes, selon le but visé par celui qui parle ou écrit ; ce peut être de convaincre, conseiller, suggérer, informer, féliciter, blâmer, instruire, rassurer. Cela peut se faire par les moyens de l'explication, ou bien en cherchant à plaire et séduire, ou bien en essayant de créer une émotion.

> N.B. L'ancienne Rhétorique (v. p. 80) et plus précisément Cicéron *(De Oratore)* avait ainsi fixé les trois visées fondamentales du discours : instruire (le verbe latin est : docere), plaire (delectare) et émouvoir (movere).

Il va de soi que ces buts ne sont pas toujours atteints : le destinataire refuse souvent de se laisser convaincre, ou n'accorde aucun intérêt à l'information donnée ; ou il rejette les procédés dont use le locuteur ; plus simplement encore, il peut n'avoir pas compris la finalité d'un discours mal adapté à la situation de parole, ou les contenus d'un propos trop subtil.

Les trois visées fondamentales du discours se combinent diversement.

---

texte 14

Le discours dont nous extrayons ce passage a été prononcé le 29 janvier 1960, à la radio et à la télévision, par le général de Gaulle, alors chef de l'État, lors d'une tentative de soulèvement militaire contre le gouvernement légal, durant la guerre d'Algérie.

Allocution du général de Gaulle

(extrait)

[...] Enfin, je m'adresse à la France. Eh bien ! mon cher et vieux pays, nous voici donc ensemble encore une fois, face à une lourde épreuve. En vertu du mandat que le peuple m'a donné et de la légitimité nationale que j'incarne depuis vingt ans, je
5 demande à tous et à toutes de me soutenir quoi qu'il arrive.

Et tandis que les coupables qui rêvent d'être des usurpateurs, se donnent pour prétexte la décision que j'ai arrêtée au sujet de l'Algérie, qu'on sache partout, qu'on sache bien, que je n'y reviendrai pas. Céder sur ce point et dans ces conditions ce
10 serait brûler en Algérie les atouts que nous avons encore, mais ce serait aussi abaisser l'État devant l'outrage qui lui est fait et la menace qui le vise. Du coup, la France ne serait plus qu'un pauvre jouet disloqué sur l'océan des aventures [...]

Ch. de Gaulle, Allocution du 29 janvier 1960.

Récit - Discours - Poésie

On observe :

– des indice de la situation de parole, nécessaires à la compréhension du propos : celui-ci suppose en effet que l'auditeur soit informé un minimum des circonstances qui provoquent cette prise de parole (l. 6) *et qu'il les tienne pour graves (l. 3). D'autre part, il est conçu pour jouer sur une relation particulière avec son public :* **nous voici donc ensemble encore une fois...**

– des références au statut respectif de l'orateur et de son auditoire : l'orateur a reçu de ceux à qui il parle une mission (l. 3) ; en s'attachant à l'accomplir sans fléchir, il peut donc se prévaloir de sa fidélité à ses mandants (l. 4).

– des marques d'un implicite (v. p. 38) sur lequel se fonde le discours pour persuader : l'orateur tient pour acquis que son auditoire qualifie et juge comme lui les faits et les personnes qu'il met en cause en les appelant **coupables.**

*– des moyens qui s'appuient sur la situation de parole, le statut des interlocuteurs et l'implicite, pour entraîner l'adhésion de l'auditoire : l'ironie envers ceux qu'il dénonce et leurs prétentions dérisoires (***qui rêvent d'être des usurpateurs***) autant que condamnables (***coupables***) ; appel à l'affectivité et au sentiment national, lorsque l'auditoire est désigné comme le* **pays,** *avec lequel existent des liens d'une affection ancienne et profonde (***mon cher et vieux pays***), que renforce le rappel des épreuves affrontées ensemble (***la légitimité nationale que j'incarne depuis vingt ans, encore une fois***).*

Au total, les questions graves de politique abordées dans ce discours sont baignées dans une relation très affective : s'assurer la fidélité du pays (but visé : convaincre) passe par l'appel aux sentiments, au « cœur » des destinataires (procédé : émouvoir).

texte 15

Mousline

Il était une fois une grosse pomme de terre de la campagne. Elle rêvait de devenir purée, légère, moelleuse, une purée qui fond dans la bouche.

Et Mousline, qui sait parler aux grosses pommes de terre de la
5 **campagne, réalisa son rêve, et en fit une merveilleuse mousse de pomme de terre. Elle fut reçue partout avec les plus grands égards, tous félicitèrent Mousline d'avoir fait une purée si légère avec une grosse pomme de terre de la campagne.**

Et depuis ce jour, sept Français sur dix préfèrent Mousline, la
10 **mousse de pomme de terre.**

Texte publicitaire (1972).

Le procédé publicitaire est simple : pour persuader le public d'acheter un produit alimentaire, on vise à l'amuser (lui plaire) en adoptant le tour narratif des contes pour enfant : **il était une fois...** *(or le produit proposé correspond à une consommation enfantine importante).*

Visant à exercer une action sur le destinataire, l'acte discursif repose sur un rapport de forces : le destinataire est plus ou moins docile ou hostile, l'orateur dispose d'arguments décisifs ou non. Dans l'acte de formuler un discours interviennent donc des *forces agissantes*. Elles s'analysent, dans ce cas, à travers le rapport entre les interlocuteurs, c'est-à-dire en repérant les indices de l'*énonciation*.

> N.B. On prendra garde que tout discours a un destinateur (un orateur par ex.) et un destinataire (son public), mais que ceux-ci n'occupent pas toujours les fonctions actancielles qui portent ce nom. Dans le texte 14, l'orateur de Gaulle occupe la fonction de *sujet* : il désire voir confirmer son pouvoir *(objet)* et demande au peuple *(destinateur)* puisque c'est lui qui peut le donner) de le lui assurer contre les factieux *(sujet* rival*)* ; les arguments qu'il emploie (la légitimité, le passé commun), sont ses *adjuvants*. Ce discours s'organise à l'image du rapport de forces que son auteur désire voir s'établir. Si, autre cas possible, le chef d'État donne un ordre au pays (c'est d'ailleurs le cas d'un autre passage du même discours), il est « destinateur », l'ordre est « l'objet », le pays « destinataire ».

2 Les formes diverses du discours

• oral et écrit

Le discours trouve sa forme privilégiée dans l'expression orale directe, qui met en présence les interlocuteurs, et où l'orateur peut observer les réactions de l'auditoire, moduler son propos en fonction de cela, le soutenir de signes gestuels. Mais il est très fréquent que le discours utilise un autre canal : media auditifs (téléphone, disque, bande magnétique, radio) ou audio-visuels (cinéma, télévision) : le locuteur ne peut alors connaître sur le champ les réactions de ses auditeurs ; aussi doit-il agencer son propos de façon à orienter aussi fortement que possible ces réactions. C'est pourquoi les discours prononcés dans une telle situation de parole sont rarement improvisés : ils ont souvent été calculés, préparés, rédigés. D'où la facilité de leur reproduction écrite : les discours politiques importants sont reproduits, pour tout ou partie, par les journaux ; les textes publicitaires de radio ou télévision sont fréquemment réutilisés par voie de presse ou d'affiches...

D'autre part, les discours utilisent très volontiers le canal de l'écrit : lettres privées, articles ou communiqués de presse, publicité écrite... Ils essayent parfois d'y mimer les conditions de la communication orale (en jouant sur les niveaux de langue ou sur les marques d'énonciation). L'écrit est le moyen pour le discours d'atteindre des destinataires éloignés dans le temps et dans l'espace : plus encore que dans les cas où ils utilisent les média auditifs, les discours écrits doivent tendre à prévoir et orienter les réactions du lecteur.

• les statuts des formes discursives

De la même façon que pour les textes narratifs, il faut distinguer les cas où un discours a la place de *cadre*, et les cas où il s'agit de discours *encadré* (il est fréquent qu'un récit contienne des passages discursifs). Il faut aussi définir à chaque fois la dominante du texte : les genres discursifs utilisent volontiers des parties narratives (voir p. 52) qui peuvent être très longues et avoir ainsi valeur de dominante.

> N.B. Le texte de théâtre présente à cet égard une situation paradoxale : le théâtre retrace des faits, et relève donc du récit, mais la dominante y est, fondamentalement, discursive.

C

LA RHÉTORIQUE OU : LA MISE EN DISCOURS

1 Définition

Rappel : la Rhétorique est « l'art du discours » ; elle est devenue une norme, et a engendré une discipline qui envisage les buts des discours et les moyens de leur élaboration, les procédés mis en œuvre pour convaincre et persuader. Elle étudie donc aussi bien la recherche des sujets et des arguments à développer, que la façon de les agencer dans le propos, la forme d'expression de celui-ci, et les manières de le présenter au public.

La Rhétorique : historique sommaire

On fixe en général l'**apparition de la Rhétorique au Vᵉ s. avant J.-C.,** en Sicile, à un moment où eurent lieu de nombreux procès de propriété, devant des jurys populaires. L'art de produire des discours efficaces devint très vite matière d'enseignement et de traités.

Le développement de la Rhétorique suivit le développement des civilisations antiques. En Grèce, le système politique, la démocratie en vigueur dans des cités comme Athènes, suscita une pratique constante du discours politique. Au IVᵉ s. avant J.-C., Aristote résuma la Rhétorique grecque en un traité, sa *Rhétorique* (rédigée parallèlement à une *Poétique*, une *Physique* et une *Logique*). A Rome, la Rhétorique était le domaine d'avocats et d'hommes politiques, qui l'envisageaient en théoriciens et en praticiens (Cicéron), ou en professeurs spécialisés (Quintilien). Elle étend son influence sur les œuvres littéraires, recoupant ainsi en partie le domaine de la *Poétique*.

Tout au long du Moyen Age et **jusqu'au XVIIᵉ s.,** la Rhétorique occupe en France une place éminente dans la vie publique et intellectuelle, qui repose largement sur l'exercice direct de la parole. Les Belles-Lettres (Histoire, poésie et éloquence) restent liées de près à l'« art de bien parler », partie essentielle de l'enseignement, en particulier dans les collèges religieux (not. jésuites).

Aux XVIIIᵉ et XIXᵉ s., la Rhétorique conserve une place importante dans les institutions (et la classe de lycée que nous nommons aujourd'hui « Première » s'est appelée « Rhétorique » jusqu'au milieu du XXᵉ s.). Mais le développement des sciences et de leur enseignement, ainsi que de l'enseignement de la littérature française, entament sa domination. De plus, au lieu d'être considérée comme art général du discours, elle tend à se spécialiser dans la pratique des *figures* et procédés, d'où les jugements péjoratifs dont elle est l'objet, qui la taxent d'artifice. **Au début du XXᵉ s.,** elle subsiste mais a abandonné le terrain du débat d'idées pour se cantonner au rôle de discipline auxiliaire des études littéraires. Sa part va diminuant, et on parle au milieu de ce siècle de la mort de la Rhétorique. Elle n'en subsiste pas moins, même implicite, comme pratique constante pour tous les discours. Elle fait même depuis les **années 1960,** l'objet de recherches renouvelées.

La Rhétorique reste aujourd'hui une réalité vivante :

– elle est nécessaire à l'analyse des textes composés à des époques où elle était dominante ;

– surtout, elle prospère à travers les formes masquées qu'elle prend dans la presse, les débats politiques, les tribunes et tables rondes télévisées, certains exercices scolaires, etc. Une connaissance minimum des procédés rhétoriques est donc utile pour mieux comprendre et analyser toutes les espèces de discours et aussi déjouer leurs pièges éventuels.

2 Les principaux types de discours

La Rhétorique ancienne distingue trois sortes principales de discours :

– le *délibératif* concerne surtout le domaine politique, lorsqu'il s'agit de porter devant une assemblée les informations et leurs commentaires, nécessaires pour pouvoir décider d'une conduite à tenir ;

– le *judiciaire*, utilisé dans les procès, et l'art de discuter sur la façon de juger un acte, une personne ;

– l'*épidictique*, qui est l'art de faire l'éloge (ou le blâme) d'une personne ou d'une institution.

Ces types de discours n'ont pas disparu des pratiques actuelles : débats politiques, plaidoiries au tribunal, restent dans le droit fil du délibératif et du judiciaire ; de même, une lettre privée peut être un plaidoyer et une conversation viser à prendre une décision ; les techniques de la publicité sous toutes ses formes, d'autre part, sont dans la lignée épidictique. Ces trois domaines de discours ne sont pas séparés par des frontières fixes ni étanches : faire l'éloge des actions passées d'une personne, au cours d'un procès pour inviter le jury à la clémence, fait intervenir le registre épidictique au sein d'un discours judiciaire ; une publicité peut, pour faire l'éloge d'un produit, utiliser un tour délibératif (voir texte 16).

3 L'élaboration du discours

Pour élaborer le propos (trouver les arguments et les mettre en forme), la Rhétorique distingue quatre étapes :

– l'*invention* (le mot latin est : inventio) consiste à trouver des arguments, à partir d'un sujet et d'une situation donnés, en fonction d'un but que l'on vise par rapport à des destinataires précis ;

– *la disposition* (dispositio) consiste à classer, ordonner et enchaîner ces arguments pour former le canevas du discours. Elle pose la question du plan, de la structure d'ensemble du propos discursif. La Rhétorique envisageait un ordre fixé, mais ce peuvent être aussi les arguments qui, par leur nature et leur dynamique propres, imposent l'ordre que doit suivre le discours : il y avait là, d'ailleurs, un sujet de désaccords entre les spécialistes de la Rhétorique. Dans la pratique courante, les discours mêlent souvent les deux démarches.

– l'*élocution* (elocutio) est la mise en mots et en phrases du propos, son expression proprement dite. Elle est le lieu où interviennent les figures de rhétorique.

– *l'action* (actio) consiste à prononcer le discours ; elle est constituée par les gestes, mimiques et intonations de l'orateur, que peuvent renforcer aujourd'hui les jeux de caméra au cinéma ou à la télévision. Elle laisse des traces à l'écrit (indications scéniques au théâtre, formules supposant un geste à l'appui, etc.), mais le plus souvent, celui qui lit un discours qu'il n'a pas écrit doit la supposer à partir du style et du ton du texte.

La Rhétorique correspond donc à des démarches nécessaires pour l'élaboration d'un discours. Mais elle peut aussi, dans le même mouvement, faire de ces démarches autant de séries de *procédés* et d'*artifices* : bien souvent, il est impossible de faire la part de ce qui est démarche naturelle, spontanée, et de ce qui est pur artifice ; c'est que tout discours vise à imposer des idées, une opinion, et ne peut que recourir aux *moyens* de les faire valoir. Toutes ces démarches peuvent être analysées selon leur technique : c'est ensuite au lecteur, devant chaque texte, de juger en fonction de la vision des faits et de l'idéologie qu'elles tendent à imposer.

4 Les moyens du discours

Le choix des arguments, leur organisation et l'expression dans laquelle ils sont présentés forment les moyens du discours, les composantes de la Rhétorique.

> N.B. L'action de prononcer le discours ne pouvant, à la lecture, s'observer que partiellement, nous ne l'étudierons pas ici pour elle-même.

a
LE CHOIX DES ARGUMENTS

L'ensemble des arguments relevés dans un texte, classés selon leurs catégories, en forme l'*argumentaire*. L'*argumentation* est l'acte même d'argumenter, d'enchaîner des preuves, assertions, références, selon un but précis. Dans l'usage courant, l'argumentation est souvent appelée *raisonnement* ; en fait, le raisonnement n'est que la forme qu'elle prend quand elle se fonde sur la logique ; or, nombre d'argumentations procèdent de façon non raisonnée.

1 Public et objectifs

Le sujet et le but d'un discours sont imposés par les circonstances : parler de l'innocence d'un accusé, de la qualité d'un produit, de la force d'un sentiment, en un mot de tous les sujets dont traitent les discours, relève des référents. Mais celui qui entreprend un discours se trouve toujours dans une situation d'énonciation précise. Il devra adapter son propos à son public et au type d'effet (la « visée ») qu'il veut produire. Le choix des arguments est donc déterminé par cette situation de parole, et par l'*enjeu du discours*, c'est-à-dire l'action exacte que l'auteur s'efforce d'exercer sur le destinataire. Un homme politique ne présente pas ses opinions de la même façon à la tribune de l'Assemblée et devant ses électeurs ; dans un autre domaine, les spécialistes de la publicité définissent pour leurs campagnes, des publics « cibles » et adaptent leurs messages en fonction des goûts, modes de vie, niveaux de langue et de culture de ces publics. Les arguments seront, dans chaque cas, orientés davantage vers l'appel à la raison, au bon sens ou à la morale, la recherche de l'émotion ou de réactions affectives, la mise en mouvement d'instincts, etc. (voir textes 16, 18, 20).

2 Les divers types d'arguments

Pour en rester à l'essentiel, on peut distinguer cinq sortes principales d'arguments.

• l'assertion

Il y a assertion quand on affirme quelque chose. La *définition* en est un cas particulier : elle affirme les qualités distinctives et caractéristiques d'une chose, d'une idée ou d'un être. L'argumentation par assertion est très souvent employée, parce qu'elle pose comme incontestables des points sur lesquels le discours s'appuiera pour se développer. C'est le cas fréquent du discours amoureux (**je t'aime, donc...** etc.). Ce procédé est aussi très employé dans la publicité, qui affirme de façon péremptoire les qualités d'un produit ou les désirs d'un public ; une publicité pour une boisson aux fruits fait dire à de jeunes garçons :

> **On n'a pas le tempérament à boire du ra-pla-pla,**

et ajoute :

> **Fruité, c'est plus musclé.**

C'est le rapprochement de ces deux assertions qui fait office d'argumentation.

• le raisonnement logique

Il s'organise souvent à partir d'une assertion initiale. Il vise à convaincre en enchaînant des idées selon un ordre irréfutable. On prendra garde que chacune des idées énoncées dans un raisonnement peut être elle-même un argument, mais que la relation logique constitue aussi un argument en soi, selon la formule courante : « c'est convaincant parce que c'est logique ». Les formes de raisonnement logique sont nombreuses. On peut retenir les principales :

– La *déduction* consiste à marquer une relation de conséquence entre deux faits ou deux idées, en passant du général au particulier.

– L'*induction* opère la même mise en relation, mais en passant du particulier au général.

– Le *syllogisme* est un raisonnement en trois étapes, fondé sur une déduction : on pose une vérité générale (dite proposition « majeure »), on prend ensuite un cas particulier (« mineure »), et on déduit du rapport entre les deux une vérité concernant le cas particulier. L'exemple couramment cité est :

> **Tous les hommes sont mortels ;**
> **Socrate est un homme ;**
> **donc Socrate est mortel.**

La déduction et le syllogisme, associés à la définition (définitions de notions et concepts), sont très utilisés dans les textes philosophiques et les ouvrages scientifiques. D'autres formes de discours, où la rigueur scientifique importe moins que le souci de convaincre ou persuader, usent souvent d'une forme dérivée du syllogisme : l'*enthymème*. L'enthymème est un syllogisme imparfait : une des étapes du raisonnement y est éludée. « **Socrate est un homme, donc Socrate est mortel** » ; ou « **Les hommes sont mortels, et Socrate est un homme** ». La proposition éludée est sous-entendue ; ce sous-entendu se fonde sur l'implicite : l'orateur considère que cette partie du raisonnement va de soi ; le destinataire se trouve ainsi mis en confiance, puisqu'on lui laisse le soin de compléter la partie manquante du raisonnement et qu'il est considéré comme faisant partie d'un ensemble de personnes qui se comprennent à demi-mot. Or, la part de raisonnement sous-entendue peut souvent n'avoir qu'un rapport logique très approximatif avec l'ensemble du propos, ou n'être nullement démontré. Des slogans comme :

« Je ne veux pas bronzer idiot ; je vais au Club Tartempion »

ou

« Le 18 mars, vous voterez pour le bon sens ; votez Tartamuche »

supposent que Tartempion et Tartamuche correspondent aux qualités indiquées dans la proposition précédente, mais la logique du lien entre les deux propositions ne repose sur rien de démontré. De même, l'adage :

Pour vivre heureux, vivons cachés

repose sur un sous-entendu, donné comme une vérité générale et qui en fait n'a de valeur que dans et par un implicite culturel (les gens cachés ne s'exposent pas aux coups). L'enthymème est une des formes d'argument où le jeu de l'idéologie de l'auteur et de son public est le plus fort.

L'argumentation par raisonnement logique est grammaticalement articulée par les conjonctions de coordination ou subordination indiquant des liens de causalité (**or, car, donc, puisque, parce que, étant donné, vu que,** etc.), parfois de la simple succession des propositions. L'enthymème se contente souvent de la juxtaposition des propositions ou de la coordination par **et**.

• **l'usage du référent vrai et des intertextes**

Pour affirmer sa vérité ou sa validité, le propos doit se nourrir de la référence au réel. Nombre d'arguments sont empruntés à l'Histoire. Ils sont donnés comme *preuves*. Ce peut être une observation scientifique, ou donnée comme telle, qui est avancée comme garantie de vérité : les chiffres et statistiques, constamment assénés dans les controverses politiques ou économiques. Ce peut être aussi un constat d'évidence, ou la citation de témoins. Les *exemples* servent à la fois de preuves tangibles, d'illustrations et d'applications concrètes du propos : ils ont donc un rôle d'explication et en même temps de confirmation. Les *citations* peuvent avoir valeur d'exemples, de preuves, mais aussi renvoyer à des « autorités » (savants, spécialistes, grands hommes) ou à des textes connus par l'orateur et le destinataire, auxquels on renvoie pour ne pas refaire tout un exposé (voir p. 38). « Citer ses sources », « parler documents à l'appui », « faire des références à » : autant d'expressions usuelles qui attestent que le discours se fait (ou affirme se faire) « preuves en mains ». Preuves souvent sujettes à contestation : des chiffres s'interprètent diversement, une citation peut changer de sens, voire en prendre un contraire, dès qu'on l'isole de son contexte...

• **le recours aux fictions**

Souvent les illustrations et exemples ne sont pas empruntés au réel, mais fictifs. Ce peuvent être des exemples inventés, sous la forme d'un court récit, simple et frappant, pour faire comprendre une idée. Quelquefois, nous l'avons vu, le discours tout entier ou presque prend un tour narratif : paraboles, allégories, apologues, fables. Dans une telle démarche, il se fonde sur une comparaison : de même que le

Récit - Discours - Poésie

corbeau a été trompé par le renard, de même celui qui écoute les flatteurs sera berné par eux. Un procédé de comparaison équivalent est le recours à des images ou métaphores que l'on file au long d'un exposé, et qui y construisent toute une isotopie : par ex., un poète sera comparé à un crapaud (voir texte 36). Dans tous ces cas, il y a à la fois volonté de persuader et souci de plaire (recours à des images ou fictions « agréables »). Une autre forme de la fiction est l'*hypothèse* : les démonstrations mathématiques utilisent ainsi le raisonnement par l'absurde en posant une hypothèse dont l'application se révèle intenable.

- ## les conseils et les ordres

Pour persuader, l'une des formes d'argument les plus simples est celle de l'ordre (ou de l'injonction) et du conseil. L'impératif, ou les constructions syntaxiques qui lui sont parfois équivalentes (subjonctif, infinitif...) sont ainsi employés pour orienter l'action du destinataire, le plus souvent en touchant son affectivité (il s'agit d'émouvoir). Ainsi, la même campagne anti-tabac utilise l'ordre ou l'injonction :

Entrez sans fumer   Défense de fumer

le conseil :

Sans tabac, prenez la vie à pleins poumons

ou un slogan sous la forme d'un enthymème :

Une cigarette écrasée, un peu de liberté gagnée

Conseils et ordres peuvent se faire à la première personne du pluriel : l'auteur s'identifie alors à son auditoire, de façon à mieux entraîner l'adhésion de celui-ci (texte 19 : **Marchons**). A la seconde personne, l'impératif ou ses équivalents sont aussi très souvent des moyens de suggérer une identification : la formule « mettez-vous à ma (sa, leur) place... » est des plus employées. L'identification est évidemment un moyen efficace d'émouvoir. Les conseils prennent souvent aussi un ton plus discret, abandonnant l'impératif pour le conditionnel (« peut-être pourriez-vous... ») ; c'est le procédé de la suggestion.

3 Vrai, vraisemblable, implicite

- ### vrai et vraisemblable

Pour que le public accepte ce que le discours lui propose, il faut qu'il le tienne pour *vrai*. Mais, même à force de preuves et de références, le vrai n'est pas toujours patent. Dans d'autres cas, l'auteur du discours avance un point de vue, une affirmation dont la vérité n'est pas établie, défend une erreur ou soutient un mensonge. Aussi les argumentations ont-elles souvent recours, avec des visées diverses, au *vraisemblable*, à ce que l'on peut tenir à une époque ou dans un milieu donnés pour plausible. C'est sur un tel principe que se fondent tous les discours qui, au fil des siècles, ont réitéré l'adage « Si vis pacem, para bellum » (si tu veux la paix, prépare la guerre) : pour justifier une politique d'armement devant une population qui souhaite la paix, l'orateur avance l'hypothèse que l'armement est le meilleur garant de la paix ; hypothèse plausible, mais non vérité assurée... Lorsque le vraisemblable est très incertain, et plus encore quand il s'agit de mensonges, un procédé courant pour « faire passer » le propos est la flatterie.

• l'implicite culturel

C'est le domaine des connotations qu'un groupe social ou un courant de pensée peuvent attacher à un tel mot ou notion. En recourant à l'implicite, l'orateur vise à créer une complicité avec ses lecteurs ou auditeurs, en jouant sur leur affectivité latente.

> N.B. Le vraisemblable est aussi à la base des raisonnements par **analogie**, qui exploitent l'implicite. Ils consistent à comparer la vérité qu'on veut faire admettre à une autre généralement admise. Ce type d'arguments est souvent substitué aux enchaînements proprement logiques.

L'usage du vrai, du vraisemblable, de l'implicite peut se faire dans n'importe quelle argumentation. Un discours mêle souvent plusieurs types d'arguments, et on peut évaluer, à travers l'usage qu'il fait de l'implicite, son adaptation au public et à l'objectif visés.

texte 16

Réfléchissez : pour 100 F on achète[1]

2,5 kg de viande hachée 1er choix
ou 8 litres de beaujolais nouveau
ou 1 mois de TV couleur en location
ou 1 plein de super
5 ou 1 canard laqué à emporter
ou 1 séance de massage turc
ou 10 cierges à Notre-Dame
ou 2 disques 33 t. de votre idole favorite
ou 1/4 de volume d'*Encyclopaedia Britannica*
10 ou 1 consultation rapide chez votre psychiatre préféré
ou 1/2 heure de P.-D.G.
ou 1 traversée de Paris en taxi
ou 2 m² en location pour un mois dans un
15 appartement 2 pièces tout confort dans le 15e arrondissement
ou 3 paires de charentaises chez le chausseur sachant chausser
ou 1 coupe aux ciseaux, shampooing,
20 brushing, service compris

ou 1 stationnement interdit (supplément 20 F)
ou 10 montées au 3e étage de la tour Eiffel
ou 6 carnets de tickets de métro-bus
25 ou 1 hors-d'œuvre chez Maxim's
ou 1 pneu de 2 CV (avec rabais)
ou 5 minutes de ligne téléphonique avec Tokyo
ou 20 minutes à bord d'un charter Paris-
30 New York — New York-Paris (emportez votre parachute)
ou 2 récitals de Mireille Mathieu
ou 6 mois à la C.G.T. ou au P.C.
ou 20 cm de paire de skis
35 ou 1 après-midi de pédalo à Palavas-les-Flots
ou 2 jours de plage avec parasol à Saint-Tropez
ou 2 litres d'eau bénite à Lourdes.

OU ...

(voir au verso)

(1) Texte paru en 1980. Les prix indiqués ici ont changé depuis. L'adresse actuelle du mensuel est 33, rue du Faubourg Saint-Antoine, 75011 Paris.

UN ABONNEMENT D'UN AN A ACTUEL

1 AN D'AVENTURES MODER-
NES, DE GRANDS RÉCITS,
DE REPORTAGES PHOTOGRAPHIQUES EN
COULEUR, D'ÉMOTIONS FORTES. NOU-
VEAU ET INTÉRESSANT.

1 AN POUR **98 francs** AU
LIEU DE **120 francs**
(PRIX DE VENTE AU NUMÉRO)

Découpez le bulletin ci-contre et retour-
nez-le à

**ACTUEL Abonnements,
68 bis, rue Réaumur, 75003 Paris,**

sans oublier d'y joindre votre paiement.

*Pour l'étranger compter 25 F en sus pour frais de port. 4 à 6 semaines sont
nécessaires avant de recevoir le 1er numéro de votre abonnement.*

BULLETIN D'ABONNEMENT
à retourner avec votre paiement à
*ACTUEL Abonnements
68 bis, rue Réaumur
75003 Paris*

☐ *OUI je souhaite recevoir ACTUEL, pendant
1 an (12 numéros) au prix de 98 F
(au lieu de 120 F)*

Mr,☐ Mme,☐ Mlle,☐

Nom Prénom

Complément
Bâtiment Escalier Résidence Chez

Rue

Ville

Code Postal

Bureau distributeur

Actuel, Bulletin d'abonnement 1980.

Ce texte publicitaire a un objectif précis : convaincre les lecteurs de souscrire un abonnement ; de
fait, le verbe **acheter** est employé dans le titre même (ce que les publicitaires nomment l'« accro-
che »). Il s'ouvre par une injonction : **Réfléchissez,** et joue de la complicité avec les destinataires. En effet, alors que le verbe **réfléchir** placé en tête fait attendre un raisonnement, le reste du
propos vise à plaire et à amuser pour persuader, et recourt largement à l'implicite. Nombre de
références sont calculées de façon à coïncider avec les abonnés éventuels : **Actuel** s'adresse à un
public de jeunes adultes, surtout intellectuels, désireux de participer à une culture résolument
moderne. Pour plaire, le texte adopte l'allure d'un inventaire, volontairement disparate : il rappelle à bien des égards les énumérations fantaisistes du poète Prévert (c'est une première forme
d'implicite) ; de la sorte, tout en usant toujours de référents vrais, il se donne comme une variante
de l'argumentation par usage de récits agréables. Dans cette énumération, on retrouve nombre de
références qui correspondent à des activités familières au public : le lecteur est censé savoir ce
qu'est l'**Encyclopedia Britannica,** acheter des disques, savoir quelle marque de chaussures a
pour slogan : « **le chausseur sachant chausser** (l. 17) ; **Paris** (l. 7, 13, 16, 21, 23, 25) fait
manifestement partie de ses pôles d'attraction, il voyage volontiers (l. 29, 30). Mais surtout, certaines références absurdes ou dérisoires prennent sens quand on connaît la sympathie peu marquée
d'**Actuel** pour l'église catholique (l. 7, 39), les partis et syndicats de gauche traditionnels (l. 33), la
chanson de variétés (l. 8), les P.-D.G. (l. 12), les pantouflards (l. 17). Cet inventaire invite le lecteur à prendre conscience du peu d'intérêt de ce que l'on obtient pour 100 F ; déduction : l'abonnement à un journal **nouveau et intéressant** (et capable de telles publicités humoristiques) pour ce
prix-là, c'est bon marché. La publicité mime le produit et le public, qui s'y « reconnaît », s'identifie. L'énoncé des qualités du produit peut donc être des plus brefs (voir ci-dessus).

(1) Texte paru en 1980. Les prix indiqués ici ont changé depuis. L'adresse actuelle du mensuel est 33, rue du Faubourg
Saint-Antoine, 75011 Paris.

b

L'ORGANISATION DU DISCOURS

1 Logiques du discours

Au sens courant, *logique* signifie : opération mentale rationnelle. C'est en ce sens qu'une opération « logique » (la déduction par exemple) constitue un argument dans un discours. Mais, au sens large, *logique* désigne toute manière d'enchaîner des idées, même quand elle ne relève pas de la raison (par exemple : il y a une logique des passions). On peut donc dire, en ce sens, que tout discours a sa logique et même, en toute rigueur, que c'est la logique qui caractérise la structure des discours : tandis qu'un récit est une succession de faits, un discours est un enchaînement d'idées. L'analyse de sa structure doit donc envisager de quelle façon se fait l'enchaînement (chaque argument étant une séquence minimale, chaque phase de l'argumentation, une macroséquence) et donc comment certaines sont plus ou moins mises en relief en fonction de l'enjeu que le discours poursuit.

2 Les principaux types de plans

Les mêmes arguments, agencés de façons différentes, produisent des discours différents, voire contradictoires : un des exercices que pratiquaient les élèves des professeurs de Rhétorique consistait à parler successivement pour, puis contre une opinion donnée, en « retournant » les arguments. La **disposition** d'un discours (sa structure, son « plan » dit-on couramment) est donc un élément décisif de son sens. Il est bon de savoir la déceler, ne serait-ce que pour être en mesure de faire preuve d'une attention critique. Il n'existe pas de typologie fixée des « plans », mais quelques grandes catégories se distinguent.

• la « disposition » classique

La Rhétorique classique prévoyait un plan qui se déroulait en cinq temps : l'exorde (introduction), la narration (exposé des faits), la confirmation (énoncé de la thèse soutenue par l'orateur à leur sujet), la digression (où sont envisagées les conséquences de cette thèse ou les objections possibles), la péroraison (conclusion). Cet ordre contraignant a été controversé. Mais l'usage constant des discours impose toujours certains points de passage obligé : une introduction qui expose le sujet et établit le contact entre orateur et destinataire, en requérant l'attention bienveillante de ce dernier (c'est la *captatio benevolentiae*, le fait de capter la bienveillance) ; un développement ; un bilan ou une conclusion. Et même l'ordre classique du discours en cinq étapes, sous des formes plus ou moins adaptées, n'a pas disparu de nos jours.

La Mort en direct

Dès son premier film, *L'horloger de Saint-Paul* (1973), nous avions remarqué en Bertrand Tavernier un cinéaste d'avenir. Nous ne fûmes pas démentis, bien au contraire, avec ses œuvres suivantes : *Le juge et l'assassin* et *Les enfants gâtés.*
5 Mais voici qu'avec *La mort en direct* (scénario de lui-même et de David Rayfiel d'après le roman de David Compton) Bertrand Tavernier se place au tout premier rang des réalisateurs français en nous donnant un film d'une qualité et d'une significa-tion exceptionnelles tant dans sa mise en scène que dans le
10 choix du sujet.

Comme pour ses précédents films, Bertrand Tavernier met en question un aspect (ou plutôt une tare) de civilisation, de notre société. Ce n'est plus directement la justice bourgeoise, la police ou le pouvoir de l'argent, mais cette fois le pouvoir
15 maléfique de l'image par l'usage qu'en font les media, en l'occurrence la télévision. Pour augmenter son indice d'écoute une chaîne de télévision imagine de filmer (à son insu) les der-niers moments d'une femme à laquelle un médecin a révélé sa mort imminente. Un reporter de la firme a accepté de se faire
20 greffer une caméra vidéo dans le cerveau. Son regard filme tout ce que ses yeux voient. Le public va donc pouvoir suivre sur le petit écran l'agonie de la jeune femme victime de cette monstrueuse machination. En fait, aussi bien elle que son « filmeur » et que l'opinion sont manipulés.

25 Ce que nous donne à voir *La mort en direct* c'est à quel degré de perversion et d'aberration peuvent aboutir à la fois le dévoiement de la science, le caractère corrupteur de l'image-conditionnement et la recherche du sensationnel et de l'iné-dit. Film sur le voyeurisme et non film de voyeur, *La mort en*
30 *direct* peut certes être vu comme film fantastique ou de science-fiction (mais, notons-le, sans l'arsenal de gadgets habituels). Il est en fait cela mais beaucoup plus encore : une réflexion pathétique sur notre temps. Tout empreint de tact et de pudeur dans un style qui conjugue admirablement sobriété
35 des moyens et lyrisme de l'image, de la photographie, de l'uti-lisation de la couleur, de la musique, ce nouveau film de Ber-trand Tavernier apparaît comme une œuvre majeure du cinéma français, très très au-dessus de ce qu'on a pu voir depuis longtemps. Interprétation sublime de Romy Schneider
40 qui est entourée de comédiens parfaitement adéquats à leur rôle : Harvey Keitel (l'homme-caméra), Max von Sydow, Harry Dean Stanton et Thérèse Liotard. Ne manquez à aucun prix ce film unique.

Georges Dascal, *La Vie Ouvrière*, n° 1848, (semaine du 28 février au 3 mars 1980).

Cette critique de film est parue dans l'hebdomadaire du syndicat C.G.T.,
dont le public est plutôt composé d'ouvriers et de techniciens. Son but est
d'inciter ce public à aller voir le film. Elle est faite pour partie d'un propos
« judiciaire » (exposer des faits pour étayer un jugement) et pour partie

« épidictique » (elle fait l'éloge d'un film, d'un cinéaste et de plusieurs acteurs). Sa structure générale est très proche de l'ordre-type de la disposition *rhétorique : un* exorde *(premier §) où est exposé le sujet et où l'attention bienveillante du lecteur est requise par le rappel de la justesse des jugements précédents (l. 1 à 4) ; le second paragraphe relate le synopsis du film* (narration) *; le troisième donne le jugement argumenté de l'auteur* (confirmation). *La phrase finale exhorte à aller voir le film* (péroraison).

• l'inventaire

Il passe en revue les différentes parties de l'objet auquel est consacré le discours. Les exposés informatifs, les cours magistraux, les manuels de tous ordres, reposent largement sur des inventaires ; de même, nombre de publicités : pour vanter les qualités d'une automobile, il est des rubriques obligées (esthétique, sécurité, vitesse, consommation, habitabilité, confort, prix). Les critiques de films procèdent souvent par inventaire (le sujet, les auteurs, la qualité des images...), de même que les comptes rendus de livres, de spectacles. L'inventaire est proche de la description et, comme elle, il peut être orienté : l'exposé peut s'ordonner de telle sorte que soient mis en valeur (au début ou à la fin par exemple) certains aspects. Un *bilan* est un inventaire comparatif (on range les diverses rubriques en « actif » et « passif »). Enfin, la forme la plus simple de l'inventaire est le *répertoire*.

• la chronologie

Elle intervient chaque fois que les faits ou objets envisagés se sont échelonnés dans le temps et que le discours est amené à utiliser, pour partie ou pour sa totalité, un tour narratif.

• la démonstration

Un discours vise souvent à démontrer, c'est-à-dire à établir comme vraie une idée, à affirmer la validité d'une hypothèse, par divers moyens. Mais on parlera de *plan démonstratif*, plus particulièrement, quand il y a exposé ordonné des raisons qui motivent une opinion. Il s'agit d'une démarche d'explication : elle pose une idée directrice, un jugement central ; puis expose point par point les arguments à l'appui. C'est sur ce modèle que se font les explications de vote dans une assemblée ; c'est aussi le modèle le plus clair et commode des plans d'exposés pour tous les débats d'idées. Parfois, l'opinion ainsi « expliquée » peut n'être énoncée qu'à la fin : l'énoncé du jugement, dans un procès, débute par une série d'attendus et se clôt par la sentence ; les propositions de motions à l'Assemblée se font, de même, par l'exposé des considérants suivi de la proposition mise au vote.

• l'inclusion

Il y a *inclusion*, à proprement parler, quand un propos passe par étapes du plus général au plus particulier, ou l'inverse. Chaque étape est alors une preuve de la vérité de la suivante, ou se trouve établie comme vraie par sa relation avec celle-ci. L'inclusion est la démarche fondamentale des argumentations fondées sur la déduction, l'induction, le syllogisme (et donc l'enthymème). Elle est essentielle pour tout discours qui tend à prouver.

Mais la démarche par inclusion est présente aussi dans des inventaires qui présentent leurs rubriques comme découlant les unes des autres. Une analyse des causes de la Première Guerre mondiale envisage, d'ordinaire, des causes économiques, militaires, diplomatiques, politiques ; mais l'ensemble peut se structurer aussi en passant suivant des relations de conséquence, de l'ordre économique aux questions politiques, puis militaires et diplomatiques (le développement industriel en Europe à la fin du XIXᵉ siècle suscite l'expansionnisme des diverses puissances, les rivalités de ces impérialismes créent des conflits qui débouchent sur la guerre).

● **l'organisation dialectique**

Dialectique signifie : qui confronte des contraires. La structure dialectique du propos consiste, autour d'un sujet donné, à confronter les arguments en faveur d'une opinion (thèse), puis ceux qui soutiennent l'opinion contraire (antithèse), avant de trancher en dépassant la contradiction (synthèse). Ce type de démarche est le modèle même de la délibération. Il a longtemps été le plan-type recommandé pour les dissertations. On en trouve fréquemment des formes incomplètes, où la synthèse est absente : le plan se fonde alors sur un jeu d'*opposition*, pour montrer qu'un volet de l'alternative l'emporte sur l'autre.

L'enchaînement du propos (sauf dans le cas des répertoires et de certains inventaires, où l'ordre dans lequel sont énoncés les arguments importe peu) suit donc toujours une *progression* : chronologie, démonstration, inclusion, dialectique sont des démarches orientées. Mais il est assez rare que la progression se fasse par une seule démarche. La disposition du propos, dans un discours, combine souvent plusieurs types d'organisation. Un exposé dont la démarche générale est dialectique donnera, dans chacune de ses parties, un inventaire des arguments à l'appui de la thèse, de l'antithèse et de la synthèse. Dans de tels cas, il y a utilisation d'un type d'organisation pour l'ensemble du propos (ici : dialectique au niveau des grandes séquences), et d'un autre pour le détail (ici : inventaire au niveau des micro-séquences). Mais, bien souvent, les discours mêlent plusieurs types d'organisation à un même niveau, tant dans l'ensemble que dans le détail. L'analyse de la **disposition** doit alors dégager ces divers types d'organisation, leurs combinaisons, et la (les) dominante(s) qui caractérise(nt) la structure d'ensemble.

texte 18

Enivrez-vous

Il faut être toujours ivre. Tout est là : c'est l'unique question. Pour ne pas sentir l'horrible fardeau du temps qui brise vos épaules et vous penche vers la terre, il faut vous enivrer sans trêve.
5 Mais de quoi ? De vin, de poésie ou de vertu, à votre guise. Mais enivrez-vous.

Et si quelquefois, sur les marches d'un palais, sur l'herbe verte d'un fossé, dans la solitude morne de votre chambre, vous vous réveillez, l'ivresse déjà diminuée ou disparue,
10 demandez au vent, à la vague, à l'étoile, à l'oiseau, à l'horloge, à tout ce qui fuit, à tout ce qui gémit, à tout ce qui roule, à tout ce qui chante, à tout ce qui parle, demandez quelle heure il est ; et le vent, la vague, l'étoile, l'oiseau, l'horloge, vous répondront : « il est l'heure de s'enivrer ! Pour n'être pas les
15 esclaves martyrisés du temps, enivrez-vous sans cesse ! De vin, de poésie ou de vertu, à votre guise. »

Ch. Baudelaire, *le Spleen de Paris* (1869).

Ce texte se présente d'emblée, par l'usage de l'impératif dans le titre, comme discours visant à imposer une opinion au lecteur. On y observe :

– différents types d'arguments : l'assertion (l. 1), l'injonction (titre, l. 6 et 15) et son équivalent par le tour : **il faut** *(l. 1 et 3), l'implicite culturel (la seconde phrase rappelle la très célèbre formule d'*Hamlet : **être ou ne pas être, là est la question***) le recours à un récit fictif (l. 7 à 16), incluant une citation de témoins :* **demandez,** *qui présente cette fiction comme un référent vrai ;*

– l'organisation du propos : le texte commence par poser une opinion et, dans le premier paragraphe, énonce une raison à l'appui de cette opinion (organisation « démonstrative »). Mais, après une intervention supposée du lecteur, il dévie vers la forme narrative et s'ordonne selon une chronologie. Le tour narratif y est dominant (il occupe les 2/3 du texte), mais le discours-cadre, dont le canevas est celui d'une démonstration, *reste décisif pour la structure du texte et son sens.*

C

LES MOYENS D'EXPRESSION DU DISCOURS

La réalisation du discours, comme celle de n'importe quel texte, se fonde sur une mise en œuvre du langage, un travail de style. Trois éléments de ce dernier, pertinents pour tout texte, sont particulièrement importants lorsqu'il s'agit de discours : les « figures », les mots qui structurent le propos, les marques de l'énonciation. En effet, le discours est action, et c'est par ces moyens d'expression qu'il agit sur l'intellect et l'affectivité de son destinataire et qu'il peut exercer l'influence psychologique indispensable à son efficacité.

1 Les figures de rhétorique

Les *figures de rhétorique* (appelées parfois *figures de style*) sont des procédés stylistiques utilisés dans un texte. (Sur les figures et la définition des plus importantes, voir p. 216.)

Les figures mettent en jeu la fonction poétique du langage ; elles peuvent être de simples ornements du propos, ou insister sur l'une ou l'autre des fonctions (voir p. 33) de la communication (une interjection peut être d'ordre phatique : « **Ecoute, écoute** »), ou encore être des éléments fondamentaux de sa structure : une « métaphore filée » peut orienter tout un texte ; un raisonnement par induction (du particulier au général) se fonder sur une synecdoque (puisque cette figure consiste à donner une partie d'un objet pour le tout). On prendra garde que les figures ne font pas à elles seules tout le style d'un texte : elles n'en sont qu'une partie limitée ; mais elles ne sont pas non plus de simples « effets de style » gratuits.

2 Organisation grammaticale et marques de l'énonciation

Les mots qui indiquent l'organisation du propos doivent permettre au destinataire de suivre l'enchaînement du propos (et au besoin lui donner l'illusion de liens solides quand l'enchaînement est douteux) : d'où leur importance particulière pour ce type de textes. Ils sont, pour le discours considéré dans son ensemble, les mêmes que ceux qui se manifestent dans une phrase : les conjonctions de coordination et les locutions conjonctives ; les adverbes (de temps, en particulier) ; les prépositions ; les pronoms et adjectifs (démonstratifs et possessifs, not.) ; parfois, la simple juxtaposition ou la ponctuation.

Les marques de l'énonciation (indices qui renvoient à la situation de parole dans laquelle le texte est produit, voir p. 34) révèlent les relations entre l'orateur et le destinataire, essentielles pour l'action du discours. Les fonctions phatique et conative du langage dans la communication sont alors mises en relief. Les indices d'énonciation contribuent également à étayer les références au « vrai », aux sources. Ils peuvent être le moyen de suggérer une identification du destinataire et de l'auteur (passage du *je* et du *tu* au *nous*, par exemple).

L'analyse des moyens de l'expression ne doit jamais être dissociée de l'observation des arguments et de la disposition. D'une part, les outils grammaticaux structurent le propos, et sont donc des indices de la disposition ; d'autre part, l'élocution ne prend sens que par rapport à l'argumentation qu'elle sert.

---

texte 19

La Marseillaise

Allons, enfants de la patrie,
Le jour de gloire est arrivé !
Contre nous de la tyrannie
L'étendard sanglant est levé !
5 L'étendard sanglant est levé !
Entendez-vous dans les campagnes
Mugir ces féroces soldats ?
Ils viennent jusque dans nos bras
Egorger nos fils, nos compagnes.

10 Aux armes, citoyens !
Formez vos bataillons !
Marchons ! Marchons !
Qu'un sang impur abreuve nos sillons !
[...]

Rouget de Lisle, *La Marseillaise,* 1er couplet et refrain (1792).

Il s'agit ici d'un appel à se mobiliser. Les arguments ne font pas appel à un raisonnement, mais agissent sur l'affectivité, en utilisant des figures telles que la métaphore **(enfants de la patrie** *pour :* « *républicains* »*) ou la synecdoque* **(le sang** *pour les ennemis vaincus).*

L'organisation du discours se fait selon une progression d'ordre chronologique : on constate des faits qui appartiennent déjà au passé **(est arrivé, est levé)**, *puis on observe des faits présents* **(entendez-vous, ils viennent)**, *et on prend enfin une option sur le futur* **(Marchons, qu'un sang impur abreuve...).** *C'est donc le jeu des temps verbaux qui organise la progression du propos.*

Pour entraîner l'adhésion des auditeurs, celui-ci utilise des vocatifs **(enfants de la patrie, citoyens)**, *centrés donc sur la 2ᵉ personne* **(vous, vos)** *et unit ceux qu'il interpelle et celui qui parle dans une première personne du pluriel* **(Allons, marchons, nos)**. *Face à cette union, il désigne un adversaire* **(la tyrannie, ces)**. *Les impératifs et les tours interrogatifs donnent à l'ensemble un caractère performatif : il s'agit bien d'une action exercée sur l'auditoire, un appel en forme d'ordre.*

Récit - Discours - Poésie

5 Le THÉÂTRE : un discours complexe

a

UNE FORME D'EXPRESSION MULTIPLE

L'expression théâtrale est d'une complexité particulière. Cela tient d'abord au fait qu'elle est toujours une fiction : même si elle essaye de reproduire exactement des faits réels, historiques, elle ne peut que les imiter, donc les réinventer ; un récit, un discours, un poème peuvent mettre leur lecteur « en prise » avec la réalité ; devant le spectacle de théâtre, on garde conscience qu'il s'agit d'un **jeu**. Mais surtout, cela tient au fait qu'il combine plusieurs ordres d'expression.

• le jeu théâtral : un récit mimétique

Une pièce de théâtre est la représentation d'une action. Le mot *drame* qui, avant de désigner un genre particulier, s'appliquait à toutes les pièces de théâtre (« l'art dramatique »), signifie étymologiquement *action*. Représentation d'une action, d'une série de faits, le théâtre est donc une forme de récit, et il peut être envisagé dans les mêmes perspectives que les récits (voir seconde partie, chap. 1 et 2). Mais il représente cette action en la visualisant, il la *mime*, il est récit mimétique. Cette imitation se fait au moyen de paroles accompagnées de gestes, au moyen de discours.

• le théâtre, un double discours

Les propos que tiennent les acteurs d'une pièce s'adressent d'abord aux autres acteurs présents sur scène : les personnages parlent aux personnages. Mais ces propos s'adressent aussi au public. Même quand la fiction du spectacle feint de présenter des personnages comme s'ils étaient « vrais », comme si on les découvrait malgré eux dans leur intimité, leurs faits et dires n'ont de sens que par rapport aux spectateurs. Il y a, au théâtre, une *double énonciation* : sur scène, et de la scène vers la salle.

> N.B. Cette double énonciation se rencontre dans d'autres types de textes. Dans un dialogue de roman, chaque propos s'adresse à un personnage et le lecteur est le destinataire de l'ensemble du texte. Mais au théâtre, les propos ne sont pas accompagnés (sauf exception) de passages narratifs, ou de commentaires du narrateur. Ils ne sont pas reproduits, mais énoncés *effectivement* devant le spectateur. D'où l'importance particulière de cette double énonciation.

- **texte et spectacle**

Le théâtre combine plusieurs systèmes de signes : visuels (corps, gestes, costumes, décors, éclairages), sonores (voix, musique, bruits) et verbaux (paroles). Le discours théâtral associe donc divers langages. Le présent ouvrage se consacre à la lecture des textes et c'est sur les textes de théâtre que s'y portera l'attention. Mais ceux-ci ne peuvent être lus qu'en tenant compte du **spectacle** dans lequel ils doivent prendre place.

> N.B. Un spectacle se *lit* aussi. Mais l'analyse des signes visuels (sémiologie de l'image) demande des notions et des moyens supplémentaires. Nous n'indiquons ici que quelques points-clefs. La plupart sont pertinents pour le cinéma aussi bien que pour le théâtre. Cependant l'expression filmique, qui a ses techniques propres, appelle une étude spécifique qui échappe au propos de cet ouvrage.

b

LA SCÈNE ET LE PUBLIC

1 Destinataires

- **un double effet de sens**

Ayant deux destinataires distincts (personnages sur scène, public dans la salle), les paroles prononcées ont des significations différentes pour chacun des deux. Ainsi, au début d'une pièce, l'*exposition* donne au spectateur les informations indispensables pour qu'il comprenne la suite de l'action ; elle lui indique aussi le pacte qu'on lui propose : dans quel registre (comique, tragique, etc.) se situe la pièce, et dans quel genre (farce, comédie de mœurs, etc.). Mais comme sur scène, il n'y a pas de narrateur qui assume l'exposition, les personnages agissent, leurs propos ont un but immédiat, un sens lié à leur situation du moment : l'exposition au théâtre est toujours en même temps un morceau de l'action.

texte 20

La joie imprévue
(début de la scène 1)

Damon paraît triste.

PASQUIN

suivant son maître, et d'un ton douloureux, un moment après qu'ils sont sur le théâtre.

Fasse le ciel, Monsieur, que votre chagrin vous profite, et vous apprenne à mener une vie plus raisonnable !

DAMON

Tais-toi, laisse-moi seul.

5 **Non, Monsieur, il faut que je vous parle, cela est de conséquence.**

DAMON

De quoi s'agit-il donc ?

PASQUIN

Il y a quinze jours que vous êtes à Paris...

DAMON

Abrège.

PASQUIN

Patience, Monsieur votre père vous a envoyé pour acheter une
10 **charge : l'argent de cette charge était en entier entre les
mains de votre banquier, de qui vous avez déjà reçu la moitié,
que vous avez jouée et perdue ; ce qui fait, par conséquent,
que vous ne pouvez plus avoir que la moitié de votre charge ;
et voilà ce qui est terrible.**

DAMON

15 **Est-ce là tout ce que tu as à me dire ?**

PASQUIN

**Doucement, Monsieur ; c'est qu'actuellement j'ai une charge
aussi, moi, laquelle est de veiller sur votre conduite et de vous
donner mes conseils. Pasquin, me dit Monsieur votre père la
veille de notre départ, je connais ton zèle, ton jugement et ta**
20 **prudence ; ne quitte jamais mon fils, sers-lui de guide, gou-
verne ses actions et sa tête, regarde-le comme un dépôt que je
te confie.**
[...]

Marivaux, *La Joie imprévue*, (1738).

*Deux séries d'informations sont données dans ces quelques répliques. L'une
(l. 16 à 22) vient assez naturellement dans le fil de la conversation : il est
tout-à-fait plausible que Damon n'ait pas assisté aux recommandations
faites par son père à Pasquin, et il est logique que ce dernier utilise les
ordres qu'il a reçus comme un argument pour faire écouter ses avis (il cite
une « autorité »). Mais l'autre série d'informations (l. 7 à 14) est déjà
connue de Damon : il sait fort bien ce qu'il a fait depuis quinze jours. Que
son valet le lui rappelle apparaît, à ses yeux, comme un reproche mala-
droit :* **Abrège, Est-ce là tout ce que tu as à me dire ?.** *Pour le public en
revanche, il y a là des renseignements essentiels sur la situation des personnages, en même temps que la mise en place du type de valet, consciencieux
mais lourdaud et lent* **(Patience, doucement),** *qu'est Pasquin. Le spectateur saisit donc dans ces répliques les mêmes significations que Damon, celles qui le plongent dans l'action ; mais aussi des indications qui n'ont
d'intérêt que pour lui, celles qui sont indispensables pour que l'exposition
soit suffisante.*

Ces doubles effets de sens sont constants, et ne concernent pas seulement les scènes d'exposition. Ils peuvent aller jusqu'à produire des significations contradictoires pour les personnages et le public : une scène comique fait souvent rire le public des malheurs d'un personnage qui peut, lui, en pleurer. Ils suscitent parfois des artifices : un monologue est fait pour permettre au spectateur de connaître des pensées secrètes d'un personnage. Ils engagent même la signification globale de la pièce : les héros de **La Guerre de Troie n'aura pas lieu** de Giraudoux, représentent les protagonistes de **l'Iliade,** mais pour le public leurs propos prennent sens par rapport à la montée du péril de guerre au milieu des années 30.

• le dialogue entre la scène et le public

Frapper les trois coups, c'est demander au public son attention silencieuse ; c'est marquer l'ouverture d'un dialogue aussi : car le public dispose de divers moyens pour répondre au discours théâtral. Dans le cas le plus courant, la convention suppose que les acteurs ignorent le public ; en fait, leurs propos sont destinés à attirer des réactions de celui-ci : rires ou larmes, applaudissements et bravos ou sifflets et cris divers, sont autant de réponses du public. Souvent, la convention est transgressée et le dialogue se fait plus direct. Le théâtre de marionnettes dans la tradition de Guignol sollicite la participation des (jeunes) spectateurs, les interroge, les fait intervenir dans la pièce. D'autres fois, c'est au milieu d'un rapport conventionnel entre la scène et la salle que se glisse un échange de cet ordre : dans la scène de la cassette de l'*Avare*, où Harpagon s'adresse au public à la seconde personne. Enfin, convention qui remplace l'autre, le théâtre de boulevard utilise nombre de « trucs » pour indiquer au public les moments où il doit rire ou applaudir (temps d'arrêt à l'entrée en scène des personnages, mots d'auteurs soulignant leur sortie, etc.).

• les visées du discours théâtral

Le dialogue avec le public n'est possible que parce que le théâtre est, par essence, un phénomène collectif. Il vise à produire une émotion partagée par tous les spectateurs. La double énonciation qui le caractérise lui confère une dualité d'action et d'enjeux : parce qu'il est un récit (il représente des faits) il contient une action et un enjeu narratifs ; mais comme il s'adresse à un public *présent*, il peut, mieux que tout autre texte, combiner cette action et cet enjeu narratifs avec une action et un enjeu de discours. La réflexion sur l'esthétique théâtrale s'est toujours construite autour des rapports qu'y entretiennent le contenu, forcément narratif, et la situation de parole face au public. Certes, il existe un fort abondant théâtre de pur divertissement. Mais tous les théoriciens et nombre de praticiens du théâtre lui assignent des buts qui dépassent la simple distraction : par les émotions qu'il crée chez le spectateur, il peut contribuer à son éducation, au moins l'inviter à la réflexion. Ainsi, la tragédie grecque et, plus tard, la tragédie classique en France visaient, à travers le plaisir, une action morale : en montrant les malheurs des héros, il s'agissait d'exciter chez le spectateur des sentiments violents de terreur et de pitié, de façon à les lui faire éprouver si fort devant une fiction que ses passions soient plus modérées hors du théâtre ; c'est le principe de la *catharsis*. La comédie, de son côté, visait à la critique sociale, peignait les ridicules des mœurs pour les corriger. Dans d'autres cas, la visée est l'affirmation collective d'idées religieuses (mystères médiévaux) ou politiques (théâtre épique brechtien), ou encore, par l'identification et le pathétique, l'affirmation de la prééminence des sentiments et du mérite individuel (le drame, de Diderot aux Romantiques). Tout texte de théâtre peut et doit donc être interprété en fonction de l'action discursive qu'il vise à réaliser.

La représentation dramatique a toujours été, par la situation collective qu'elle crée, considérée comme particulièrement propice à « faire passer » des idées ou des émotions. L'usage du discours théâtral a varié en fonction des époques et des idéologies, mais aussi en fonction du statut social fait au théâtre et des possibilités techniques du spectacle.

A l'origine, le théâtre est lié à des fêtes civiques et religieuses : il participe de la célébration d'un culte, et doit en épouser les formes et les buts. Dans le théâtre grec antique, le spectacle se déroule devant un mur, sans guère de décors ou accessoires ; les acteurs utilisent des masques, car il ne s'agit pas de donner l'illusion de réalité. Les textes, les *tragédies* surtout, prennent pour sujet des faits historiques ou légendaires bien connus du public de l'époque. Ils développent moins la représentation de ces faits que les commentaires qu'en font les personnages et le chœur ; cela est sensible aussi dans les *comédies*, où l'action dramatique est plus variée.

Le **théâtre médiéval** français reste lié au culte. Les *mystères* se jouent sur le parvis des églises, au long de plusieurs journées de fêtes religieuses. La scène n'est pas limitée et fixe, mais divisée en plusieurs lieux, ayant chacun une valeur symbolique (la Terre, l'Enfer...). Acteurs et spectateurs ne sont pas séparés. Ils ne sont d'ailleurs pas distincts socialement : il n'y a pas d'acteurs professionnels, et ce sont des bourgeois, des artisans, qui tiennent momentanément cet emploi. Les spectateurs d'un moment peuvent être acteurs à un autre. Le public va et vient d'un point du spectacle à l'autre. Ces célébrations collectives affirment l'unité du groupe social ; en faisant participer le spectateur, elles entretiennent les croyances. Les sujets sont religieux, hagiographiques (racontant la vie des saints), en général allégoriques. Se développe également alors la farce.

La situation est différente lorsque, dans la **Rome antique** déjà, et en France à partir de la **seconde moitié du XVIᵉ siècle,** le théâtre devient affaire de professionnels avec des troupes constituées et des salles (fixes ou provisoires) qui ne sont plus des lieux publics et dont l'accès est payant. La scène, délimitée, a des décors aptes à donner une illusion — même minime — de réalité ; elle reste multiple, compartimentée, pouvant représenter à la fois plusieurs lieux distincts. Le théâtre n'est plus célébration, mais spectacle divertissant avant tout. **A partir de 1630,** les changements techniques s'accentuent : les troupes tendent à se fixer, on construit des salles spécialisées, et surtout on adopte en France le système dit « à l'italienne » : la scène devient représentation d'un seul lieu, avec illusion de réel, et le spectacle se donne comme si les acteurs jouaient « entre quatre murs » dont l'un serait transparent pour permettre au spectateur de voir. Il se donne encore nombre de pièces qui supposent des changements fréquents de lieu et de décor brisant l'unité du lieu clos ; mais la tendance dominante est nette. En même temps s'imposent les règles d'unités : d'action, de lieu, de temps (24 heures), de ton. Les fonctions cathartiques et didactiques du théâtre sont réactivées. Dans cette période, dite « classique », le texte (considéré depuis le Moyen Age comme moins important que le spectacle) et donc l'auteur (considéré et payé jusque là moins que les comédiens) voient s'accroître leur importance. Genres majeurs : la *tragédie*, qui vise à la catharsis, et la *comédie*, qui vise à la critique des mœurs.

Au XVIIIᵉ et surtout XIXᵉ siècle, le *drame* recherche, au lieu des « unités », la variété des temps, des lieux (avec des « tableaux » à décors différents) et des tons. Il vise à créer le pathétique, à susciter l'identification du spectateur aux héros, en utilisant un plus grand réalisme. Les principes classiques et le théâtre à l'italienne subsistent, cependant, jusqu'au XXᵉ siècle. Par ailleurs, le théâtre de pur divertissement est en pleine expansion (pièces dites « de boulevard »).

Au XXᵉ siècle, les courants précédents se prolongent, mais des tendances nouvelles se dessinent.

– Recherches de *spectacles complets* (texte et jeu, mais aussi musique, chants, danses, projections, etc.).

– Essais de *théâtre gestuel,* sorte de cérémonial où s'exprimeraient les instincts élémentaires (théâtre de la cruauté d'Antonin Artaud ; plus tard l'américain Julian Beck et son Living Theater).

– Développement d'un *théâtre épique*, sous l'influence de l'auteur-metteur en scène allemand Brecht. Ce théâtre se veut fable exemplaire, propre à susciter la réflexion politique. Le spectateur n'est plus invité à s'identifier aux personnages, mais au contraire à saisir la distance qui sépare fiction et réalité et à réfléchir sur cette opposition.

– Utilisation *symbolique* du texte et de la scène, pour faire éprouver, par la réception de propos et d'un spectacle dérisoires ou décousus, l'absurdité de la condition humaine (Beckett par exemple).

– Abondance de pièces à sujets *historiques ou sociaux* ; en stylisant les faits, elles invitent à une réflexion sur l'Histoire et la politique. (Sartre p. ex.).

– Rôle accru des *metteurs en scène*, notamment dans la reprise des pièces anciennes qu'ils ré-interprètent et investissent de sens nouveaux (Jouvet, Baty, Planchon...).

2 La question des points de vue au théâtre

Bien que le discours théâtral est le moyen d'un récit, le problème des points de vue s'y présente différemment que dans les textes proprement narratifs. En pratique les « techniques » des points de vue narratifs ne s'y appliquent guère, puisqu'il n'y a pas de narrateur. Mais, si l'on envisage la notion de point de vue en son sens large, elle est ici d'une importance extrême. En effet, alors qu'un récit ou un discours peuvent se faire selon un point de vue unique, le texte de théâtre, lui, en combine toujours plusieurs.

> N.B. Il va de soi que pour les pièces où intervient un récitant-narrateur et pour tous les passages où un personnage fait un récit, les techniques du point de vue narratif s'appliquent.

• **multiplicité des points de vue**

— Chacun des personnages représente un point de vue. Il a une certaine connaissance des faits, déterminés par sa situation, ses caractéristiques, ses opinions propres.

— Le spectateur est en situation de témoin ; il a une vision externe ; comme il n'y a pas de narrateur, c'est directement à partir de ce qu'il voit et sait que les faits prennent leur sens.

— L'auteur n'intervient ni directement, ni par l'intermédiaire d'un narrateur ; mais il est, évidemment, l'ordonnateur des situations et celui qui a décidé des faits montrés et des divers regards portés sur eux.

Ce jeu des points de vue est donc lié à la situation de double énonciation : chacun des faits qui se produisent, chacune des paroles prononcées, peuvent avoir un sens différent pour les divers personnages, et un sens encore différent pour le public, selon la situation des uns et des autres, ce qu'ils savent et ce qu'ils ignorent. On obtient ainsi des combinaisons complexes.

texte 21

A Rome, Néron a pris le pouvoir, au détriment de Britannicus, héritier du trône. L'action de la tragédie débute au moment où il fait enlever Junie, que Britannicus aime. Il s'en éprend à son tour, et l'oblige à dire à Britannicus qu'elle ne l'aime plus. Pour cela, il suscite une entrevue des deux amants, à laquelle il assiste caché, tandis que Narcisse, confident de Britannicus mais qui le trahit pour Néron, est présent sur scène.

Britannicus

(extrait)

[...]

JUNIE

Vous êtes en des lieux tout pleins de sa[1] puissance.
Ces murs mêmes, Seigneur, peuvent avoir des yeux ;
Et jamais l'Empereur n'est absent de ces lieux.

BRITANNICUS

Et depuis quand, Madame, êtes-vous si craintive ?
5 Quoi ! déjà votre amour souffre qu'on le captive[2] ?
Qu'est devenu ce cœur qui me jurait toujours
De faire à Néron même envier nos amours ?
Mais bannissez, Madame, une inutile crainte.
La foi[3] dans tous les cœurs n'est pas encore éteinte :
10 Chacun semble des yeux approuver mon courroux ;
La mère de Néron se déclare pour nous.
Rome, de sa conduite elle-même offensée...

JUNIE

Ah ! Seigneur ! vous parlez contre votre pensée.
Vous-même, vous m'avez avoué mille fois
15 Que Rome le louait d'une commune voix ;
Toujours à sa vertu vous rendiez quelque hommage.
Sans doute la douleur vous dicte ce langage.

BRITANNICUS

Ce discours me surprend, il le faut avouer.
Je ne vous cherchais pas pour l'entendre louer.
20 Quoi ! pour vous confier la douleur qui m'accable,
A peine[4] je dérobe un moment favorable,
Et ce moment si cher, Madame, est consumé
A louer l'ennemi dont[5] je suis opprimé !
Qui[6] vous rend à vous-même, en un jour, si contraire[7] ?

1. celle de Néron dont Britannicus vient de parler en l'appelant « notre ennemi ».

2. emprisonne

3. le loyalisme

4. avec peine
5. par lequel
6. qu'est-ce qui ?
7. si différente

25 **Quoi ! même vos regards ont appris à se taire ?**
Que vois-je ? Vous craignez de rencontrer mes yeux ?
Néron vous plairait-il ? vous serais-je odieux ?
Ah ! si je le croyais... Au nom des dieux, Madame,
Eclaircissez le trouble où vous jetez mon âme.
30 **Parlez. Ne suis-je plus dans votre souvenir ?**

JUNIE

Retirez-vous, Seigneur, l'Empereur va venir.

BRITANNICUS

Après ce coup, Narcisse, à qui dois-je m'attendre[8] ?   8. me fier

Racine, *Britannicus,* II, 6, fin de la scène, vers 712 à 743 (1669).

En utilisant le procédé, somme toute traditionnel, de l'observateur caché,
Racine crée une situation où les mêmes propos peuvent avoir quatre signi-
fications différentes selon les points de vue des divers auditeurs :
— Britannicus, qui ignore les données exactes de la situation, prend les
paroles de Junie pour de la froideur, alors qu'elles sont dictées par
l'amour ;
— Junie voit dans les paroles de Britannicus un signe d'amour et un aveu
qui, fait devant Néron qu'elle sait présent, peut entraîner la perte de
Britannicus ;
— pour Néron, l'ensemble de la scène a deux significations : d'une part, il
y trouve confirmation de ce qu'il soupçonnait (violence de l'hostilité de Bri-
tannicus à son égard, force de la passion des deux amants), d'autre part il
y voit une souffrance infligée à son rival, et la réalisation de la rupture
qu'il désire ;
— pour le spectateur, qui connaît l'ensemble de la situation, cette scène a
*surtout une signification d'*ironie tragique *; les divers propos y ont en fait*
un sens contraire à ce qu'ils semblent être. La présence de Narcisse, traître
qui répète tout à Néron, accroît cet effet (voir la réplique finale).

● **le point de vue de l'auteur**

Comme le théâtre ne comporte pas de narrateur qui pourrait indiquer les jugements
de valeur et opinions que l'auteur adopte, on a souvent tenté de chercher des personnages qui joueraient un rôle équivalent, qui seraient des « porte-parole » de
l'auteur. On a aussi avancé des analyses fondées sur le processus de « projection » :
l'auteur, en ce cas, conférerait à son (ou ses) héros certains de ses traits, au moins de
façon fantasmée ou inconsciente. S'il est vrai qu'il peut y avoir des personnages privilégiés, et qui représentent des opinions, des rêves et des désirs de l'auteur, il n'en
reste pas moins que c'est le jeu des *rapports entre les personnages* et l'organisation
d'ensemble de l'action qui manifestent le point de vue de l'auteur.

Représentation d'une action, le théâtre ne peut jamais en être la représentation
complète : il faudrait pour cela que la pièce dure aussi longtemps que les faits, et se

déroule dans des lieux aussi divers. Il sélectionne donc toujours certains éléments : établir la « fable » d'une pièce montre nettement ce processus. Les autres sont laissés à la charge de l'exposition, ou, se déroulant hors scène et dans les intervalles de temps qui séparent les actes, à la charge de récits faits par les personnages et d'enchaînements que le spectateur doit supposer. De tels choix engagent des options esthétiques et idéologiques. D'autre part, les faits montrés prennent sens par les qualifications sociales et psychologiques conférées aux personnages, que rien n'éclaire sauf leurs propos et gestes : là encore, autant d'options.

> N.B. L'absence de narrateur, laissant libre l'interprétation des faits et dires des personnages, rend possible une impression plus grande d'autonomie de ces derniers, et d'un *inconscient* de chacun. D'où les multiples significations que leur confèrent des interprètes divers (v. p. 112).

• **le spectateur face à l'action dramatique**

Si le spectateur est en situation de témoin, sa situation est paradoxale : il en sait toujours à la fois plus et moins que chacun des personnages. Plus, parce qu'il voit évoluer les divers personnages, et a donc connaissance de faits et dires des uns et des autres que chaque personnage, séparément, peut ignorer. Dans la scène de **Britannicus** citée plus haut, le spectateur en sait plus qu'aucun des personnages, y compris Narcisse et Néron : il a vu et entendu Agrippine, la mère de Néron, et sait pourquoi et comment elle envisage de soutenir Britannicus. Mais il en sait moins, aussi, parce que des faits se déroulent hors scène, et parce qu'il ne connaît des pensées des personnages que ce qu'en indiquent les déclarations, parfois mensongères, qu'ils en font. De là de nombreux effets possibles : effets de suspens quand le spectateur est maintenu dans l'ignorance d'une information ou d'une décision d'un personnage, effets de surprise et de rebondissement, ou au contraire plaisir de voir s'exécuter point par point ce que l'on avait pu prévoir. L'intrigue se construit en jouant avec les ignorances et les savoirs du spectateur ; en particulier, le *nœud* de l'action suppose qu'assez d'informations soient données mais que surgissent une (des) question(s), autour desquelles s'engage l'action, et le *dénouement* sera la péripétie au cours de laquelle un fait ou un savoir nouveaux viendront apporter une réponse.

Cette situation paradoxale du spectateur est évidemment propice à des effets de pathétique et d'identification : il a l'impression de voir se former sous ses yeux, dans l'instant même, les sentiments et les décisions des personnages, et peut ainsi avoir l'impression de les partager. D'où l'usage fréquent de ces effets dans l'action du discours théâtral, pour entraîner l'adhésion du public à des idées, des opinions, des attitudes.

C

LES CONVENTIONS THÉÂTRALES

Pour imiter une action, le théâtre ne peut que recourir à des conventions. En tout premier lieu, il ne peut donner un minimum d'illusion qu'en supposant que les personnages agissent « pour de vrai » ; c'est la convention du « quatrième mur transparent », à travers lequel le spectateur voit la pièce. D'autre part, comme l'action dramatique sélectionne des faits qu'elle représente, au détriment d'autres qu'elle se contente de raconter brièvement ou de laisser supposer au spectateur, de très longs laps de temps et des faits nombreux, notamment, peuvent être censés se dérouler dans le bref intervalle qui sépare deux actes. Les conventions les plus importantes concernent :

• **des propos sélectifs et déformés**

La pièce ne donne qu'une petite partie des paroles que suppose la réalisation complète de l'action. Il faut pourtant que le spectateur puisse comprendre l'ensemble ; d'où divers procédés : un personnage rappelle ce qu'il a déjà dit dans un moment qui n'était pas montré sur scène, même s'il s'adresse à des personnages censés avoir été présents à cet instant ; il récapitule des actions connues des participants, mais ignorée du public (v. texte 20) ; il se nomme, alors que la situation représentée ne l'y oblige pas, etc.

D'autre part, les propos que tiennent les personnages sont toujours déformés : ils sont donnés comme étant de vraies paroles, de vraies conversations ; or, il ne s'agit pas vraiment de langue parlée, mais d'une imitation, qui évite les ruptures de syntaxe trop nombreuses, les répétitions, les murmures et onomatopées qui rendraient le texte inintelligible au public. Elle est, en fait, une *stylisation* de la parole, comme l'action dramatique est une stylisation des faits. Aussi utilise-t-elle largement les ressources et les procédés rhétoriques. Ces conventions peuvent aller jusqu'à des combinaisons impossibles dans la réalité : un monologue est censé exprimer des pensées secrètes, silencieuses (première convention), et au lieu de les donner dans l'état informe ou balbutiant qu'elles auraient dans la réalité, il les structure selon un modèle rhétorique.

• **le traitement du temps et de l'espace**

Le traitement du temps au théâtre peut s'orienter dans deux directions : ou bien le spectacle essaye de coïncider avec la durée de la fiction qu'il représente, ou bien il joue librement avec un temps fictif bien plus vaste que le temps de la représentation (v. temps de l'histoire/temps de la narration, p. 63). Mais le spectacle ne peut jamais coïncider vraiment avec la durée de l'action. De là, des conventions comme celle de l'unité de temps dont usait le théâtre classique : il s'agissait de limiter la durée de la fiction à une dimension qui paraisse vraisemblable, selon les critères que l'on avait alors du vraisemblable. Pour cela, on s'en tenait à la durée d'un jour (les plus exigeants se limitaient à 12 heures, les plus libéraux à 36). Cette durée excédait largement celle de la représentation ; malgré cela, il était difficile d'y faire tenir avec vraisemblance les événements nombreux que suppose l'action d'une pièce. Aussi la règle des 24 heures fut-elle souvent critiquée. Dans le second cas, l'action représentée peut durer plusieurs jours, voire plusieurs années. La convention est alors d'admettre que le bref intervalle d'un entracte puisse symboliser l'écoulement de mois ou d'années. Ce principe prévalait dans le théâtre de Shakespeare, et dans la *Comedia* espagnole au début du XVIIe s. ; en France, il a été imposé par le drame au XIXe s. Il arrive parfois que le problème du temps soit résolu par le procédé du *théâtre dans le théâtre* : la pièce montre des comédiens jouant une pièce, qui peut être située en un temps différent. L'opposition entre le temps de la représentation et le temps de la fiction peut s'en trouver résolue, au prix d'un déplacement de la convention (admettre que la « représentation représente une autre représentation »).

*Dans l'Illusion Comique (1635), Corneille met en scène un père qui recher-
che son fils, et qui demande à un magicien de lui montrer où il est ; chacune des évocations du magicien permet de voir un moment différent des
aventures du fils ; le système se complique par le fait que le fils est devenu
comédien, et qu'on le voit jouant une pièce, si bien qu'on ne sait plus ce qui
est la réalité (supposée) et la fiction (d'où le titre). Dans une telle pièce, le
temps de la représentation et le temps de la fiction (la visite au magicien)
coïncident, mais au prix d'une nouvelle convention (la magie évocatoire)
qui permet de retrouver un temps long et divers (les aventures du fils).*

Le traitement de l'espace pose des problèmes similaires. Si l'action se déroule en un
seul lieu (unité de lieu), celui-ci doit être assez neutre pour que les divers personnages puissent y venir et s'y réncontrer. D'où des difficultés à imaginer un lieu un peu
précis et typé (le théâtre classique use largement des antichambres, places publiques, ou des « palais à volonté », c'est-à-dire une salle indéfinie d'un palais), et à y
amener de façon toujours vraisemblable les personnages. Mais s'il y a des lieux
multiples, la convention est aussi forte : même lorsqu'il s'agit de décors à comparti-
ments comme dans le théâtre anglais élisabéthain, ou de changements de décor
comme dans le drame aux XIXe et XXe s., le spectateur doit encore admettre le passage instantané d'un lieu à un autre.

• les personnages : types et emplois

Si ses personnages peuvent être de tous ordres, le théâtre recourt souvent à des
types nettement marqués. Il est en effet nécessaire que le spectateur puisse reconnaître, identifier et prévoir un minimum les personnages, en peu de temps : il n'y a
pas de narrateur, et la plupart du temps pas de portrait qui les lui présentent en
détail. Ces types peuvent coïncider avec une sensibilité, un goût, un courant de
pensée : le Lorenzaccio de Musset ou le Ruy Blas de Hugo, quoique situés à une
époque historique ancienne, représentent des types du héros romantique tel que l'a
conçu le XIXe s. Mais, souvent, le théâtre use de stéréotypes correspondant aux
divers « emplois » que peuvent tenir les acteurs : la soubrette, le jeune premier, le
barbon, le père noble ou le roi, etc. Le public reconnaît alors dès sa première intervention, par son allure et ses propos, le personnage et le rôle qu'il jouera dans
l'action. Et, cas-limites, dans des spectacles comme la Commedia dell'arte ou le
Guignol, le type du personnage (son nom, son masque, son costume) et son emploi
sont inséparables : l'Isabelle, l'Arlequin ; Gnafron, la mère Cotivet, etc.

• les genres dramatiques

Les conventions étant particulièrement fortes au théâtre, il va de soi qu'elles suscitent la définition de genres bien distincts. La plupart des pièces sont fortement mar-
quées par les « lois » du genre dont elles relèvent : tragédie, comédie, drame... (v.
annexes, p. 210). De nos jours, une large part de l'activité théâtrale est encore largement stéréotypée : le théâtre de boulevard abuse des conventions de genre, emplois,
décors, au point que les pièces en sont quasi-interchangeables. Quant aux efforts
pour briser les conventions (y compris pour associer le public au jeu dramatique),
ils suscitent des genres neufs, mais eux aussi codifiés : le *drame*, qui mêlait les genres pour réagir contre les règles classiques a lui-même reçu des règles nombreuses.

d

LA LECTURE DU TEXTE DE THÉÂTRE

Le théâtre est spectacle, fait pour être vu. Mais, dans l'immense majorité des cas, le spectacle se construit à partir d'un texte, pour le visualiser. Comme l'occasion ne s'offre pas toujours (pas souvent, en fait) d'assister à la représentation des pièces, la *lecture* est donc un mode fréquent — et légitime quoique incomplet — de réception de l'œuvre dramatique. Cependant, elle ne peut être une façon cohérente d'aborder les pièces que si elle tient compte de la relation du texte au spectacle. Cette relation laisse des marques dans les textes : indices visibles, ou marques « en creux » que la lecture, comme le spectacle, doit interpréter et révéler.

1 La perception du spectacle

Le spectacle de théâtre fait intervenir plusieurs séries de sensations en même temps : on voit et on entend. Tout dans le spectacle signifie : les décors, les costumes, les éclairages, les jeux de scène, autant que les propos des acteurs. Dans certains cas, la représentation ne fait que souligner le contenu du texte, redire les mêmes informations : elle est redondante par rapport au texte. C'est le cas lorsque les acteurs usent de gestes stéréotypés : la main sur le cœur quand on proclame ses sentiments, poser la main sur l'épaule de celui que l'on plaint ou dont on se déclare l'ami... ; de même, les costumes seront « codés » : clairs pour les « bons », sombres pour les « méchants », etc. Dans d'autres cas, les éléments visuels ont leur signification propre, les éléments verbaux aussi. Le sens du spectacle résulte de l'alliance des deux.

texte 22

Le sujet de la pièce est une évocation, en divers tableaux, de la guerre de 1914-1918.

Ah Dieu ! que la guerre est jolie !

(extrait)

[...]   MENEUR DE JEU
Incident international.

(Coup de sifflet. A l'orchestre)

Et maintenant, du sentimental, encore du sentimental : le passage s'appelle « trouvez l'anarchiste ». Ça se passe un dimanche après-midi dans le parc de Sarajévo. Le soleil — les amou-
5 **reux — les petits oiseaux cui, cui, cui, cui. Je ne peux pas vous en dire plus. Il faut que j'aille faire une statue...**

INFORMATIONS
Sarajévo.

MUSIQUE

Richard III.

La troupe entre sur scène de tous les côtés et danse une pro-
10 menade du dimanche après-midi comme dans la ville de
Sarajévo.

La scène prend fin sur un coup de pistolet derrière le plateau.
Pluie. Tonnerre. Au moment du coup de feu, la voiturette de
Schweik [1] est passée sur la scène venant de l'arrière et se diri-
15 geant vers le milieu de de la scène.

> 1. Personnage populaire traditionnel des littératures d'Europe centrale.

PROJECTION

Vue de la ville de Sarajévo.

PROJECTION

Portrait de l'Archiduc Ferdinand.

PIERROT POLICIER SECRET SERBE

Ein dunkles bier.

PIERROT POLICIER SECRET AUTRICHIEN

Vous avez entendu ?

PIERROT SERBE

20 **Vous voulez dire, le coup de feu ?**

PIERROT AUTRICHIEN

Ja.

SERBE

Non, je n'ai pas entendu. Le temps est splendide.

AUTRICHIEN

Ja, Ja, très bien.

SERBE

Vous disiez que quelqu'un a flingué quelqu'un.

AUTRICHIEN

Ja, Ja, l'Archiduc Ferdinand, le gros lard.

SERBE

25 **Vous savez qui a fait le coup ?** (à Schweik :) **Et vous ?**

SCHWEIK

Je ne m'occupe pas de politique.

AUTRICHIEN

Alors qu'avez-vous fait du portrait de l'Archiduc Ferdinand ?

SCHWEIK

Les mouches l'avaient abîmé. Les mouches...

SERBE

Je vais vous dire très exactement qui a fait le coup.

Récit - Discours - Poésie   108

AUTRICHIEN

30 **Oui ?**

SERBE

C'était soit un catholique, soit un protestant, soit un juif, soit un Serbe, soit un Croate, soit un anarchiste, soit un syndicaliste, et peut-être même un jeune libéral tchèque. De toutes façons, ça signifie la guerre.

AUTRICHIEN

35 **Très bon. Merci infiniment. Signez ici.**

SERBE

Cette guerre est dans l'air depuis longtemps.

AUTRICHIEN

Ja. Je suis content de vous l'entendre dire. Suivez-moi, je fais partie de la police secrète austro-hongroise.

SERBE

Et moi, je fais partie de la police secrète serbe.

AUTRICHIEN

40 **Ah oui ! Mais nous vous avons liquidé hier. Je vous arrête pour haute trahison.**

SERBE

Et lui ?

AUTRICHIEN

Bonne idée. Nous vous arrêtons aussi.

SCHWEIK

Mais j'ai rien dit !

AUTRICHIEN

45 **Vous avez dit que les mouches pouvaient chier sur le Kaiser. Gauche, droite, gauche, droite.**

SERBE

Cela veut dire : la guerre !

[...]   P. Debauche, *Ah Dieu ! que la guerre est jolie, tableau IV* (1966),
extrait de l'adaptation pour le Théâtre des Amandiers à Nanterre
de la pièce anglaise de C. Chitton : *What a lovely war !* (1965).

Dans cet extrait, on peut relever cinq séries différentes de signes : la musique, les « informations », les « projections », la danse, les dialogues. Le texte ne peut qu'en rendre partiellement compte : **musique de Richard III,** *mais quel morceau ?* **Vue** *et* **portrait,** *mais lesquels ? : elles ne sont complètes et cohérentes que dans le spectacle.*

Dans certains cas même, le texte s'efface plus ou moins complètement : le mime est un théâtre exclusivement visuel. Le texte peut aussi être en partie improvisé, soumis aux conditions de la représentation : il n'est plus fixe, mais laissé pour l'essentiel à l'initiative des acteurs sur le moment même : ainsi dans la Commedia dell'arte, où les acteurs improvisaient sur un canevas de scénario ; le support gestuel était assez signifiant pour que les acteurs puissent jouer en italien devant un public qui ne comprenait guère cette langue. L'improvisation peut intervenir de façon partielle : dans la représentation de **1789** par le Théâtre du Soleil (1972), les acteurs racontaient (et ne mimaient pas, ni ne « jouaient ») la prise de la Bastille au public et pouvaient improviser en partie leur récit. Mais si l'on est amené à distinguer, dans l'usage courant, le « théâtre à texte » et celui qui privilégie le spectacle, il faut cependant nuancer cette distinction : il est des pièces qui, fondées sur un texte dense et construit, sont *aussi* très spectaculaires.

Par ailleurs, la perception du spectacle théâtral se fait d'une façon assez particulière : toute la scène, tout le décor sont constamment présents pour le spectateur. En cela, le théâtre diffère du cinéma : dans un film, les jeux de caméra, le choix des plans et de leurs enchaînements (zoom, travelling, fondus enchaînés...) sont autant de focalisations imposées au spectateur. Au théâtre, il garde sous les yeux l'ensemble du plateau ; même si les déplacements et le jeu des acteurs tendent à attirer son attention sur tel ou tel endroit, il reste libre de fixer un point ou un autre et, au moins, garde la perception de l'ensemble (sauf quand se fait le noir et qu'un spot isole un détail ; mais le « noir » même suppose l'existence de ce qu'il occulte). De ce fait, la complexité du discours théâtral est constante, et le spectateur reçoit tant de signes à la fois qu'il ne peut les détailler tous.

2 Dialogues et jeux de scène

Les multiples signes du spectacle sont présents dans ou à travers le texte. Celui-ci ne se limite pas, en effet, aux répliques des personnages, aux dialogues et monologues. Il contient aussi des *didascalies* (mentions de jeux scéniques). Elles peuvent indiquer des précisions sur les attitudes, les gestes, les tons, ou bien le destinataire d'une réplique, ou encore des effets de régie (modifications du décor, de l'éclairage, des accessoires). Parfois, elles sont mentionnées à part des propos des personnages ; parfois, c'est la teneur même des répliques qui indique un jeu de scène. Les didascalies sont donc des relais textuels partiels des perceptions visuelles et sonores du spectacle. Elles font partie de plein droit du texte. Dans certains cas, le texte lu peut ainsi donner des détails extrêmement précis.

Le texte de la pièce débute par une longue description (une page) d'une place de petite ville de province, décor de l'acte I. Un petit employé de bureau, Bérenger, et son ami Jean s'y retrouvent un dimanche à midi pour l'apéritif. Jean critique l'aspect négligé et vaseux de Bérenger.

Rhinocéros
(extrait)

[...]

JEAN

Où donc ont eu lieu vos libations cette nuit ? Si vous vous en souvenez !

BÉRENGER

Nous avons fêté l'anniversaire d'Auguste, notre ami Auguste...

JEAN

5 **Notre ami Auguste ? On ne m'a pas invité, moi, pour l'anniversaire de notre ami Auguste...**

A ce moment, on entend le bruit très éloigné, mais se rapprochant très vite, d'un souffle de fauve et de sa course précipitée, ainsi qu'un long barrissement.

BÉRENGER

10 **Je n'ai pas pu refuser. Cela n'aurait pas été gentil...**

JEAN

Y suis-je allé, moi ?

BÉRENGER

C'est peut-être, justement, parce que vous n'avez pas été invité !...

LA SERVEUSE, *sortant du café*

Bonjour, Messieurs, que désirez-vous boire ?

15 *Les bruits sont devenus très forts.*

JEAN, *à Bérenger et criant presque pour se faire entendre, au-dessus des bruits qu'il ne perçoit pas consciemment.*

Non, il est vrai, je n'étais pas invité. On ne m'a pas fait cet honneur... Toutefois, je puis vous assurer que même si j'avais été
20 **invité, je ne serais pas venu, car...** *(Les bruits sont devenus énormes.)* **Que se passe-t-il ?** *(Les bruits du galop d'un animal puissant et lourd sont tout proches, très accélérés ; on entend son halètement.)* **Mais qu'est-ce que c'est ?**

LA SERVEUSE

Mais qu'est-ce que c'est ?

25 *Bérenger, toujours indolent , sans avoir l'air d'entendre quoi que ce soit, répond tranquillement à Jean au sujet de l'invitation ; il remue les lèvres ; on n'entend pas ce qu'il dit ; Jean se lève d'un bond, fait tomber sa chaise en se levant, regarde du côté de la coulisse gauche, en montrant du doigt tandis que Bérenger, toujours un peu vaseux, reste assis.*

Dans cet extrait, les didascalies indiquées dans une typographie distincte (italiques et petits caractères), sont plus longues que le dialogue ; de plus certains jeux de scène sont indiqués par les répliques mêmes : **Bonjour, Messieurs** *suffit à indiquer que la serveuse s'adresse à Jean et Bérenger ; les* **Oh !** *supposent un ton de surprise... Elles concernent aussi bien des éléments visuels que sonores, donnent des consignes de jeu (l. 16, 36), d'utilisation des accessoires (l. 27 : la chaise). Surtout, Ionesco les utilise à la manière des renseignements que donnerait un narrateur, allant jusqu'à pénétrer dans la pensée des personnages : l. 17,* **bruits qu'il ne perçoit pas consciemment.** *Sur la scène, le jeu des acteurs doit rendre compte de ces faits ; mais il ne peut en aucun cas parvenir à les rendre intelligibles pour le public d'une façon aussi brève et précise. Aussi le texte est-il très directif et, à peu de choses près, lisible « comme un récit ».*

Le plus souvent, les didascalies sont moins détaillées. La lecture doit cependant leur accorder la plus grande attention, car elles mettent le texte « en situation ». Il est même souvent utile, d'autre part, de compléter les indications du texte par une information sur ce qu'étaient les moyens de la mise en scène et les conventions du spectacle lors de la création de la pièce.

3 L'Interprétation du texte du théâtre

Si le texte de théâtre donne un certain nombre d'indications sur la façon dont s'organise le spectacle, il laisse aussi d'autres éléments à la libre appréciation de qui l'interprète : le spectacle est aussi présent dans le texte « en creux », par ce qu'il ne dit pas et que le metteur en scène et l'acteur, ou simplement l'imagination du lecteur pourront choisir de représenter diversement. Dans le texte 23, Bérenger est un personnage avachi, désabusé, et le représenter autrement serait un faux sens ou un contre-sens ; mais les textes indiquent parfois des personnages sans préciser leur allure : dans le texte 22, les policiers secrets sont-ils niais ou matois, cauteleux ou désabusés ? En revanche, dans ce même texte, le personnage de Schweik impose une forte contrainte, car il s'agit d'un type populaire connu dans toute l'Europe, auquel on ne peut apporter que de minimes variations.

Il est révélateur que le même mot *interprétation* signifie, dans son emploi courant, « donner un sens à ... », et aussi, s'agissant du théâtre : « jouer, donner une image visuelle ».

L'interprétation du texte de théâtre est indispensable, en ce sens qu'il ne peut avoir de sens que par la visualisation des personnages, du décor, des jeux de scène. Elle peut être le fait des acteurs : ils donnent corps et voix aux personnages, et de ce fait, accentuent leurs caractéristiques de diverses façons. Elle est aussi le fait du metteur en scène qui peut faire d'une même pièce un discours théâtral très différent : en insistant plutôt sur tel fait, en coupant parfois des répliques ou, ce qui se pratique fort aujourd'hui, en ajoutant des éléments visuels qu'aucune didascalie ne mentionne. Elle est, enfin, le fait du lecteur qui imagine, selon ses goûts et sa culture, les personnages, leurs faits et gestes, et charge donc le texte de sens divers. Les textes de théâtre sont donc particulièrement « ouverts » à des significations multiples.

texte 24

Dans le Misanthrope, *Alceste, amoureux de Célimène et jaloux des nombreux galants qu'elle reçoit, vient de découvrir un billet, sans nom de destinataire, où elle avoue son amour à un homme. Il a décidé de rompre avec elle.*

Le Misanthrope
(extrait)

[...]

ALCESTE

O ciel ! de mes transports[1] puis-je être ici le maître ?

1. emportements.

CÉLIMÈNE

Ouais ! Quel est donc le trouble où je vous vois paraître,
Et que me veulent dire et ces soupirs poussés,
Et ces sombres regards que sur moi vous lancez ?

ALCESTE

5 Que toutes les horreurs dont une âme est capable
A vos déloyautés n'ont rien de comparable ;
Que le sort, les démons et le Ciel en courroux
N'ont jamais rien produit de si méchant que vous[2].

2. vers repris de *Dom Garcie de Navarre*, comédie héroïque de Molière, 1661 (v. 1260 à 1263). Les vers 31 à 34 sont aussi inspirés de *Dom Garcie* (v. 1274-1290).

CÉLIMÈNE

Voilà certainement des douceurs que j'admire.

ALCESTE

10 Ah ! ne plaisantez point, il n'est pas temps de rire ;
Rougissez bien plutôt, vous en avez raison[3]
Et j'ai de sûrs témoins[4] de votre trahison.
Voilà ce que marquaient[5] les troubles de mon âme ;
Ce n'était pas en vain que s'alarmait ma flamme ;
15 Par ces fréquents soupçons, qu'on[6] trouvait odieux,
Je cherchais le malheur qu'ont rencontré mes yeux :
Et, malgré tous vos soins[7] et votre adresse à feindre

3. vous avez des raisons de rougir
4. preuves
5. présageaient

6. vous

7. précautions

Récit - Discours - Poésie

Mon astre me disait ce que j'avais à craindre.
Mais ne présumez pas que, sans être vengé,
20 Je souffre le dépit[8] de me voir outragé.
Je sais que sur les vœux[9] on n'a point de puissance,
Que l'amour veut partout naître sans dépendance,
Que jamais par la force on n'entra dans un cœur,
Et que toute âme est libre à[10] nommer son vainqueur.
25 Aussi ne trouverais-je aucun sujet de plainte,
Si pour moi votre bouche avait parlé sans feinte ;
Et, rejetant mes vœux[11] dès le premier abord,
Mon cœur n'aurait eu droit de s'en prendre qu'au sort.
Mais d'un aveu trompeur voir ma flamme applaudie,
30 C'est une trahison, c'est une perfidie
Qui ne saurait trouver de trop grands châtiments,
Et je puis tout permettre à mes ressentiments.
Oui, oui, redoutez tout après un tel outrage ;
Je ne suis plus à moi, je suis tout à la rage :
35 Percé du coup mortel dont vous m'assassinez,
Mes sens par la raison ne sont plus gouvernés ;
Je cède aux mouvements d'une juste colère,
Et je ne réponds pas de ce que je puis faire.

CÉLIMÈNE

D'où vient donc, je vous prie, un tel emportement ?
40 Avez-vous, dites-moi, perdu le jugement ? [...]

Molière, *Le Misanthrope* (1666), IV 3 (v. 1277 à 1316), début de la scène.

8. colère et dégoût
9. amour

10. de

11. si vous avez rejeté mes vœux

Si ce fragment ne comporte aucune didascalie extérieure au dialogue, les répliques contiennent nombre d'indications de jeu : **transports, trouble, soupirs, sombres regards, plaisanter, rire, emportement.** *Elles orientent nettement la façon d'interpréter la scène. Pourtant, celle-ci, et plus largement toute la pièce, ont été l'objet de « lectures » très différentes. Rousseau voyait dans Alceste un modèle de sincérité et de vertu ; les Romantiques en faisaient un héros selon leurs vues, et ce personnage prenait, dans de telles lectures, une dimension tragique. Si l'on opte pour cette façon de le comprendre, le passage considéré devrait recevoir une interprétation montrant la colère et la détresse d'Alceste comme légitimes et poignantes. Les tournures tragiques, qui abondent (v. 7, 8, 35... : elles sont d'ailleurs reprises d'une comédie héroïque,* Dom Garcie*) demanderaient alors à être dites par l'acteur sur le mode soutenu.*

Mais si l'on considère que Molière concevait en Alceste un personnage ridicule, on doit jouer la scène sur le mode caricatural. Dans le contexte des conventions du XVIIᵉ s., Alceste en « fait trop ». Son langage devrait être celui des « honnêtes gens » (c'est à celà que servait l'alexandrin dans de telles pièces : il était censé représenter la conversation mondaine dans la comédie soutenue), et ne pas tourner à l'emphase. La scène doit donc être jouée dans un registre comique. Le comique naît d'un décalage : le personnage est, selon son point de vue, dans le tragique ; mais il est ridicule aux yeux du spectateur. Rousseau et les Romantiques trouvaient la pièce tragique parce qu'ils s'identifiaient à Alceste (ils faisaient en cela un contresens, d'ailleurs créateur puisqu'il conférait à la pièce un nouvel intérêt pour eux).

6 La POÉSIE

a

UN TERME AMBIGU

La poésie a dans la culture française et, plus largement, occidentale, une situation paradoxale : elle jouit d'un grand prestige, mais elle est peu pratiquée et, aujourd'hui particulièrement, les recueils de poèmes ne connaissent pas grand succès auprès du public. Cette situation se traduit par une extrême confusion dans les théories et la terminologie. Certains voient dans la poésie un enjolivement du propos, d'autres un jeu gratuit d'esthètes désœuvrés ; on la tient pour la dictée d'une inspiration irrépressible, ou au contraire pour des recettes permettant de fabriquer des textes destinés à promouvoir la vente de produits de grande consommation (utilisation de procédés poétiques dans la publicité, chansons « tubes »...). Toutes ces opinions, cependant, retiennent l'idée que la poésie correspond à la recherche d'une forme d'expression originale. Une clarification de la terminologie paraît indispensable.

• les sens du mot poésie

Dans ses emplois courants (tels que les indique un dictionnaire usuel par ex.) le mot *poésie* a trois sens principaux :

1. *Une* poésie est un texte en vers (ou en prose rythmée) ; il convient alors de parler plutôt de *poème*.

2. *La* poésie est « l'art de faire des vers », de composer des poèmes.

3. La *poésie* est « la qualité particulière de tout ce qui touche, charme, élève l'esprit ».

Ces emplois courants contribuent à la confusion générale à propos de ce qu'est la poésie, en nommant de la même façon des objets (les poèmes), une technique (l'art d'écrire des poèmes) et une certaine qualité des choses. Confusion accrue par la nature assez indéfinissable de cette « qualité des choses » ! Confusion accrue encore par le fait que *poésie* a longtemps désigné toute sorte de production littéraire, alors qu'aujourd'hui on oppose couramment : poésie à théâtre, roman, discours...

• poésie, émotion et activité poétiques

On pourrait alors distinguer :

   – *La poésie*, au sens strict, désignant une qualité particulière des faits et des choses. En tant que telle, elle est une dimension du réel, et peut se rencontrer partout, dans les productions artistiques (musique, sculpture, danse, peinture, aussi bien que littérature), mais aussi en toute sorte de lieux et d'objets : un paysage, un regard, un geste peuvent être chargés de poésie.

– *L'émotion poétique* : la qualité poétique des faits et des choses est leur capacité à susciter une certaine émotion chez qui les perçoit. Elle varie considérablement dans ses effets et ses manifestations, et d'un individu à l'autre. Il peut s'agir, au sens large, de l'agrément, du plaisir provoqué par l'aspect inhabituel des faits et des formes à un moment donné. Parfois, mais plus rarement, cette émotion se traduit par la conscience soudaine qu'un contact, même fugitif, s'est établi avec quelque chose d'essentiel, au-delà de ce qui est dit et perçu communément. Entendue en ce second sens, l'émotion poétique se manifeste dans les formes majeures de la sensibilité et de l'expérience humaines (mystiques, esthétiques, érotiques, etc.), et semble propre, pour qui la perçoit, à ébranler l'ordre du monde. Elle est à la source de ce qui est appelé couramment *inspiration*, lorsqu'elle suscite le désir de traduire une façon de voir et de sentir à travers des mots, ou des formes et des couleurs, ou des sons pour la faire partager.

– *L'activité poétique*, qui est la recherche de cette qualité particulière des faits et des choses génératrice d'émotion. Elle est une vigilance particulière de la sensibilité et de l'esprit, une attention aiguë à la vie des êtres et des choses, à leurs relations au-delà de la perception courante et utilitaire. Si l'activité poétique trouve dans la création artistique et littéraire une forme d'expression privilégiée, elle est aussi présente dans toutes sortes d'attitudes et de pratiques étrangères à la création artistique.

Dans cet ouvrage, c'est l'activité poétique *dans les textes* (versifiés ou non) qui est envisagée, celle qui met en jeu les ressources verbales, rythmiques, stylistiques ; nous nommerons ce fait de langage : *le fait poétique*. Si celui-ci ne produit pas nécessairement — il s'en faut de beaucoup — une forme d'émotion poétique, il en est cependant le moyen nécessaire quand il s'agit de textes. A travers les mots, l'activité poétique pratique un *jeu* et recherche une *jouissance*. Elle est un aspect de l'activité ludique, qui trouve ici un point d'application privilégié, dans l'infinité des combinaisons possibles et des ressources expressives du langage. Qu'elle corresponde à une intention de « faire joli » ou à un désir de percer les secrets du monde, elle est toujours *recherche d'un plaisir* : plaisir des sens (dire et écouter les sons et les voix), plaisir de l'esprit et du corps tout entier engagé dans le *mouvement* de la poésie.

—— *La notion de poésie : aperçu historique* ——

Si l'on considère la poésie comme fait de langage, tous les peuples semblent avoir connu, dès leurs origines, l'alliance de la parole rythmée et de la musique : usage lié aux rites religieux et magiques, mais aussi moyen de fixer dans la mémoire des textes, des formules ou des récits (la poésie dit le monde et raconte l'Histoire, sous forme de mythes, d'épopées...). Dès l'origine donc, la notion de poésie recouvre deux réalités distinctes, quoiqu'intrinsèquement liées : dire des vérités essentielles et opérer sur le langage un travail spécifique.

Pour en rester à ce qui concerne la civilisation occidentale, le monde grec concevait la poésie comme l'art de fabriquer un langage différent de l'usage courant (fait significatif, le mot **poésie** vient de **« poiein »** qui signifie en grec « faire », « fabriquer »). « Poésie » recouvre toute la production des textes à visée esthétique (ce que nous nommons « littérature »), en particulier le théâtre qui se pratiquait à l'occasion de fêtes religieuses (d'où l'emploi de la *Poétique*, pour désigner la théorie littéraire, en général *La Poétique* d'Aristote par ex.). Ce langage différent était célébration d'une inspiration d'origine divine.

Pour considérer plus particulièrement le domaine français, diverses fonctions ont été dévolues à la poésie et diverses définitions en ont été données. Elles sont liées à la place et au statut social faits aux poètes.

– **Jusqu'au XVIIᵉ s.,** les poètes (troubadours, poètes de cour) ont surtout été au service des Grands. Leur rôle consiste à les distraire, à chanter leur gloire, à défendre leurs options idéologiques de tous ordres en leur renvoyant leur propre image idéalisée. Qu'il s'agisse des troubadours, des poètes de la Pléiade ou de l'époque classique, ces pratiques sont les plus courantes et les auteurs à qui leur situation sociale permet d'écrire simplement parce qu'ils en ont le goût sont rares. Même si ces poètes revendiquent tous un rôle essentiel pour l'inspiration, leur poésie se définit d'abord comme un art du « bien-dire ». C'est au cours du XVIIᵉ s. que le terme de « poésie » voit son emploi se restreindre pour désigner les seuls textes en vers.

– **Au XVIIIᵉ s.,** alors même que se prolonge la situation précédente et que, de plus, peu de grands poètes se manifestent, les conceptions se renouvellent. Diderot, notamment, bien que n'écrivant pas lui-même de textes versifiés, affirme la prépondérance qu'il faut accorder à *l'enthousiasme*, conçu comme un ébranlement de l'esprit tout entier, origine de la création.

— Peu après, dans les premières décennies **du XIXᵉ s.,** se produisent d'importants changements dans la situation des auteurs, plus indépendants des Grands mais qui doivent s'intégrer au monde du commerce de la littérature. La poésie veut déborder la seule pratique littéraire, s'adresser à de nouveaux publics et s'assigner d'autres buts : être l'écho du monde et le guide des peuples (Hugo), découvrir entre les réalités des correspondances secrètes (Baudelaire), se donner comme art pur (Parnassiens).

– **A la fin du XIXᵉ s.,** des poètes comme Rimbaud, Lautréamont, Verlaine, Mallarmé confient au langage lui-même, de façons diverses, le soin de déceler **un autre sens du monde**. Au cours du XXᵉ s., l'exploration de l'inconscient soutiendra cette recherche (surréalistes, not.). Parfois, dans le sillage de Mallarmé, la poésie est affirmation des ressources du langage, mais aussi de ses limites (Valéry, Ponge). Mais tandis que la poésie se fait plus exigeante, son public diminue. Les poètes se tournent souvent vers les formes variées d'ésotérisme, se privant ainsi des possibilités d'être compris d'un public large.

— **Aujourd'hui,** la production poétique proprement littéraire n'est plus le fait que de petits cercles d'initiés. Pour leur part, les pratiques scolaires ne retiennent guère de textes postérieurs au surréalisme. Paradoxalement, le fait poétique est pourtant omniprésent : les média en font le plus large usage, la publicité, la chanson de variétés et les slogans politiques recourent abondamment à ses effets.

b

LA POÉSIE ET SES CONTENUS

1 Les jeux de langage

Les jeux de langage, qui caractérisent l'activité poétique dans les textes, sont présents dans toutes sortes de pratiques courantes et débordent largement le seul cadre de la poésie « littéraire ». Le langage enfantin en est riche, notamment dans les comptines et chansons qui accompagnent l'activité ludique :

Une oie, deux oies, trois oies, quatre oies, cinq oies, six oies, c'est toi !

De même les devises, les slogans politiques ou commerciaux utilisent ces jeux de langage pour frapper l'attention du public.

Une seule solution :
La révolution !

Certaines formules sont passées dans les mœurs au point qu'on ne perçoit plus comme tel le jeu poétique, pourtant flagrant, qui les fonde :

Liberté, égalité, fraternité.

La publicité commerciale met systématiquement en œuvre, à travers les média, de tels procédés ; depuis la formule déjà ancienne :

Dubo, Dubon, Dubonnet.

inscrite dans les tunnels du métro parisien, jusqu'au plus récent :

Du Vittel du vélo
Vittel et pédalo
Boire Vittel et bouger
Buvez éliminez.
Vittel vous aide à retrouver la vitalité qui est en vous !

La production de ces jeux de langage peut être consciente, c'est le cas des exemples ci-dessus, et d'une façon générale, de l'utilisation littéraire du langage. Mais elle peut ne pas se connaître comme telle : c'est l'adulte, par ex., qui repère un « mot d'enfant », dans lequel l'enfant n'avait personnellement placé aucune intention esthétique ou humoristique.

2 Les thèmes poétiques

Contrairement à une idée répandue, il n'y a pas de « thèmes » ou sujets poétiques privilégiés ou spécifiques : tout fait, tout objet, toute réalité peut être sujet de poésie. Pourtant, chaque époque, milieu, école littéraire ou chaque individu tient pour plus particulièrement poétiques certains thèmes ou registres d'expressions : il y a donc des thématiques poétiques toujours en relation avec des faits de mentalité et des contextes.

• diversité des thématiques

La poésie peut être en toutes choses. Dans l'amour, par ex. : la chanson de variétés puise largement dans des clichés et lieux communs centrés sur les relations amoureuses, le mal d'aimer, l'expression de soi et du mal de vivre qui sont pour la plupart des stéréotypes, des poncifs hérités de la poésie Romantique. La vie amoureuse et érotique est sans doute un domaine riche d'émotions, mais cela n'en fait pas pour autant un objet spécifique de la poésie, pas plus que ne le sont le sentiment de la nature ou le sentiment religieux, ou encore l'expression des peines, des angoisses, et des souffrances. Les textes poétiques prennent tout aussi volontiers pour thèmes : la joie, la réflexion morale, philosophique, politique. La poésie est compatible avec le comique, depuis l'humour et l'ironie jusqu'au rire agressif de la polémique. Elle peut manier la satire mais aussi l'insulte. Elle peut s'accommoder du tour burlesque, fantaisiste, ou parodique (v. texte 30), aussi bien que du tour sérieux et de l'écriture compassée qu'exigent (ou plutôt : qu'on croit qu'exigent) certains sujets d'ordre philosophique ou scientifique.

En fait, au moins en Occident, les pratiques de la poésie littéraire ont souvent été hantées par le rêve d'une « poésie totale », capable de réunir en un même texte toutes les facettes de l'écriture poétique ; sur les modèles de l'**Iliade** et de l'**Odyssée** d'Homère, de l'**Enéide** de Virgile, l'épopée est longtemps restée le genre poétique le plus hautement considéré : elle devait allier le récit de grands exploits et une réflexion philosophique, à des moments de détente et d'humour, au fil d'un long poème consacré à un événement historique (ou mythique) majeur.

- **thèmes et mentalités**

Cette diversité dans les sujets de l'écriture poétique provient aussi de l'histoire des mentalités. Chaque époque, chaque culture, chaque milieu donne une place de choix à certains thèmes, qui sont alors chargés des plus grandes ressources émotionnelles.

Ces variations se jouent aussi bien sur de longues durées que sur de courtes périodes. L'éloge des grands hommes en France a longtemps été un thème poétique majeur ; il n'est guère repris aujourd'hui. Il en va de même pour la poésie militante et combattante, qui n'a guère trouvé de développement en France au-delà de la Seconde Guerre mondiale.

Les évolutions politiques, sociales, culturelles, interviennent ainsi dans les variations de thématiques : la réaction religieuse après la Révolution française de 1789 a suscité dans les débuts de la poésie romantique un regain d'intérêt pour tous les objets religieux (églises, cloches, rituels) et une recherche des émotions qu'ils pouvaient procurer. Enfin, un même individu, selon son âge et les situations dans lesquelles il se trouve, n'est pas sensible de la même façon aux mêmes thèmes, et n'y accorde pas la même importance.

Les thématiques poétiques sont donc liées à un ensemble de faits sociaux : elles relèvent de comportements collectifs autant qu'individuels, et renferment une part importante de conventions culturelles. Leur analyse, essentielle pour éclairer les horizons d'attente des lecteurs de poésie, est du domaine de la psycho-sociologie et de l'histoire. A travers ces thématiques, l'activité poétique, entendue comme production de textes, met en jeu des implicites au même titre que tout autre texte.

Le texte poétique est par excellence ouvert aux contresens créateurs. Il essaie de traduire une *émotion* de celui qui écrit et d'en susciter une chez le lecteur, toujours liée aux contextes où il est composé et lu. Or, l'émotion est fugitive et les contextes évoluent. Un même texte peut alors être perçu de façon très différente à plusieurs années d'intervalle ou même, à un moment donné, par deux lecteurs dont les expériences et références personnelles diffèrent.

Il n'y a pas d'amour heureux

Rien n'est jamais acquis à l'homme Ni sa force
Ni sa faiblesse ni son cœur Et quand il croit
Ouvrir ses bras son ombre est celle d'une croix
Et quand il croit serrer son bonheur il le broie
5 Sa vie est un étrange et douloureux divorce
Il n'y a pas d'amour heureux

Sa vie Elle ressemble à ces soldats sans armes
Qu'on avait habillés pour un autre destin
A quoi peut leur servir de se lever matin
Eux qu'on retrouve au soir désœuvrés incertains
10 Dites ces mots Ma vie Et retenez vos larmes
Il n'y a pas d'amour heureux

Mon bel amour mon cher amour ma déchirure
Je te porte dans moi comme un oiseau blessé
Et ceux-là sans savoir nous regardent passer
Répétant après moi les mots que j'ai tressés
15 Et qui pour tes grands yeux tout aussitôt
moururent
Il n'y a pas d'amour heureux

Le temps d'apprendre à vivre il est déjà trop tard
Que pleurent dans la nuit nos cœurs à l'unisson
Ce qu'il faut de malheur pour la moindre chanson
Ce qu'il faut de regrets pour payer un frisson
20 Ce qu'il faut de sanglots pour un air de guitare
Il n'y a pas d'amour heureux

Il n'y a pas d'amour qui ne soit à douleur
Il n'y a pas d'amour dont on ne soit meurtri
Il n'y a pas d'amour dont on ne soit flétri
Et pas plus que de toi l'amour de la patrie
Il n'y a pas d'amour qui ne vive de pleurs
Il n'y a pas d'amour heureux
Mais c'est notre amour à tous deux

Louis Aragon
La Diane Française, 1946, Éd. Seghers.

Ce texte a été composé durant la Seconde Guerre mondiale, sous l'occupation allemande, par un poète adhérent au Parti Communiste Français clandestin et lié à la Résistance. L'auteur a plusieurs fois revendiqué la porté politique de son texte, il exprime l'impossibilité du bonheur en temps de guerre ; **les soldats désœuvrés incertains** *représentent une réalité historique précise (les troupes françaises vaincues) ;* **l'amour de la patrie,** *un engagement militant dans une lutte pour la libération de la France. Mais* *séparé de ce contexte, pour un lecteur qui n'a pas vécu une telle époque par ex., il frappe davantage par ses aspects d'élégie amoureuse (le **toi** désigne une interlocutrice ; l'histoire littéraire indique qu'il s'agit de la compagne d'Aragon, Elsa Triolet), ou encore de méditation atemporelle sur l'absurdité de l'existence et l'angoisse de la mort qui rendent vaine la passion amoureuse. **Les soldats incertains** sont alors moins une référence à une réalité historique déterminée qu'une image du désarroi existentiel. Lorsque, plusieurs années plus tard, Georges Brassens mettra ce poème en musique, la référence historique sera d'ailleurs plus faiblement perçue par le public. Mais il n'y a pas de choix précis et impératif entre ces significations : elles sont présentes à la fois dans le texte, qui reste ouvert aux connotations que chaque lecteur pourra attacher à ses signes.*

Un texte poétique propose donc au lecteur un pacte d'un type particulier : d'une part il impose l'acceptation de sujets historiquement déterminés ; il peut les élaborer en un propos continu, récit ou discours, et l'analyse des faits ou des idées dans un texte relève toujours de ces deux domaines de signification. Mais d'autre part, quand il n'est pas seulement mise en forme particulière du narratif ou du discursif (et qu'il vise donc surtout à susciter une émotion), il reste ouvert aux significations dont le lecteur voudra l'investir. Ce n'est plus alors une chaîne d'événements ou une argumentation qu'il met en œuvre, mais un jeu particulier du langage.

C

LE FAIT POÉTIQUE

Le fait poétique est donc, quand il s'agit de textes, la mise en œuvre des ressources du langage dans l'activité poétique. Il se fonde sur la fonction poétique du langage (v. p. 33), qui lui confère la possibilité d'être « intransitif » (il prend valeur pour lui-même, et non plus comme outil de la communication, comme simple moyen de transmettre).

1 Des règles particulières

Le fait poétique se manifeste par un jeu, une tension entre les structures sémantiques et les structures rythmiques et sonores. Dans chacun des deux proverbes :

> **Qui dort dîne.**
> **Qui vivra verra.**

on remarque une structure syntaxique particulière (deux propositions que ne sépare aucune ponctuation), rythmique (deux propositions brèves prononcées d'une seule émission de voix) et des isotopies sonores (répétition des **-d** dans le premier ; des **-v, -r, -a** dans le second). De telles formules disent de façon plus frappante ce que des phrases où n'interviendrait pas le fait poétique diraient moins bien, comme : « **celui qui dort bien oublie sa faim** », ou « **on ne peut savoir ce que réserve l'avenir et il faut savoir attendre** ».

Le loup, la chèvre et le chevreau

La Bique, allant remplir sa traînante mamelle,
    Et paître l'herbe nouvelle,
    Ferma sa porte au loquet,
    Non sans dire à son biquet :
5   « Gardez-vous, sur votre vie,
    D'ouvrir que l'on ne vous die[1]
    Pour enseigne[2] et mot du guet :
    Foin[3] du loup et de sa race ! »
    Comme elle disait ces mots,
10 Le Loup, de fortune[4], passe.
    Il les recueille à propos
    Et les garde en sa mémoire.
    La Bique, comme on peut croire,
    N'avait pas vu le glouton.
15 Dès qu'il la voit partie, il contrefait son ton
    Et, d'une voix papelarde[5],
Il demande qu'on ouvre, en disant : « Foin du loup ! »
    Et croyant entrer tout d'un coup[6].
Le Biquet soupçonneux par la fente regarde :
20 « Montrez-moi patte blanche ou je n'ouvrirai point »,
S'écria-t-il d'abord[7]. Patte blanche est un point
Chez les loups, comme on sait, rarement en usage.
Celui-ci, fort surpris d'entendre ce langage,
Comme il était venu s'en retourna chez soi.
25 Où serait le Biquet s'il eût ajouté foi[8]
    Au mot du guet que, de fortune,
    Notre Loup avait entendu ?

    Deux sûretés[9] valent mieux qu'une,
Et le trop en cela ne fut jamais perdu.

La Fontaine, Fables IV, 15 (1668).

1. dise.
2. mot de passe.
3. interjection qui marque le dégoût.
4. par hasard.
5. doucereuse
6. immédiatement.
7. aussitôt.
8. s'il eût cru.
9. précautions.

Les informations données dans ce texte se résument à : « Une chèvre sort de chez elle pour aller brouter. Elle laisse son chevreau en lui recommandant de n'ouvrir qu'à un visiteur qui connaîtrait le mot de passe, pour que ne puissent entrer les loups, leurs ennemis. Un loup, qui passait par là et a tout entendu, veut en profiter pour pénétrer dans la maison et dévorer le chevreau. Ce dernier entend le mot de passe mais, méfiant, demande à voir la couleur de la patte de son visiteur, pour s'assurer qu'il s'agit bien d'une chèvre. Le loup, dépité, s'en va. Ce qui montre que deux précautions valent mieux qu'une ».

Un tel résumé détruit le jeu verbal de la fable de La Fontaine (vers inégaux, niveaux de langue différents, etc.) ; la fiction elle-même perd alors la majeure partie de son intérêt.

Ainsi, le texte poétique se confère à lui-même sa propre norme, en fixant un rapport particulier entre sa sémantique et ses structures rythmique et sonore (ruptures, retours réguliers, etc.) ; ce faisant, il se distingue de l'emploi courant du langage.

Au mécanisme courant de la parole, où les mots et les phrases se succèdent, le fait poétique superpose un second mécanisme fondé sur des répétitions et des échos : répétition de mots, de sons, de rythmes, de structures syntaxiques.

> *Ainsi dans le texte 25, on relève :*
> – *des répétitions de mots* (**cœur, vie, amour**) *;*
> – *des répétitions d'expressions (le refrain) ;*
> – *des répétitions de structures syntaxiques* (**ce qu'il faut, il n'y a pas...**) *;*
> – *des retours d'éléments rythmiques (énumérations ternaires aux vers 1 et 2, puis 22 à 24 ; séries de cinq éléments ; cinq strophes, cinq refrains, cinq fois* **il n'y a pas** *à la dernière strophe).*

Ce retour régulier d'éléments semblables est une des caractéristiques essentielles du fait poétique. Dans les textes versifiés, le vers et la rime en sont une systématisation ; mais il se manifeste aussi dans les textes en prose (texte 18).

Entre ces éléments qui se répètent, s'établissent des isotopies puisque leurs caractéristiques communes les unissent. Les mots figurant dans les constructions à rythme ternaire du texte 25 n'ont pas de lien syntaxique ou sémantique direct, mais le fait qu'ils soient pris dans des ensembles semblables crée entre eux un rapport d'équivalence.

De la sorte, deux réseaux de significations s'entrecroisent : celui qui suit la succession des mots et des phrases et que perçoit une lecture « linéaire » ; et celui qui relie les divers éléments mis en équivalence, et qui suscite une lecture « tabulaire » (comme se lit un tableau).

Le fait poétique confère donc au texte une densité particulière non d'informations — une formule du Code pénal ou une définition mathématique sont à cet égard insurpassables — mais d'associations et de connotations possibles.

2 Paradoxe du fait poétique

Selon les textes considérés, le fait poétique constitue une dominante ou un aspect secondaire. Son rôle varie considérablement : il peut n'être que l'habillage d'une pensée, un moyen au service d'une rhétorique pour faire passer avec agrément ou élégance une information ou une argumentation. Dans la fable de La Fontaine comme dans le poème d'Aragon, le fait poétique soutient l'exposé d'une pensée : la finalité est nettement pédagogique dans le premier cas, puisqu'il s'agit de donner une leçon de prudence élémentaire par le biais d'une fiction joliment contée ; dans le second, le désespoir politique ou existentiel cherche dans l'agencement des mots et des rythmes une formulation plus frappante. On remarque d'ailleurs dans les deux textes un recours net à des conventions (une chèvre ou un chevreau ne parlent pas, n'habitent pas de maison ; on ne s'adresse qu'exceptionnellement à l'être aimé pour lui signifier qu'on le porte en soi **comme un oiseau blessé**...). Mais le langage poétique peut prétendre être à lui-même sa propre fin et vouloir créer une forme d'émotion (au sens large) poétique, dont la nature et les effets sur la sensibilité du lecteur sont variés : plaisir de l'oreille et de l'esprit par le jeu d'isotopies sonores ou rythmiques ; plaisir pris à la lecture ou à l'audition de mots chargés de connotations touchant à des valeurs essentielles pris dans une structure sonore ou rythmique harmonieuse (c'est l'ambition du texte d'Aragon) ; plus rarement encore, émotion violente proche de l'extase, qui semble ouvrir une brèche sur le merveilleux (le contact direct avec les principes mêmes du réel), en bouleversant l'ordre des choses. Paradoxe de la poésie entendue dans ce dernier sens : née des mots, sa seule finalité est alors de les dépasser, de les abolir même, pour *dire* le silence, l'indicible et l'extase.

La poésie opère donc une sorte de *prisme double* : comme le récit ou le discours, elle est « mise en texte » et donc déformation du réel. Mais en outre, elle veut saisir à travers la réalité une réalité d'un autre ordre : elle n'est plus représentation du réel, mais veut créer une réalité différente à travers le langage. Selon les époques et les courants, les poètes ont mis plus ou moins l'accent sur l'une ou l'autre de ses facettes : les uns puisent dans ses ressources d'expression pour seulement mieux dire ce qu'ils ont à dire, les autres confient à la poésie une mission de révélation. En ce qui concerne le lecteur, le pacte de lecture joue plus qu'ailleurs un rôle-clef dans le texte poétique : celui-ci perd en effet l'essentiel de son sens dès que le lecteur refuse d'*entrer en poésie* et d'investir son propre imaginaire et sa propre sensibilité dans le jeu verbal qui lui est offert.

7 Les composantes du fait poétique

a

LE TRAVAIL DES MOTS

1 Fait poétique et connotations

Le fait poétique repose sur le processus fondamental de la connotation, par lequel un mot devient dans un contexte donné signifiant d'un autre signifié : tout en conservant son sens dénoté, il se charge de valeurs sémantiques ou symboliques nouvelles (v. p. 25). La connotation fonde de nouvelles isotopies et multiplie les lectures du texte en soulignant sa polysémie. Le texte poétique n'est donc pas composé d'un vocabulaire spécial : l'emploi que certaines époques ont fait d'un lexique spécialisé dans certains genres (termes obligatoires, termes interdits, par ex.) signale davantage le codage de ces genres que la présence du fait poétique. D'autre part, les mots « rares » ne sont pas forcément affectés d'une valeur poétique particulière, et ce sont souvent les mots les plus ordinaires dont un agencement neuf crée l'effet poétique. La polysémie du langage poétique se fonde sur l'implicite culturel, et il y a là une large part de subjectivité : c'est le lecteur, en effet, qui opère en dernier ressort ces connotations, en fonction de sa situation, de ses goûts, de son degré de culture, etc.

2 La réactivation du langage

Elle se produit chaque fois que le langage (mots, expressions, tournure des phrases) retrouve, par divers procédés, des significations qui dans l'usage ordinaire s'étaient affaiblies ou avaient disparu.

• par le contexte

Certains écrivains pratiquent une écriture archaïsante qui réinvestit des termes d'un sens qu'ils n'ont plus ou qu'indique leur étymologie : Valéry compose le titre de son recueil **Charmes** sur le latin *carmina* (poèmes sacrés) ; le titre **Illuminations** de Rimbaud renvoie, en fait, aux *enluminures* médiévales. Un syntagme figé peut être décomposé de telle sorte que ses éléments retrouvent un sens littéral : **le fruit de la passion** désigne une variété de fruit tropical, mais les termes qui composent ce vocable retrouvent leur sens autonome, créant ainsi un jeu de mots, quand ils sont repris dans un slogan publicitaire pour désigner un appareil audio-visuel réalisé

Récit - Discours - Poésie

(fruit) avec **passion.** D'une façon générale, toutes les figures de style sont susceptibles de réactiver le langage en jouant sur leur polysémie : par métaphore (**une tempête d'applaudissements, les abîmes de la bêtise**), par équivoque et allusion (**Marchons, marchons, qu'un son très pur abreuve nos sillons**) ; publicité pour le lecteur de disques compacts Technics.

Cette réactivation du langage peut prendre des formes diverses, et être même génératrice du sens global d'un texte.

---

texte 27

Un pauvre honteux

Il l'a tirée
De sa poche percée,
L'a mise sous ses yeux ;
Et l'a bien regardée
5 En disant : « Malheureux ! »

Il l'a soufflée
De sa bouche humectée ;
Il avait presque peur
D'une horrible pensée
10 Qui vint le prendre au cœur.

Il l'a mouillée
D'une larme gelée
Qui fondit au hasard ;
Sa chambre était trouée
15 Encor plus qu'un bazar.

Il l'a frottée,
Ne l'a pas réchauffée,
A peine il la sentait :
Car, par le froid pincée
20 Elle se retirait.

Il l'a pesée
Comme on pèse une idée,
En l'appuyant sur l'air.
Puis il l'a mesurée
25 Avec du fil de fer.

Il l'a touchée
De sa lèvre ridée.
D'un frénétique effroi
Elle s'est écriée :
30 Adieu, embrasse-moi !

Il l'a baisée.
Et après l'a croisée
Sur l'horloge du corps,
Qui rendait, mal montée,
35 De mats et lourds accords.

Il l'a palpée
D'une main décidée
A la faire mourir.
— Oui, c'est une bouchée
Dont on peut se nourrir.

Il l'a pliée,
Il l'a cassée,
Il l'a placée,
Il l'a coupée,
45 Il l'a lavée,
Il l'a portée,
Il l'a grillée,
Il l'a mangée.

— Quand il n'était pas grand, on lui avait dit : — Si tu as faim, mange une de tes mains.

Xavier Forneret, *Vapeurs ni vers ni prose* (1838).

---

*L'emploi du pronom « l' » sans antécédent et la marque du féminin au participe passé (**tirée, percée,** ...) créent une attente qui n'est satisfaite qu'à la fin du texte. Cet effet final, horrible et comique à la fois, illustre le phénomène de la réactivation du langage de deux manières : d'abord parce qu'une expression figurée comme « **Si tu as faim, mange une de tes***

mains » *est prise ici à la lettre ; ensuite, parce que chacun des termes concernant le mystérieux « l' » dans le poème trouve rétroactivement, lorsque la lecture est terminée, une force qu'il avait perdue dans le langage courant* (**pliée, cassée, ...**).

Les mots peuvent aussi prendre une valeur nouvelle dans un jeu de langage fondé sur un choix inhabituel des paradigmes associés dans la chaîne syntagmatique. C'est le principe du jeu surréaliste des « cadavres exquis » : sur une structure imposée (par ex. : un nom sujet, suivi d'un adjectif, d'un verbe, de noms compléments), chaque joueur choisit un mot dans l'un de ces paradigmes sans connaître le choix des autres joueurs ; c'est la première formule : **le cadavre exquis boira le vin nouveau**, obtenue à partir de ce procédé, qui a donné son nom à ce jeu.

• **par la situation historique**

La réactivation se produit parfois dans une situation de parole précise, qui confère aux mots une valeur nouvelle et inattendue. Elle peut être perçue tant par un individu que par une collectivité toute entière. L'expression :

Sous les pavés, la plage

peut traduire un mode technique de construction des chaussées (les pavés des rues sont disposés sur un lit de sable), ou peut être prise comme métaphore : la liberté (la plage) se conquiert à travers l'opacité du quotidien (les pavés). Mais la formule se charge d'un sens supplémentaire dans le contexte historique de la France de 1968 (date à laquelle elle apparut sur les murs de la Sorbonne), quand la jeunesse étudiante faisait un usage inhabituel des pavés arrachés aux chaussées.

3 Les images

L'image verbale est le phénomène par lequel des mots renvoyant à des réalités distinctes se trouvent mis en rapport dans un même syntagme. D'un point de vue technique, les images résultent des figures de rhétorique, not. la métaphore.

Les effets créés par les images varient considérablement. On peut en distinguer deux types principaux, affectés selon les textes de nuances variées et nombreuses :

• S'il s'agit d'associations de mots passés dans l'usage courant et devenues banales, elles mettent en jeu des connotations conventionnelles et ne sont plus alors que des stéréotypes, des **clichés**. Le terme de « cliché » est la plupart du temps entendu de façon péjorative, puisqu'il désigne des images « fixées », c'est-à-dire très (ou trop) souvent rencontrées. Il faut remarquer cependant que seul l'implicite culturel peut leur conférer ce statut : un enfant qui découvre pour la première fois une image comme « **la neige a recouvert les prés de son blanc manteau** », peut y trouver à bon droit un fort caractère poétique ; elle ne sera pour lui cliché qu'au moment où son développement culturel lui en aura fait apparaître le caractère banal, parce que rebattu. D'autre part, maintes images à valeur poétique sont le produit d'un *travail* sur les clichés. Dans le vers d'Eluard :

La courbe de tes yeux fait le tour de mon cœur

on relève au moins un cliché du thème amoureux (ton regard me rend amoureux) et celui de la métonymie qui désigne la sensibilité du locuteur par « mon cœur ». Néanmoins, l'isotopie (champ lexical ; **courbe, yeux, tour, cœur**) d'un mouvement circulaire crée une image neuve, en suggérant à la fois le vertige amoureux et le caractère de bien absolu conféré à ce regard.

Récit - Discours - Poésie

• L'image **donne à voir** : l'aspect inédit du rapprochement des termes ajoute à leur valeur expressive. « Les mots font l'amour », comme le dit André Breton, pour engendrer une réalité nouvelle. Ce qui se donne à voir est alors de nature variée et frappera diversement l'esprit et la sensibilité du lecteur : intime, horrible, cocasse, grandiose, ou visionnaire comme dans l'extrait ci-dessous.

texte 28

Dans la nuit du 23 au 24 août 1572 à Paris, les catholiques massacrent par surprise les protestants, sur l'ordre de Catherine de Médicis et de Charles IX.

Les Tragiques

(extrait)

[...]
Voici venir le jour [1], jour que les destinées
Voyaient à bas sourcils[2] glisser de deux années[3],
Le jour marqué de noir, le terme des appâts[4],
Qui voulût[5] être nuit et tourner[6] sur ses pas :
5   Jour qui avec horreur parmi les jours se conte[7],
Qui se marque de rouge et rougit de sa honte.
L'aube se veut lever, aube qui eut jadis
Son teint brunet orné des fleurs du paradis ;
Quand, par[8] son treillis d'or, la rose cramoisie
10 Eclatait, on disait ; « Voici, ou vent, ou pluie. »
Cette aube, que la mort vient armer et coiffer
D'étincelants brasiers ou de tisons d'enfer,
Pour ne démentir point son funeste visage
Fit ses vents de soupirs, et de sang son orage.
15 Elle tire en tremblant du monde le rideau,
Et le soleil voyant le spectacle nouveau[9]
A regret éleva son pâle front des ondes,
Transi de se mirer en nos larmes profondes,
D'y baigner ses rayons ; oui, le pâle soleil
20 Prêta, non le flambeau, mais la torche de l'œil,
Encor[10], pour n'y montrer le beau[11] de son visage
Tira le voile en l'air d'un louche[12], épais nuage. [...]

1. la Saint-Barthélémy
2. en fronçant les sourcils
3. depuis la paix de Saint-Germain (8 août 1570)
4. pièges
5. aurait voulu
6. retourner
7. se compte

8. à travers

9. jamais vu auparavant

10. en outre
11. la beauté
12. sinistre

A. d'Aubigné, *Les Tragiques*, 1616 (chant V, v. 765 à 786).

Pour évoquer l'aube de la Saint-Barthélémy, d'Aubigné (qui est protestant militant), reprend dans ce passage des images conventionnelles (par exemple : l'aurore aux doigts de rose, v. 7 et 8) mais les transforme par des associations de connotations nouvelles : l'aube rougeoyante, signe de **pluie** *dit un proverbe (v. 10), rougeoye ici de* **brasiers** *et de* **tisons** *(v. 12) ; le* **flambeau** *du soleil devient* **torche** *(v. 20) : il est conventionnel de comparer les yeux à deux soleils, mais lorsque, dans ce texte, ils sont assimilés à* **torches**, *c'est la* vision *(tout à la fois la façon de voir et le spectacle) de la Saint-Barthélémy qui s'impose au lieu de l'imagerie habituelle.*

b

LES SONS

Les isotopies sonores constituent, au plan mélodique, un élément essentiel du pacte de lecture quand il s'agit de textes poétiques. Ce pacte échoue en effet dès que le lecteur refuse d'entendre et de sentir. Le plaisir euphonique (plaisir pris au jeu des sonorités) n'est pas réservé au seul domaine littéraire, et couvre une gamme très variée de sensations ; il trouve sa réalisation parfaite lorsqu'il se confond avec l'émotion musicale.

1 Jeux d'échos

• une *allitération* est la répétition sensible d'un même son consonnantique :

– au sens strict, à l'initiale de plusieurs mots dans un même vers, une même proposition ou une phrase courte :

Pour qui sont ces serpents qui sifflent sur vos têtes ? (Racine)

(allitération en -s).

Au volant, la vue c'est la vie (allitération en -v et en -l).

– au sens large, dans plusieurs syllabes, en début ou dans le corps des mots :

Qui se ressemble s'assemble (allitération en -s, et en -bl).

• Une *assonance* est la répétition sensible d'un même son vocalique (v. p. 136 la distinction avec la rime).

– au sens strict, dans la dernière syllabe accentuée de vers qui ne riment pas **(bras/table)**.

– au sens large, à l'intérieur d'un vers, d'une proposition, d'une phrase courte :

Je fais souvent ce rêve étrange et pénétrant [...] (Verlaine)

– on parle d'*assonance intérieure* entre deux vers lorsqu'une même sonorité vocalique revient à la même place rythmique.

De tels procédés sonores assurent une forte cohésion mélodique à la proposition ou au vers ; ils permettent en outre des effets variés : harmonie sonore ou procédé mnémotechnique simple **(stalactite tombe, stalagmite monte)** qui se charge parfois de toutes sortes de valeurs affectives, comme dans la facture de certains noms propres de personnages familiers aux enfants : **Tintin, Babar, Barbapapa, Ran-Tan-Plan** (ou, tout simplement, **papa** et **maman**).

2 Harmonie imitative et mélodie suggestive

Le fait poétique consiste parfois à vouloir rétablir entre signifié et signifiant un lien qui ne soit plus arbitraire (v. p. 24). Certains théoriciens ont même voulu montrer que les sons avaient un pouvoir signifiant en eux-mêmes : le son -i signifierait la froideur, les dentales (-d, -t) exprimeraient la dureté, etc. De telles analyses sont aléatoires. Dans le titre d'un recueil d'Éluard,

Le dur désir de durer,

la répétition du -d appuie sans doute l'expression d'une difficulté de vivre. Mais c'est le phénomène inverse qui s'observe dans le vers célèbre de Verlaine extrait de **Lassitude** :

De la douceur, de la douceur, de la douceur.

C'est le jeu et les combinaisons des isotopies sonores qu'il faut prendre en compte, et non une hypothétique valeur propre des sons.

• Dans l'*harmonie imitative*, les sons imitent le bruit de la chose, de l'animal, etc. dont il est question. Cela est sensible dans les onomatopées, dont la bande dessinée par exemple fait un large usage (vlan, boum, pan, tagada...). Des mots gardent parfois la trace, dans leur matière sonore, de ce qu'ils représentent : « gargouillement », « borborygme », « ronronner », etc. Mais cela peut concerner les allitérations et les assonances dans une phrase ou un vers ; dans :

l'insecte net gratte la sécheresse (Valéry),

la combinaison des [k], [t], [ɛ̃-s], [e] entend imiter le crissement produit par le chant des cigales ; dans :

Aboli bibelot d'inanité sonore (Mallarmé)

on peut entendre un « bla-bla » et un « non-non-non » qui rendent perceptible à l'oreille la vanité de l'objet évoqué.

• dans la *mélodie suggestive*, les sons n'imitent plus un bruit particulier, mais ils sont agencés de façon proprement musicale, d'une façon qui les rend suggestifs. Cette mélodie est perçue dans l'ordre euphonique et fonde une forme majeure du plaisir possible dans l'activité poétique, sans renvoyer d'ailleurs à un sentiment ou une sensation précis ou définis. Elle illustre le paradoxe de la poésie en voulant à travers les mots *dire* l'indicible ; son emploi est plus particulièrement littéraire.

texte 29

Harmonie du soir

Voici venir les temps où vibrant sur sa tige
Chaque fleur s'évapore ainsi qu'un encensoir [1] ;
Les sons et les parfums tournent dans l'air du soir ;
Valse mélancolique et langoureux vertige !

5 Chaque fleur s'évapore ainsi qu'un encensoir ;
Le violon frémit comme un cœur qu'on afflige ;
Valse mélancolique et langoureux vertige !
Le ciel est triste et beau comme un grand reposoir [2].

Le violon frémit comme un cœur qu'on afflige,
10 Un cœur tendre, qui hait le néant vaste et noir !
Le ciel est triste et beau comme un grand reposoir ;
Le soleil s'est noyé dans son sang qui se fige.

Un cœur tendre, qui hait le néant vaste et noir,
Du passé lumineux recueille tout vestige !
15 Le soleil s'est noyé dans son sang qui se fige...
Ton souvenir en moi luit comme un ostensoir [3] !

Baudelaire, *Les Fleurs du Mal,* XLVII (1857)

1. Cassolette suspendue à des chaînettes, dans laquelle on brûle l'encens.

2. Autel décoré devant lequel on s'arrête au cours d'une procession.

3. Pièce d'orfèvrerie qui contient l'hostie et l'expose à l'adoration des fidèles.

Ce poème exprime une réalité affective (une souffrance morale), mais la définit peu. Si le contenu sémantique est mince, les effets sonores en revanche sont riches et de nature à agir sur la sensibilité du lecteur par le jeu musical des allitérations et des assonances [v], [t], [r], [l], [k], [ʃ], [ɑ̃], [ɔ̃], [ʒ], etc.), que confortent les effets de rythme (v. p. 133).

3 Sons nouveaux, mots nouveaux

Le jeu sonore n'est pas seulement affaire de mélodie et d'harmonie : il engendre des équivoques de sens dans les associations de sons que suggèrent les mots.

• Les mots inédits

Un barbarisme grammatical peut provoquer un effet plaisant, suggestif parfois, comme il arrive parfois dans les mots d'enfants : **j'ai prendu mon goûter.** Les comptines font un large usage de mots entièrement ou partiellement fabriqués :

> **Am stram gram**
> **Pic et pic et colegram**
> **Bour et bour et ratatam**
> **Am stram gram**

Dans un usage plus littéraire, la poésie lettriste au XXe s. y a eu recours : le sens disparaît au profit des possibilités associatives laissées à l'imagination du lecteur. Les mots fabriqués naissent parfois de la fusion de syllabes appartenant à des mots différents, mais encore aisément reconnaissables, pour souligner leur lien sémantique. Un tel procédé entre dans la composition des « mots-valises » pratiqués par l'Irlandais James Joyce et, avant lui, Rabelais. Les publicistes reprennent le procédé pour créer des mots comme **éparvie** (qui désigne une assurance-*épar*gne sur la *vie*), ou **benalu** (marque de *ben*nes en *alu*minium). C'est parfois la collision de plusieurs mots, ou de plusieurs syllabes suggestives de plusieurs mots, qui engendre les néologismes :

---

texte 30

Le Grand Combat

Il l'emparouille * et l'endosque* contre terre ;
Il le rague * et le roupète * jusqu'à son drâle * ;
Il le pratèle * et le libucque * et lui barufle * les ouillais * ;
Il le tocarde * et le marmine *,
Le manage * rape à ri et ripe à ra *.
5 Enfin il l'écorcobalisse *.

L'autre hésite, s'espudrine *, se défaisse *, se torse * et se ruine.
C'en sera bientôt fini de lui ;
Il se reprise * et s'emmargine *... mais en vain
10 Le cerveau tombe qui a tant roulé.
Abrah ! Abrah ! Abrah !
Le pied a failli !
Le bras a cassé !
Le sang a coulé !
15 Fouille, fouille, fouille,
Dans la marmite de son ventre est un grand secret
Mégères alentour qui pleurez dans vos mouchoirs ;
On s'étonne, on s'étonne, on s'étonne
Et on vous regarde,
20 On cherche aussi, nous autres, le Grand Secret.

* Ces mots n'existent pas dans la langue française.

Henri Michaux, *Qui je fus* (1927). Éd. Gallimard.

Beaucoup des mots inventés par Michaux dans ce poème gardent la trace de termes, qui suggèrent déjà des significations possibles ; dans: **emparouille**, *on devine* « dérouiller », « s'emparer de », « empaler » *; dans :* **se défaisse**, *on retrouve* « se défaire », « s'affaisser », « fesse », *etc.*

Récit - Discours - Poésie

• l'équivoque et le calembour

Il y a *équivoque* lorsque deux mots, expressions ou membres de phrases présentent des sonorités identiques ou proches, mais des sens différents. On parle plus particulièrement de *calembour* quand ce jeu sur les sonorités vise à produire un effet comique.

La création verbale ainsi obtenue peut avoir un effet humoristique fondé sur l'allusion, ou simplement sur l'absurde. Le comique en est souvent assez élémentaire, mais efficace, comme dans ce quatrain de mirliton :

> **Qu'elle était belle, Adèle !**
> **Qu'il était beau, Cando !**
> **Mais elle est morte Adèle,**
> **Et il est frit, Cando !**

où le calembour se fait sur le nom de deux produits de charcuterie : la mortadelle et le fricandeau. Les fatrasies médiévales usent du procédé, en combinant mots et sons pour obtenir des effets comiques.

Certaines équivoques se fondent sur des rapprochements ou approximations sonores partiels : une société horlogère vante son **réveil-câlin** en jouant sur le rapprochement **câlin/matin**, retournant ainsi la connotation traditionnelle de brutalité des réveils-matins. On connaît le jeu du : **j'en ai marre / marabout / bout d'ficelle / selle de ch'val /** etc.

L'équivoque sémantique proprement dite consiste dans l'emploi d'un mot ou d'une expression qui laisse subsister la possibilité de comprendre de deux façons. P. ex., dans *Andromaque* de Racine, Pyrrhus dit à Andromaque :

> **Brûlé de plus de feux que je n'en allumai [...]**

Il y a équivoque sur le mot **feux** : d'une part Pyrrhus a incendié Troie, d'autre part il aime Andromaque (« feux » est une métaphore conventionnelle pour « amour »).

• Une **anagramme** consiste à intervertir l'ordre des lettres dans un mot. Elle peut transformer un mot en un autre mot, déjà existant : **charme** devient **marche**. Elle peut susciter des mots nouveaux, dans une utilisation secrète du langage : François Rabelais signe *Gargantua* du pseudonyme : **Alcofribas Nasier**, anagramme de son nom ; elle peut aussi être chargée d'intentions affectives : André Breton déguise le nom de Salvador Dali en **Avida Dollars**, pour dénoncer chez le peintre un goût immodéré pour l'argent.

• Un **paragramme** consiste à retrouver un mot à travers la structure sonore d'autres mots, perçus comme son extension sonore ; par équivalence, il établit un lien de sens. Dans le texte 01, des éléments sonores du mot **tortue** se retrouvent dans : **te terres-tu, têtue, te tais-tu, à te taire, tu t'enterres...** Le poème apparaît ainsi comme un jeu à partir de la matière sonore d'un mot qui en suscite d'autres. On peut noter que le « mot-racine » (ici : **tortue**) a dans le texte un rôle de connecteur (v. p. 29).

C

LE RYTHME

1 Rythme et expressivité

Le rythme se définit par un *retour régulier*. Il est au cœur de toutes les formes de l'expérience humaine : rythmes cosmiques (jour/nuit, saisons...), biologiques (sommeil/veille...), sociaux (travail/loisir), psychologiques (joie/peine...), culturels (danse, musique...), physiques (vitesse, cadence...), etc. L'activité poétique consiste largement à se montrer sensible et à prendre du plaisir à ce rythme. Dans un texte, le rythme est donné par la répétition de certains éléments, sonores en premier lieu, au long du déroulement du propos. Sa forme la plus simple est la phrase, rythmée par sa ponctuation, ses accents grammaticaux ou expressifs, ses articulations logiques. Les combinaisons rythmiques se font à partir d'une unité de base, qui est le groupe de prononciation (mot ou groupe de mots) placé sous un accent, lequel porte en français sur la dernière syllabe sonore. Les slogans, les chansons, les bans, les poèmes et toutes les productions du fait poétique d'une façon générale, ont recours à une utilisation systématique des ressources rythmiques du langage. D'ailleurs, même s'ils se présentent sous une forme écrite, ils restent conçus pour être prononcés. Peut-être plus encore que pour le plan mélodique, le pacte de lecture proposé est ici essentiel : les chansons, les poèmes, de nombreux slogans s'anéantissent dès qu'on ne prend plus en compte leur rythme. Les techniques de la versification sont un cas exemplaire de l'utilisation de ces effets de rythme.

2 Techniques du vers

Le vers est une unité rythmique particulière, d'un type conventionnel et d'un emploi uniquement littéraire, qui regroupe des unités de prononciation plus petites. Sa représentation graphique (il ne va pas « au bout de la ligne ») est la transcription d'un phénomène rythmique. Il n'est pas la seule forme de langage rythmé, ni même la plus répandue. Mais son caractère fortement codifié et son emploi très fréquent dans de larges domaines de la production littéraire, surtout passée, exigent une étude particulière.

• le compte des syllabes

Le vers a, dès l'origine, une fonction expressive et mnémotechnique. Il se définit, dans la langue française, par un nombre de syllabes et par la rime, c'est-à-dire le retour des mêmes sonorités marquant la fin des vers.

La métrique du vers français se fonde sur le compte des syllabes et non de « pieds » (groupes de syllabes ayant une même configuration phonique, comme dans certaines langues, le latin par exemple). Ce système de base est fort simple et permet depuis les origines une mise en musique aisée.

Le compte des syllabes dans un vers obéit à quelques conventions distinctes des règles de la prononciation ordinaire.

Récit - Discours - Poésie

– la prononciation du e dit « muet ». Le e en fin de mot se prononce, dans un vers, alors que la diction d'un texte en prose ne le ferait pas entendre ; il intervient donc dans le compte des syllabes. Il se prononce également, et compte, lorsqu'il est précédé d'une consonne et suivi de -s ou -nt dans le corps du vers. Le e s'élide et ne compte pas lorsqu'il précède une voyelle ou un h muet, même appartenant à un mot différent ; il s'élide de même lorsqu'il est placé entre voyelle et consonne à l'intérieur d'un vers, ou lorsqu'il est suivi de -s ou -nt (y compris les terminaisons verbales en -aient et -oient) à la fin d'un vers.

– diérèse et synérèse. Certaines voyelles consécutives peuvent être comptées pour une ou deux syllabes ; on se fonde sur l'étymologie du mot : **déli-cieux** vient du latin « deliciosus » où on distingue **i-o-sus** dans la prononciation ; on compte alors quatre syllabes pour « délicieux » lorsqu'on sépare -i et -eux : il s'agit d'une diérèse. Il y a synérèse lorsqu'au contraire les deux voyelles sont comptées pour une même syllabe. L'essentiel pour le lecteur est de donner au vers son nombre correct de syllabes pour apprécier, le cas échéant, les effets particuliers dus à telle ou telle façon de prononcer.

– licence poétique et chevilles. Le vers impose de nombreuses contraintes qui pourraient devenir trop difficiles pour que puisse progresser le propos. Les poètes usent alors de « licences poétiques », en altérant la morphologie d'un mot ou la syntaxe d'une proposition pour faciliter l'agencement d'un vers (**encor** pour **encore**, **jusque** ou **jusques**, **je croi** pour **je crois**, etc.). Il peut aussi être fait usage de mots sans intérêt pour le sens ni pour les sonorités, mais seulement destinés à faire le compte ; ce sont des « chevilles ».

– l'hiatus. L'hiatus est la rencontre de deux voyelles appartenant à deux mots différents dont le premier n'est terminé ni par un e muet, ni par une consonne (même si celle-ci ne se prononce pas). La question de l'hiatus concerne à la fois le compte des syllabes et le plan sonore : selon les époques, il a été toléré ou interdit par les théoriciens. On peut en tirer des effets certains, comme dans :

Après bien du travail, le coche arrive au haut (La Fontaine)

où l'effort du coche pour parvenir en haut de la montée est suggéré par l'hiatus o/o. Il arrive fréquemment, dans le langage courant, qu'on ne le perçoive plus :

il a été assassiné.

Suis-je pas malheureuse

Suis-je pas malheureuse
D'avoir un tel mari
Lequel quand je suis joyeuse
Est dolent et marri ? [1]

    1. Se plaint et se fâche.

5 S'il m'ouit chanter ou rire
Ou prendre quelque ébat [2]
En redoublant son ire
Se courrouce et me bat.

    2. Du bon temps.

Et son trop fier courage [3]
10 Et parler vicieux [4]
Trouble mon cœur de rage
Et de larmes mes yeux.

    3. Tempérament grossier.
    4. Grossièrement.

Hélas, pouvais-je élire
En tout le genre humain
15 Un homme qui fût pire
Plus sot et inhumain.

Plaisante suis et miste [5]
Lui, sale et ennuyeux
Son naturel est triste
20 Et le mien est joyeux.

    5. Jolie.

Ô liberté tant douce
Je t'allais bien cherchant
Contre moi te courrouce
Ore, te connaissant [6].

    6. Maintenant que je te connais.

25 Si au lieu fusse morte
Où l'accord fût mal fait
Au moins de telle sorte
Le lien fut défait.

Mort que ne m'as-tu prise ?
30 Ou lui premièrement
Sans que je fusse mise
En ce cruel tourment.

Je suis tant amoureuse
Las, je n'ai nul plaisir
35 Je suis pauvre, piteuse [7]
Qui meure de déplaisir.

    7. Pitoyable.

Il faut qu'un ami fasse
(Mieux punir ne le puis !)
Qui mes ennuis efface
40 Tandis qu'ainsi je suis.

Chanson populaire, citée par C. Roy in *Trésor de la Poésie populaire,* Seghers (1954).

On relève :
– des e prononcés (v. 1 : suis-je) ou muets (malheureuse), etc. ;
– une diérèse (v. 10 : vi-ci-eux) ;
– une licence poétique (v. 3 : le e de je doit s'élider, ce qui est anormal, pour parvenir au nombre correct (6) de syllabes dans le vers) ;
– un hiatus (v. 25 : si au).
On relève aussi (v. ci-dessous) :
– des rimes masculines (mari/marri) et féminines (malheureuse/joyeuse) ;
– des rimes pauvres (cherchant/connaissant), suffisantes (rire/ire), riches (courage/rage), léonine (mari/marri) ;
– des rimes faciles (mari/marri, humain/inhumain, plaisir/déplaisir).

● **assonance et rime**

La première forme courante de retour de sonorités à la fin d'un vers a été l'*assonance* : la dernière voyelle est la même, tandis que les phonèmes qui la précèdent ou la suivent sont différents. La *rime* n'est devenue constitutive du vers que plus tard : il y a rime, dans deux vers ou plus, lorsque la dernière voyelle accentuée et les autres phonèmes qui, éventuellement, terminent après elle ces vers sont identiques. On ne tient donc pas compte des graphèmes, mais des phonèmes. Dans les deux vers de Baudelaire :

Vois sur ces canaux

Dormir ces vaisseaux

trois graphèmes sont identiques en fin de vers (-a, -u, -x), mais seul le phonème **o** fait rime.

> – **rime masculine et rime féminine.** La rime masculine est celle qui se produit lorsque la dernière syllabe du vers porte la voyelle accentuée. La rime féminine se produit quand la voyelle accentuée est suivie d'une syllabe contenant un -e muet.
> Dès le XVIᵉ s., l'alternance des deux a été tenue pour obligatoire.
> – **valeur de la rime.** La valeur (ou richesse) de la rime dépend du nombre de phonèmes identiques à la fin de deux vers. Lorsque la dernière voyelle accentuée est seule répétée, la rime est pauvre (**vin/main** : $\tilde{\varepsilon}/\tilde{\varepsilon}$) ; lorsqu'elle est suivie d'un autre phonème répété, la rime est suffisante (**fort/mor** : o-r/o-r) ; trois phonèmes (voyelle accentuée + 2 autres) font une rime riche (**passeport/port** : p-o-r ; *quatre, une rime* léonine ; au-delà, une rime millionnaire ou acrobatique ;
> – **qualité de la rime.** Certaines rimes sont considérées comme trop faciles et banales : mots de la même famille, de même catégorie grammaticale, clichés (**amour/toujours**), rimes approximatives (deux phonèmes qui ne se prononcent pas exactement de la même façon comme -e et -ɛ), un mot au singulier et le même au pluriel, etc. Les théoriciens estimaient que tout cela diminuait la qualité de la rime.

● **coupes, accents, cadence**

Un vers se prononce rarement d'une seule émission de voix. Il s'y rencontre des pauses, des *coupes,* essentielles pour sa diction. Ces coupes sont aptes à créer de multiples effets esthétiques en jouant sur la tension entre les structures phonétiques et rythmiques d'une part et les structures syntaxiques et sémantiques d'autre part.

– **La césure.** Pendant longtemps les vers ont comporté une coupe centrale, la césure, exigée par la syntaxe et le sens ; le vers se trouvait divisé en deux hémistiches. Cette pause se réduisit par la suite à une coupe légère, mais la voyelle qui la précède continue de porter obligatoirement un accent. Des règles se sont attachées à régir la place de cette césure pour chaque type de vers (v. p. 138).

– **Accents et cadence.** La langue française connaît trois accents principaux : l'accent tonique, qui porte sur la dernière syllabe accentuée d'un mot ou d'un groupe de mots : **éléphánt** ; l'accent d'intonation, qui devient essentiel dans les tours exclamatifs (pour marquer l'étonnement, la joie, la peur) ou interrogatifs : **quel témps ?** ; **Ét Tartuffe ?** ; l'accent affectif, qui donne une insistance à un mot que l'énonciation veut souligner, et change la place normale de l'accent tonique : **un souvenir mérveilleux** !. En principe, l'accent tonique permet de repérer les groupes rythmiques dans le vers français. Mais le vers impose des accents mélodiques qui lui sont propres : dans un alexandrin, les sixième et douzième syllabes sont accentuées ; dans un décasyllabe, la quatrième (parfois la sixième) et la dixième. Autour de ces accents fixes, des accents secondaires peuvent prendre place. Leur ensemble assure la cadence du vers. Les Classiques recommandaient qu'il y ait correspondance entre les accents toniques et la cadence des vers ; en réaction contre eux, à partir des Romantiques, on a privilégié d'autres répartitions d'accents, en particulier en recourant au trimètre, type d'alexandrin coupé en 4-4-4.

– **Cadence et vitesse.** La répartition des accents dans le vers a des effets marqués pour les rapports entre sa cadence et la vitesse à laquelle on le dit. La diction poétique ne se règle pas sur un métronome, et les vitesses et cadences sont susceptibles de nombreuses variations, voire de choix de la part du lecteur, qui engagent largement la signification du texte. Cependant, en règle générale, chaque groupe de syllabes délimité par un accent tend à être « équivalent » à ceux qui l'entourent et peut, par conséquent, tendre à durer un temps proche de ceux-ci dans sa prononciation. Un groupe court tend à être prononcé plus lentement que le groupe long voisin (**qui vivra/verra**). Mais, si une norme rythmique se crée ainsi, elle n'a rien de rigide, et les textes tirent de nombreux effets de sa transgression : la syntaxe ou le ton général du texte obligent à des accélérations ou ralentissements qui font varier la régularité rythmique.

• **l'enjambement**

Les tensions entre unités phonétiques et unités sémantiques aboutissent parfois à une mise en cause des limites des vers. Elles sont à l'origine du phénomène de l'enjambement (l'unité syntaxique déborde le cadre du vers).

L'enjambement fait un **rejet** lorsqu'une phrase ou une proposition grammaticale commencée dans un vers se prolonge sur le vers suivant, sans toutefois occuper la totalité de celui-ci. La partie de proposition qui se trouve alors reportée au second vers est nommée rejet. Les mots constituant le rejet sont alors mis en relief : le nombre des syllabes, les accents, la rime et la très légère suspension de la voix indiquent à l'oreille qu'un vers est fini, tandis que le schéma syntaxique inachevé fait attendre les mots placés en rejet, qui ainsi concentrent l'attention.

Il y a **contre-rejet** dès lors que la phrase ou l'unité grammaticale commence à la fin d'un vers et se prolonge dans le vers suivant :

> **Tout l'hiver va rentrer dans mon être : colère,**
> **Haine, frissons, horreur, labeur dur et forcé, [...]** (Baudelaire)

L'enjambement ne se fait pas seulement de vers à vers. Il peut se faire à l'intérieur même du vers autour de la césure lorsqu'elle est marquée, ou encore de la fin d'une strophe sur le début de la suivante (rare). Un usage systématique de l'enjambement nuit à la perception du vers en tant que figure métrique régulière.

- **les différents types de vers**

La prosodie française a surtout usé des *vers pairs,* c.-à-d. dont le nombre imposé de syllabes est pair ; les plus connus sont l'alexandrin, le décasyllabe et l'octosyllabe.

> L'*octosyllabe* (8 syllabes) et le *décasyllabe* (10 syllabes) ont été les vers les plus usités au Moyen Age et jusqu'au XVIe siècle. L'octosyllabe semblait mieux convenir aux genres mineurs, aux textes comiques, à la chanson ; le décasyllabe était le vers considéré comme noble. L'*alexandrin* (12 syllabes) tire son nom du **Roman d'Alexandre** (XIIe s.), un des premiers textes écrits à l'aide de ce type de vers. Il s'impose à partir du XVIe siècle comme le vers français le plus répandu ; les écrivains classiques en font le vers noble et il garde cette prééminence jusqu'au début du XXe s.

Depuis toujours, certains poètes ont tiré des effets particuliers de l'usage des *vers impairs* (nombre impair de syllabes). L'**Art poétique** de Verlaine (1874) résume l'essentiel de cette recherche : le vers impair est senti comme plus suggestif parce que fluide et indécis, contrairement au vers pair plus « carré ». Des effets rythmiques originaux tiennent parfois à la combinaison des vers pairs et impairs dans des poèmes en *vers mêlés :* l'effet phonétique et esthétique naît des variations du modèle de cadence, qui provoquent accélérations et ralentissements.

Alexandrin, octosyllabe et décasyllabe constituent des types de vers fortement codifiés. A partir du XIXe s., la poésie (du moins chez certains poètes) s'est dégagée des contraintes de la versification. Elle fit alors de plus en plus usage de vers où le nombre d'unités phonétiques n'était pas fixé *(vers libres)* ou de vers qui ne rimaient plus *(vers blancs).* Ces poètes se livraient davantage à la recherche de rythmes originaux, plutôt qu'à la confection de vers à partir d'un moule imposé. Certains élaborèrent des figures métriques propres : Claudel par ex. use de versets sur le modèle biblique. D'une façon générale (sauf dans la chanson où se maintient fortement la tradition des unités rythmiques fixes et régulières, et de la rime), la poésie du XXe s. a surtout gardé du vers ses ressources *expressives.* L'abandon des conventions et des contraintes s'inscrit dans le désir de retrouver une expression rythmique plus naturelle, plus essentielle.

Elle est souvent liée à une recherche portant sur la disposition des vers dans la page, l'importance des « blancs », bref : *l'espace du texte.* Ces données de l'aspect matériel deviennent de la première importance. Dans le même mouvement, la suppression fréquente de la ponctuation, à partir d'Apollinaire notamment, veut assurer une cohésion plus forte des éléments du poème en laissant plus de liberté au lecteur : celui-ci peut y imprimer ses propres rythmes et y tracer des associations multiples, qui créent des connotations nouvelles.

Son de cloche

Tout s'est éteint
Le vent passe en chantant
            Et les arbres frissonnent
Les animaux sont morts
5 **Il n'y a plus personne**
                  Regarde
Les étoiles ont cessé de briller
            La terre ne tourne plus
Une tête s'est inclinée
10   **·Les cheveux balayant la nuit**
Le dernier clocher resté debout
            Sonne minuit

Pierre Reverdy, *Les Ardoises du toît*, 1918, in *Plupart du temps.* Éd. Gallimard.

L'absence de ponctuation et la disposition du texte dans l'espace de la page créent des zones où plusieurs possibilités d'enchaînement s'offrent au lecteur. Les vers qui débutent à la marge correspondent à des débuts de phrases (et les vers placés en retrait, à droite, à des propositions qui font suite au précédent) ; l'impératif du v. 6 **Regarde** *apparaît comme une suite du vers 5 ; mais on peut le percevoir aussi comme une invite annonçant toute la suite. Même ambiguïté au vers 10, etc.*

Ce désir d'une expression moins conventionnelle se traduit aussi parfois à partir du XIXᵉ s., par l'abandon du vers en tant qu'unité phonétique autonome, pour privilégier la seule *phrase rythmée*. Les poèmes en prose, par exemple, font un large usage de ce procédé. Leur qualité poétique se perçoit avant tout par leur rythme particulier : ainsi dans le poème en prose *Enivrez-vous* (texte 18).

3 La strophe et les types de poèmes

• les techniques de la strophe

Les vers se regroupent très fréquemment à l'intérieur d'un poème en sous-ensembles, que marquent une légère suspension de la voix à l'oral, un blanc typographique à l'écrit. La *strophe* est un groupe de vers organisé selon un système de rimes, et suivi d'un repos. Il faut considérer :

– *l'agencement des rimes* : les rimes *plates* correspondent à une succesion AA, BB, CC, etc. ; les rimes *croisées*, à une succession ABAB, etc. ; les rimes *embrassées*, à une succession ABBA, etc.
– *la longueur de la strophe* : deux vers forment un *distique* ; trois un *tercet* ; quatre un *quatrain*. On trouve aussi la strophe de cinq vers (le *quintil*), de six (le *sizain*), de huit (le *huitain*), de dix (le *dizain*).

Pour que l'unité de la strophe soit perçue, il faut que toutes les attentes dues à la rime aient été satisfaites. Ainsi, dans une strophe de cinq vers, la disposition idéale est ABAAB (la sonorité finale du cinquième vers reprend celle du second, restée jusque-là en suspens). Les strophes de plus de six vers créent des difficultés, parce que leur unité devient moins nettement perceptible : un huitain, par exemple, est plutôt perçu comme la succession de deux quatrains, un dizain comme celle d'un sizain et d'un quatrain. La strophe, que fonde un système de rimes, est en effet une unité rythmique qui recouvre le plus souvent une unité de sens. L'enjambement d'une strophe à l'autre, qui est rare, marque donc la volonté particulière de relier nettement le contenu des deux strophes.

texte 33

Mignonne, allons voir...

Mignonne, allons voir si la rose
Qui ce matin avait déclose [1]   1. ouvert.
Sa robe de pourpre au Soleil,
A point perdu cette vesprée [2]   2. ce soir.
10 Les plis de sa robe pourprée
Et son teint au vôtre pareil.

Las ! [3] voyez comme en peu d'espace,   3. hélas !
Mignonne, elle a dessus la place
Las ! las ! ses beautés laissé choir !
10 Ô vraiment marâtre Nature,
Puisqu'une belle fleur ne dure
Que du matin jusques au soir !
Donc, si vous me croyez, mignonne,
Tandis que votre âge fleuronne 4   4. s'orne de fleurs, s'épa-
                                                            nouit.
15 En sa plus verte nouveauté,
Cueillez, cueillez votre jeunesse :
Comme à cette fleur la vieillesse
Fera ternir votre beauté.

Ronsard, *Odes*, I, 17 (1550).

Le poème est composé de trois sizains. Les rimes sont plates (oz / oz ; as/as ; ɔn / ɔn) ou embrassées (ej / pre / pre ej ; war / yr / yr / war ; ote/ɛs/ɛs/ote). Chaque sizain s'organise autour du même système de rimes (une plate sui-vie de deux embrassées). La régularité rythmique renforce la relative auto-nomie de sens de chaque sizain : invitation (strophe 1), constat (strophe 2), invitation d'un autre ordre (strophe 3).

• les formes de poèmes

De même que les vers sont souvent réunis en strophes, un poème est fréquemment composé d'un ensemble de strophes. Le nombre et la disposition de ces strophes, ainsi que le mètre utilisé, définissent des *formes* de poèmes, qui portent autant de noms précis (v. principales p. 212-215). Ces formes sont étroitement liées à l'histoire de la poésie, et chaque époque a marqué ses goûts pour certaines d'entre elles plutôt que pour d'autres. L'histoire des formes poétiques n'est hélas ! pas encore établie aujourd'hui.

Il faut distinguer des *formes fixes* (c.-à-d. codifiées par l'usage ou les théoriciens), et des formes plus souples qui ne correspondent pas à un type défini, et affectées d'un nom précis de poème.

– Parmi les formes fixes, il faut encore distinguer : certaines sont dites « fixes » à partir de leurs composantes métriques ou strophiques (rondeau, ballade, sonnet...) ; d'autres de leur sujet (ode...) ; de leur ton (stances, hymne...) ; de la combinaison de plusieurs de ces données (chanson...).

– Parmi les formes non fixées, se rangeraient les poèmes en vers mêlés, en vers libres ou en vers blancs, mais aussi le poème en prose, la prose poétique ou encore le poème graphique (calligramme...), qui s'émancipent plus radicalement des conventions et contraintes prosodiques.

TROISIÈME PARTIE

Comment lire

Introduction

• **lecture critique et plaisir de lire**

En offrant au lecteur un pacte, un texte lui tend en quelque sorte un piège : il veut lui plaire, l'intéresser, ou le convaincre, en tout cas retenir son attention (v. p. 37). Le lecteur peut s'abandonner avec plaisir à ce jeu de séduction, pour s'instruire, pour rêver ou pour réfléchir ; il peut y avoir du plaisir jusque dans le fait de se laisser mystifier.

Mais il est possible aussi d'éprouver de l'intérêt et du plaisir en adoptant un regard critique : s'informer et comprendre sont des satisfactions ; participer au jeu du texte (en observant sa rhétorique, ses choix d'écriture, ses mélodies, les contextes et intertextes qui s'y lisent, éventuellement ses traits de parodie ou de rituel), tout cela est de plein droit un plaisir. La lecture critique, loin de « tuer » le plaisir de lire, ne fait que l'aiguiser ; loin d'étouffer la sensibilité, elle contribue à la rendre plus vive. Comment lire ? De façon critique.

• **la lecture plurielle**

Une lecture critique ne peut être que *plurielle,* c'est-à-dire qu'elle consiste à considérer un texte depuis plusieurs « points de vue », à l'envisager selon diverses *perspectives.* Elle multiplie les angles de prise de vue sur le texte. Un même signe textuel, en effet, peut être considéré sous des angles différents : les actes d'un personnage sont aussi bien l'objet d'une analyse d'ordre psychologique (le lecteur les prend comme l'expression d'un psychisme) que sociologique (ils sont en relation avec son statut social par ex.) ; ils peuvent également être examinés dans les rapports de force qui fondent la dynamique du texte, etc. Or, dans les trois cas, il s'agit toujours bien d'un seul et même personnage. Plusieurs ordres de réalités s'entrecroisent dans le tissu du texte. Ce sont :

– un fait de langage, la mise en œuvre d'une langue ;
– une organisation du texte ;
– des données affectives, intellectuelles, sensibles ;
– des données sociales et historiques ;
– une action que le texte vise à exercer sur son lecteur et/ou une action qu'il relate ;
– des rapports de forces, à l'intérieur même du texte, et entre le texte et le lecteur.

Ces ordres de réalités sont présents ou susceptibles de l'être dans toutes les sortes de textes, même là où on les attend le moins. Il serait faux de penser qu'ils ne concernent que les textes littéraires : un graffiti, un manuel scolaire ou un traité, une note de service ou un discours politique les contiennent aussi bien.

Lire un texte de façon critique, c'est donc tenir compte de toutes les perspectives dans lesquelles on doit l'envisager. Il y aura autant de *démarches cohérentes* de lecture qu'il y a de perspectives prenant en charge les ordres de réalités énumérés ci-dessus. C'est pourquoi nous proposons les six démarches suivantes, constantes pour *tous* les textes.

• les six perspectives

Dans toute lecture :

- On suit **l'action** du texte : celle qu'il contient (les faits qu'il relate s'il s'agit d'un récit, l'argumentation qu'il développe s'il s'agit d'un discours), et celle qu'il vise à exercer sur son lecteur.
- On évalue les **forces agissantes,** pour repérer et analyser les éléments qui portent la dynamique du texte.
- La perspective que fonde la **psychologie** décèle les données affectives, éthiques, intellectuelles du texte, et explicite la relation entre celui-ci et le lecteur.
- La perspective que fonde la **sociologie** analyse les relations du texte avec les réalités sociales et historiques : les faits et valeurs qu'il mentionne ou représente, mais aussi son statut d'objet culturel inséré dans l'Histoire et une société.
- La perspective que fonde la **structure** dégage les modes d'organisation du texte.
- Identifier le **style,** c'est à la fois prendre conscience et apprécier la mise en œuvre particulière du langage dans un texte.

La terminologie employée ici est délibérément très simple. *L'ordre alphabétique de présentation souligne qu'il n'y a pas de hiérarchie a priori à opérer entre les diverses perspectives.*

Le jeu d'ensemble de ces démarches de lecture se fonde, bien évidemment, sur l'utilisation des notions définies dans les 1re et 2e parties. D'ailleurs toute notion, si importante qu'elle soit, ne trouve pleinement sa raison d'être qu'en prenant place, de la sorte, dans une *pratique* globale.

Soulignons d'autre part que, même si elle a sa cohérence propre, une perspective ne peut épuiser à elle seule toutes les significations du texte ; c'est l'entrecroisement, la **confrontation** des six qui mettra au jour des significations globales. Elle est donc elle-même une « démarche » de lecture. Encore ne pourra-t-elle prétendre dégager et clore le sens du texte ; du moins fera-t-elle apercevoir beaucoup *de son sens*, le maximum possible selon la situation du lecteur et ses compétences de lecture. En même temps, elle permet de réévaluer les éléments évoqués au fil de la lecture du texte (ce que toute lecture cursive fait d'ailleurs sans même s'en apercevoir).

On ne peut lire « parfaitement » ; on peut se proposer néanmoins de *mieux lire*.

N.B. 1. Ces perspectives et cette terminologie ne se définissent pas de façon . arbitraire, ou purement théorique : elles correspondent à ce que chaque lecteur peut observer à partir de ses propres pratiques, et nous proposons cette typologie et terminologie à la suite de recherches, expérimentations, observations et pratiques de longue durée ; v. à ce sujet *Faire/Lire* (Didier, 1979), not. 1ʳᵉ partie.

2. Les démarches exposées ci-après ne sont pas des questionnaires que l'on ferait subir mécaniquement aux textes, mais des ensembles d'observations et de réflexions ordonnées et qui se modulent selon les caractéristiques de chacun.

3. Dans l'exposé de ces démarches, nous avons choisi de faire intervenir des exemples variés, afin de montrer comment des textes divers pouvaient être envisagés selon toutes les perspectives. Il eût été possible, à l'inverse, de ne traiter qu'un ou deux textes, et de leur appliquer à chacun toutes les démarches. Cela aurait présenté un danger : que ces exemples soient pris pour des modèles ; de même, il était à craindre qu'une « confrontation » réalisée ne soit lue comme un cadre contraignant. Soulignons donc : les exemples cités n'ont que valeur d'exemples (il n'y a pas dans ces pages des « explications » complètes des textes cités). Pour des cas de confrontations réalisées, voir *Faire/Lire*, 2ᵉ partie.

4. Les démarches de lecture posent évidemment des questions pratiques : les plus immédiates sont traitées dans les notes de marge ; d'autres, plus générales, se trouvent en annexe. Enfin, ces travaux peuvent se pratiquer seul ou en groupe, et s'organiser en progressions diverses. Sur ces points, v. *Faire/Lire*.

1 Suivre l'action

L'étude de **l'action** envisage la série de faits ou d'arguments qui constitue la trame du texte, et l'effet qu'il produit sur le lecteur.

texte 34

Les deux taureaux et une grenouille

Deux taureaux combattaient à qui possèderait
     Une génisse avec l'empire.
     Une grenouille en soupirait.
     « Qu'avez-vous ? se mit à lui dire
5   Quelqu'un du peuple coassant.
     — Et ne voyez-vous pas, dit-elle,
     Que la fin de cette querelle
Sera l'exil de l'un ; que l'autre, le chassant,
Le fera renoncer aux campagnes fleuries ?
10 Il ne règnera plus sur l'herbe des prairies,
Viendra en nos marais régner sur les roseaux,
Et, nous foulant aux pieds jusques au fond des eaux,
Tantôt l'une et puis l'autre, il faudra qu'on pâtisse
Du combat qu'a causé madame la génisse. »
15   Cette crainte était de bon sens.
     L'un des taureaux en leur demeure
     S'alla cacher à leur dépens :
     Il en écrasait vingt par heure.
     Hélas ! on voit que de tout temps
20 Les petits ont pâti des sottises des grands.

La Fontaine, *Fables*, Livre II, f. 4 (1678).

a

SUIVRE L'ACTION

Il est commode de débuter l'étude de l'action par l'inventaire des faits ou des arguments : le $\boxed{\text{synopsis}}$. Celui-ci les note en dégageant les plus importants et les articulations principales. Il peut se faire de deux façons : un résumé (toujours nécessaire) et, dans certains cas, une « fable » ou un « argumentaire ».

• Le **résumé** proprement dit consigne les contenus dans l'ordre où ils se présentent dans le texte [1]. Il se soumet donc au texte [2]. Pas de façon aveugle pourtant : il accorde plus d'importance aux faits ou arguments essentiels et à leurs grandes articulations (même s'ils sont énoncés brièvement dans le texte), qu'à des événements épisodiques ou à des digressions. Les péripéties [3] d'un récit, les arguments-clefs d'un discours sont ainsi mis en avant ; un résumé complet doit cependant faire mention des éléments secondaires [4].

La conversation des grenouilles occupe 12 vers sur 20 ; elle est moins importante du point de vue de l'action que le combat (2 vers) et ses suites (3 vers).

Ces détails ne sont pas de pure technique : résumer, c'est réécrire [5], créer un nouveau texte qui, confronté au premier, fait apparaître des modelés qui décident de son sens.

Le texte de La Fontaine peut se résumer, par ex. :

« *Deux taureaux s'affrontaient pour une génisse ; en les voyant, une grenouille avertissait ses semblables que le vaincu serait contraint de se réfugier dans les marais, où il deviendrait un danger pour elles. Ce qui advint. Les faibles supportent les conséquences des querelles entre puissants.* »

Un texte court se résume parfois de mémoire ; mais s'astreindre à l'écriture est utile pour mieux dégager les effets de sens liés aux formes du texte initial [6]. Et pour un texte long, il est bon de garder trace des proportions du texte d'origine (par des références de vers, pages, chapitres, etc.) [7] : si un passage peu important pour l'enchaînement des faits est détaillé dans le texte, ce peut être pour donner des explications indispensables ou créer un effet de suspens (les deux se combinent dans l'exemple ci-dessus). De même on notera au besoin les tours que prend le propos (narration, dialogue, description, récit enchâssé, etc.). Le résumé permet de dégager la dominante narrative, discursive ou poétique du texte ou leur combinaison. La fable de La Fontaine se donne sous une forme poétique (ne serait-ce que par l'emploi qui y est fait des vers), mais les faits s'y ordonnent selon une dominante manifestement narrative [8]. Enfin, il est des textes qui ne peuvent se résumer, parce qu'ils sont trop courts (certains poèmes, des slogans publicitaires) ou dépourvus d'un ordre fixé de déroulement (certains poèmes modernes) [9].

1. Inutile de le faire précéder de formules introductives ou de références à l'auteur.

2. Se fixer une longueur maximale ; elle varie avec le genre et la longueur du texte.

3. En particulier le « nœud » de l'action et le dénouement (v. p. 64).

4. Éviter tout commentaire ou jugement de valeur dans le résumé : ils en fausseraient le principe même.

5. Ne pas reprendre des phrases ou fragments du texte : seulement les mots indispensables ; le reste est du cru de celui qui résume.

6. D'où l'intérêt d'un résumé entièrement rédigé, et non de notes en style télégraphique (celles-ci pouvant être utiles dans la phase préparatoire de ce travail).

7. Noter plutôt des numéros de pages ou de vers que leurs nombres, de façon à se reporter plus aisément à l'original. Préciser l'édition utilisée.

8. Dominante pour l'aspect sémantique, mais elle peut être contredite dans la pragmatique ou la symbolique.

9. Et il n'existe pas de résumé parfait...

• fable et argumentaire

– La **fable** [10] d'un récit consiste à en faire le sommaire en rétablissant l'ordre chronologique des événements, quand la narration ne le suit pas : elle reconstitue donc [11] le fil de l'histoire ou de la fiction, quand la narration débute *in medias res,* ou quand elle comporte des ellipses, des retours en arrière, des anticipations, etc. Sa rédaction ne suit pas l'ordre du texte comme le fait le résumé.

– **L'argumentaire** est, pour les discours de toutes sortes, l'inventaire [12] des arguments (idées, opinions, faits, assertions, informations). Il les classe selon leur nature [13], leurs rapports d'inclusion et leur finalité. L'argumentaire est donc l'équivalent pour les discours de la « fable » pour les récits.

Le texte de La Fontaine se donne comme un discours (une leçon de morale politique). Il justifie donc un argumentaire :
– nature des arguments : un récit fictif, à valeur d'apologue (v. 1 à 18) ; une assertion (v. 19 et 20) ;
– rapports d'inclusion de ces arguments : le récit contient des passages proprement narratifs (v. 1 à 3, 15 à 18), qu'interrompent un discours intérieur (v. 4 à 14) et une intervention du narrateur (v. 15). Il se crée ainsi des relais de parole qui permettent au narrateur de rapporter les paroles d'un protagoniste en les approuvant ; cela est renforcé par des champs lexicaux communs à l'un et l'autre : **ne voyez-vous pas / on voit, bon sens / sottises** *;*
– finalité du discours : à travers un canevas narratif, il s'établit un jeu rhétorique par lequel le discours encadré (celui que tient la grenouille) et le discours-cadre sont en rapport d'homologie : tous deux visent à éduquer et avertir, tous deux appellent les naïfs à prendre conscience de l'évidence, tous deux dénoncent les puissants comme dangereux. Cette homologie est une des formes de l'identification, qui est un des processus fondamentaux de la persuasion.

Si l'on compare l'argumentaire et le résumé du texte de La Fontaine, on constate que la trame narrative crée d'abord un effet de surprise, propre à susciter la curiosité du lecteur. Celui-ci s'interroge sur ce que seront les conséquences prévisibles du combat (possession de la génisse et du pouvoir) ; or elles ne sont plus envisagées ensuite. A l'inverse, l'argumentation prépare très tôt ses conclusions ; création d'une fausse attente et progression d'une persuasion dissimulée : ce texte en apparence anodin est donc en fait d'une facture très calculée.

La fable ou l'argumentaire, chaque fois qu'ils sont utiles, doivent être comparés avec le résumé ; cette comparaison est révélatrice des choix esthétiques du texte. Il n'est pas

10. A ne pas confondre avec la *fable,* genre littéraire, auquel appartient le texte analysé ici.

11. Elle peut faire apparaître des liens de consécution et de conséquence que le texte initial élude.

12. A la différence du résumé (valable pour tout type de texte et toujours rédigé) et de la fable (concernant les seuls récits, mais toujours rédigée), l'argumentaire se fait plutôt par listes, voire par un tableau. Les références de lignes ou pages y sont utiles.

13. Sur l'inventaire des types d'arguments (v. pp. 84 à 88).

indifférent de connaître la fin d'une fiction avant même d'avoir suivi son déroulement : dans un roman policier classique, la narration commence souvent par l'accomplissement d'un crime, dont l'enquête doit ensuite retrouver les origines, les mobiles, le coupable, en rétablissant l'enchaînement des faits qui ont abouti au crime ; il suffirait alors de rétablir l'ordre chronologique pour que l'énigme et cette forme de suspens disparaissent. De même, il n'est pas indifférent qu'un discours annonce d'emblée ce qu'il veut démontrer, ou bien qu'il égrène des arguments pour ne dévoiler son but qu'à la fin.

b

INTRIGUE ET PROGRESSION

A travers de telles comparaisons, il est possible de discerner selon quels principes est conduite l'action dans le texte et comment le locuteur agit sur le destinataire. Cela donne forme à l'|intrigue| (pour un récit) ou à la |progression| du raisonnement (pour un discours).

On établit d'abord le schéma de base de l'action, en observant les rapports fondamentaux entre les protagonistes [14], les situations [15] et leurs caractéristiques. On peut alors dégager le noyau central de la logique de l'action, les principes qui l'organisent [16]. Il ne s'agit donc plus, comme dans le résumé, d'observer la succession des faits ou des arguments, mais leurs liens de causes à conséquences, leurs enchaînements logiques.

Pour l'exemple cité, ce pourrait être :
« *Deux puissants s'affrontent. Le vaincu compense sa défaite en envahissant le territoire de plus faibles que lui.* »
A partir d'un même schéma de base, une infinité de textes sont possibles, pouvant chacun mettre l'accent sur tel caractère des données fondamentales. Il convient donc de faire apparaître les *choix* opérés à partir de ce canevas fondamental, ainsi que les codes esthétiques ou moraux sur lesquels ils prennent appui.

Le récit pourrait montrer dans l'invasion du territoire d'autrui aussi bien une volonté d'extermination, un asservissement que, comme ici, une forme de ravage aveugle et indifférent.

L'intrigue [17], qui révèle de quelle façon se fait l'enchaînement des choix [18] entre tous ces possibles. Pour les discours, l'équivalent est la progression du raisonnement.

L'acte de communication répond lui aussi à un schéma de base.

14. C.-à-d. en répondant aux questions : qui fait quoi ? à qui ? pourquoi ? où ? quand ? Le lieu et la durée de l'action peuvent être décisifs.

15. La situation de départ peut être différente selon qu'on envisage l'ordre chronologique ou logique des faits (*voir supra*) ou l'ordre de la narration.

16. On peut reprendre ici le mot *argument*, terme qui désignait jadis en ce sens les canevas donnés avant un récit ou une pièce de théâtre ; un peu comme le programme des musiques ou des ballets à « programme ».

17. Elle répond à la question « qui fait quoi *comment ?* ».

18. Confrontation utile avec l'étude des *forces agissantes*, qui explore le « comment ? » de cet enchaînement.

Pour l'exemple retenu, on pourrait le formuler ainsi :
« Un apologue animalier est utilisé pour amener à une
réflexion politique. »

Il est souvent facile d'établir les visées de l'acte de communication, à partir des indications mêmes du texte [19].

C

ENJEUX

La façon dont l'action s'organise est déterminée par ses enjeux . Rappelons qu'il y a toujours un enjeu des contenus et un enjeu discursif (l'effet que le texte cherche à produire sur son destinataire). La situation de départ a mis des forces en présence, ou posé les données d'un problème : le développement se fait en fonction de la question-clef qui oriente tout le propos. L'enjeu est « ce pour quoi se fait l'action », son but [20] : l'objet que se disputent les protagonistes ou le rapport que le locuteur établit avec le destinataire. Il peut être complexe [21].

Dans le texte de La Fontaine un enjeu s'esquisse au début :
*il est même double : la **génisse** et l'**empire** (la suprématie),*
telle est la « mise » du combat ; mais très vite un autre s'y
substitue : quel sera le sort des grenouilles ? Tout se joue donc
sur la notion de point de vue ; le narrateur cède la parole à un
protagoniste (la grenouille), et l'enjeu se définit à partir du
point de vue de celui-ci.

L'enjeu de l'acte discursif est à établir de même.

Dans notre exemple, il est la possibilité de persuader le lecteur
du péril que sont les conflits entre grands. On y discerne un
effort pour faire prendre conscience de cela aux destinataires
*du discours : **ne voyez-vous pas, on voit...***

L'homologie et donc la redondance entre le discours encadré
— celui de la grenouille — et le discours-cadre — celui du fabu-
liste — est à cet égard significative.

L'enjeu est parfois énoncé d'emblée [22], dès le titre, comme dans le film : **Nos héros réussiront-ils à retrouver leur ami mystérieusement disparu en Afrique ?** Mais le cas le plus fréquent est celui où il se décèle à la lecture, se construit par la découverte du texte.

La Fontaine donne d'abord un faux enjeu (celui du combat),
puis l'enjeu vrai mais partiel du récit intérieur, enfin l'enjeu
discursif global, dans la « moralité » finale.

La place, le choix, la nature de l'enjeu, et la façon de l'énoncer sont donc au premier chef des éléments du sens d'un texte.

19. Se méfier de toute formulation qui se fonderait sur une intentionalité supposée de l'auteur.

20. Sa formulation prend donc de façon naturelle une forme interrogative. Il peut se confondre, parfois, avec la fonction d'« objet » comme l'envisage l'étude des Forces Agissantes. Le vérifier.

21. La difficulté est fréquente : lorsqu'un texte contient plusieurs actions partielles, plusieurs enjeux sont présents. Il faut donc dégager celui autour duquel s'ordonne l'ensemble du propos.

22. Auquel cas, l'ordre des rubriques de cette démarche de lecture peut être différent : le synopsis venant après l'enjeu, comme examen des modalités de son déroulement.

Comment lire

d

SIGNIFICATIONS ET PORTÉE DE L'ACTION

Aussi, dégager l'enjeu engage l'appréciation des **significations et de la portée de l'action**. Cette appréciation se fait en confrontant les observations réalisées au fil des diverses rubriques de la démarche de lecture, et en particulier les deux plans d'enjeux.

L'action *dans* les contenus du texte est parfois mince : on trouve des poèmes purement descriptifs, ou qui ne relèvent que du fait poétique ; ailleurs (c'est le cas de l'exemple cité ici), elle peut jouer un rôle-clef. La confrontation des deux ordres d'enjeux permet alors d'apprécier quelle *signification* le texte confère à son action interne.

Sans le rôle d'apologue qui lui est dévolu, l'action interne de la fable de La Fontaine ne serait qu'un mince divertissement ; mais par sa mise en relation avec l'enjeu de l'action discursive, elle prend, dans la symbolique et la pragmatique du texte, valeur politique et polémique, et devient un moyen d'intervention dans l'idéologie (en son temps et au-delà).

En la mettant en rapport avec les codes et les normes du moment de production du texte, on peut en évaluer la **portée**.

L'esthétique du temps de La Fontaine supposait un art d'instruire tout en plaisant ; si l'action se présente ici d'abord comme une historiette amusante, c'est qu'elle se conforme pour être efficace à ce modèle.

On ne peut donc envisager les enjeux du texte sans analyser les codes de sa production et de sa réception [23]. A cet égard, il est nécessaire d'analyser la nature de l'action (histoire d'animaux ou d'humains, vraie ou fictive, conversation libre ou discours en forme, etc.), et l'orientation qui est la sienne (conclusion malheureuse ou optimiste, déception ou réussite *statu quo* ou progrès, etc.)

23. A vérifier par confrontation avec Sociologie et Style a p. 171 c p. 191.

C'est a partir de cet ensemble et de ses propres codes que le lecteur pourra adhérer ou non à ces significations, accepter ou refuser le pacte de lecture et les idées que celui-ci veut « faire passer » : voter ou non pour le candidat qui lui tient un discours, acheter ou non ce que lui vante une publicité, aimer ou non le texte littéraire qu'il lit. En un mot, il acceptera ou non que s'exerce sur lui l'action du texte.

Les étapes essentielles de cette démarche de lecture peuvent se résumer sous forme de fiche (v. p. 209).

2 Évaluer les forces agissantes

a

INVENTAIRE DES FORCES

L'étude des **forces agissantes** envisage l'ensemble des entités qui portent la dynamique d'un texte, et leurs rapports, aussi bien au plan de la relation au lecteur que dans les contenus. Elle aborde le texte selon la perspective des *rapports de forces* générateurs des actions. Une histoire, un débat d'idées, une confidence amoureuse sont autant de sujets où se jouent des rapports de forces ; il en va de même dans l'acte de communication : une publicité met en balance des désirs et des besoins réels, un plaidoyer des preuves d'innocence et de culpabilité, un roman l'image du réel qu'il propose et celles que les lecteurs admettent couramment.

Les forces agissantes d'un texte peuvent être de toute nature, et leurs rapports de tous ordres : le premier objectif de l'étude est de définir les unes et les autres. Elle doit donc rendre compte des forces qui sont manifestes dans le texte, mais aussi de celles qui y sont latentes. Dans l'analyse de leurs rapports [1], elle doit dégager les configurations essentielles, qui sont des articulations majeures du texte. Ce faisant, elle délimite ce que le texte traite comme important et efficace dans les réalités qu'il représente, et les pouvoirs qu'il accorde à chacune de ces forces. C'est là un second objectif, et le plus important : ces hiérarchisations que le texte opère et tend à imposer à son lecteur ont évidemment des implications idéologiques et esthétiques. Elles ne sont d'ailleurs pas toujours perceptibles à la lecture cursive et donc d'autant plus efficaces sur le lecteur.

1. L'ensemble de cette démarche (discerner les éléments latents et construire des configurations de rapports) exige certaines abstractions. On aura soin de se fonder sur des données du texte précises et vérifiables.

L'étude des forces agissantes se fait en établissant d'abord leur inventaire . Un tel relevé ne prend tout son intérêt qu'en étant aussi complet et ordonné que possible.

Complet, il recense toutes les forces agissantes ; mais il ne retient comme telles que celles qui ont dans le texte une action effective. Aucun élément en effet n'est *a priori* force agissante, et n'importe lequel peut le devenir. Un personnage peut n'avoir pas de part à quelque action que ce soit. Il est donc nécessaire de tenir compte des **attributs** [2] conférés à chaque force, pour évaluer sa capacité d'être active.

Ordonné, le relevé mentionne aussi la **nature** des forces agissantes, et les classe en fonction de celle-ci (inanimés, personnages, institutions, animaux, idées, sentiments, faits, etc.) [3].

2. Les attributs se repèrent à travers les indications de qualités, talents, statuts, pouvoirs, etc. (Tenir compte aussi des interventions d'auteur ou de narrateur concernant les f.a.).

3. V. les catégories indiquées pour le récit p. 73 et le discours, p. 79. Ces catégories ne sont pas limitatives ; il faut rechercher celles qui sont pertinentes pour le texte lu, et non appliquer une « grille » fixe.

---

texte 35

Ce rapport fut prononcé par Saint-Just le 13 mars 1794 devant les députés de la Convention. L'orateur soutient la nécessité à la fois de la Terreur contre les opposants, et de la guerre contre les émigrés et leurs alliés (qui tentent d'envahir la France). Il dénonce les Indulgents (députés modérés), puis en vient aux principes qui doivent selon lui guider l'assemblée dans l'intérêt du peuple (le **Nous** *du texte désigne les Montagnards, révolutionnaires extrémistes).*

Rapport sur les factions de l'étranger

(extrait)

[...] Que votre politique embrasse un vaste plan de régénération. Osez tout ce que l'intérêt et l'affermissement d'un état libre commandent. Où est donc la roche Tarpéienne [1] ? Ou n'avez-vous point le courage d'en précipiter l'aristocratie, de
5 quelque masque qu'elle couvre son front d'airain ? Quoi ! le lendemain que nous vous eûmes conseillé une sévérité inflexible contre les détenus ennemis de la Révolution, on tenta de tourner contre les patriotes [2] l'essor que cette idée avait donné à l'opinion [3] ; cela peut vous convaincre de l'adresse
10 des ennemis de la patrie. Tandis que les bons citoyens se réjouissaient du nouveau triomphe de la liberté, il se fit une irruption soudaine, imprévue. Nous vous parlâmes du bonheur [4] : l'égoïsme abusa de cette idée pour exaspérer les cris et la fureur de l'aristocratie. On réveilla soudain les désirs de
15 ce bonheur qui consiste dans l'oubli des autres et dans la jouissance du superflu. Le bonheur ! s'écria-t-on. Mais ce ne fut point le bonheur de Persépolis [5] que nous vous offrîmes ; ce bonheur est celui des corrupteurs de l'humanité ; nous vous offrîmes le bonheur de Sparte [6] et celui d'Athènes [6] dans
20 ses beaux jours ; nous vous offrîmes le bonheur de la vertu,

1. A Rome, rocher du haut duquel on précipitait les traîtres.

2. Les Républicains sincères.

3. Allusion aux manœuvres des Girondins (modérés) et des Royalistes contre le Comité de Salut Public en 1793.

4. Dans le rapport du 26 février 1794 not..

5. Capitale de la Perse antique, dont les rois avaient la réputation d'être opulents et débauchés.

6. Villes réputées pour la simplicité de leurs mœurs dans l'Antiquité.

celui de l'aisance et de la médiocrité [7] ; nous vous offrîmes le bonheur qui naît de la jouissance du nécessaire sans superfluité ; nous vous offrîmes pour bonheur la haine de la tyran-
25 nie, la volupté d'une cabane et d'un champ fertile cultivé par vos mains. Nous offrîmes au peuple le bonheur d'être libre et tranquille, et de jouir en paix des fruits et des mœurs de la Révolution ; celui de retourner à la nature, à la morale, et de fonder la République [8]. C'est le peuple qui fait la République
30 par la simplicité de ses mœurs ; ce ne sont point les charlatans, qu'il faut chasser au préalable de notre société, si vous voulez qu'on y soit heureux. Le bonheur que nous offrîmes n'est pas celui des peuples corrompus ; ceux-là se sont trompés, qui attendaient de la Révolution le privilège d'être à leur
35 tour aussi méchants que la noblesse et que les riches de la monarchie ; une charrue, un champ, une chaumière à l'abri du fisc, une famille à l'abri de la lubricité d'un brigand, voilà le bonheur.

Que voulez-vous, vous qui ne voulez point de vertu pour être
40 heureux ? Que voulez-vous, vous qui ne voulez point de terreur contre les méchants ? Que voulez-vous, ô vous qui, sans vertu, tournez la terreur contre la liberté ? Et cependant, vous êtes ligués ; car tous les crimes se tiennent, et forment dans ce moment une zone torride [9] autour de la République.

45 Que voulez-vous, vous qui courez les places publiques pour vous faire voir, et pour faire dire de vous : « Vois-tu un tel qui parle ? Voilà un tel qui passe » ? Vous voulez quitter le métier de votre père, qui fut peut-être un honnête artisan, dont la médiocrité [7] vous fit patriote [2], pour devenir un homme
50 influent et insolent dans l'État.
Vous périrez, vous qui courez à la fortune, et qui cherchez un bonheur à part de celui du peuple. [...]

Saint-Just, *Rapport sur les factions de l'étranger* (1794).

7. Condition moyenne.

8. Res publica, le bien collectif. Ici le régime républicain.

9. Dans la vision géographique de l'époque, déserts tropicaux qui entourent les zones tempérées.

Ce discours politique a une visée pratique immédiate : des décisions à prendre par l'assemblée. Il fait intervenir deux types de rapports de forces. D'une part entre l'orateur et son auditoire, pris à parti deux fois (l. 1 à 5, et 39 à 50) ; d'autre part entre diverses tendances politiques, mentionnées dans un long passage narratif, qui fait retour sur le passé (l. 6 à 38) puis décrit la situation présente (l. 39 à 52). On peut y relever plusieurs forces agissantes de natures variées [4] :
*— des personnages (**nous, vous**) ;*
*— des groupes sociaux (l'**aristocratie**, le **peuple**, les **bons citoyens**, les **ennemis de la Révolution**, les **charlatans**, la **noblesse**) ;*
*— des institutions (**République, monarchie**) ;*
*— des sentiments ou désirs (**égoïsme, désirs, jouissance, haine de la tyrannie, influence, insolence, vouloir**) ;*

4. Lorsqu'on a affaire à un texte long, il est bon :
— de regrouper les f.a. qui sous divers noms ne font qu'un (le peuple et les bons citoyens p. ex.) ;
— de présenter ces listes sous forme de tableau.

Comment lire

*– des valeurs morales ou politiques (*intérêt de l'État, liberté, Bonheur, vertu, aisance, médiocrité, nécessaire, nature, morale, Fortune*).*

Donc ce sont surtout des valeurs et des groupes sociaux qui sont les forces agissantes les plus représentées.

Dans cet inventaire, il faut aussi tenir compte des forces agissantes qui interviennent dans l'acte de communication lui-même.

Ici, la situation de parole s'éclaire par des référents historiques (les agressions des ennemis de la République, l. 8 à 16).

Les protagonistes de l'acte discursif sont indiqués par **nous/vous**. *Les rapports que le texte vise à établir entre eux sont marqués par les moyens de l'argumentation : not., la nature des arguments (récit de faits, assertions, comparaisons), les effets de style (vocatifs, questions oratoires), et l'orientation générale du propos (le locuteur est indigné et menaçant :* **vous périrez***)* [5].

5. S'il est bon de garder autant que possible les termes du texte, certaines f.a. exigent qu'on établisse une façon de les nommer propre (ici : « indignation », « menace ») ; ce sont celles-là même qui sont construites par l'observation, et non énoncées comme telles dans le texte (le mot « menace » n'y figure pas par ex.).

Les deux plans de l'inventaire (celui des contenus et celui de l'action discursive) doivent bien sûr être confrontés.

Il apparaît ainsi que dans l'un et l'autre cas, c'est un rapport de pouvoir qui est en jeu et autour duquel s'ordonnent l'ensemble des forces : au plan des contenus, pouvoir d'imposer une conception de la société ; au plan de l'acte discursif, pouvoir d'agresser, de menacer.

Un tel relevé n'est donc pas une opération mécanique : il définit le domaine de la réalité qu'embrasse le texte.

On note que dans le propos de Saint-Just, le mot **bonheur** *est accompagné des mots* **vertu, citoyens, République...** *et n'est jamais associé à « émotion », « sensation », « passion amoureuse » comme il pourrait l'être dans un article de la presse sentimentale par exemple.*

Dans l'infinité des éléments du réel et de leurs interactions possibles, tout texte n'en choisit qu'un certain nombre pour les faire entrer dans sa dynamique propre.

b

MODES DE VISION · MANIFESTATIONS TEXTUELLES

Aussi l'inventaire doit-il être complété par l'exposition des modes de vision et des manifestations textuelles des forces agissantes. Par l'analyse des modes de vision [6], on établit les points de vue (parfois, comme dans l'ex.

6. Les modes de vision décident souvent des

analysé, le point de vue unique) selon lesquels sont présentées les forces agissantes. Cette analyse permet d'apprécier la validité des informations données à leur sujet, en tenant compte de la source de ces informations.

Saint-Just présente les modérés et les monarchistes en des termes toujours péjoratifs.

Ailleurs des variations de points de vue peuvent servir à créer un effet d'expectative sur la nature et les attributs exacts d'une force agissante : tel est le cas dans les actes I et II du *Tartuffe*, où l'hypocrite n'est perçu qu'à travers les visions qu'en donnent les autres personnages. De même, les manifestations textuelles renseignent sur la façon dont le texte présente les forces agissantes, et elles peuvent permettre de préciser leur nature [7].

L'usage du **Nous** *par Saint-Just est significatif : le locuteur s'inclut dans une collectivité ; de même, le* **vous**, *désignant collectivement toute une assemblée, peut ensuite (l. 38 à 51) nommer plus précisément tour à tour telle ou telle partie de celle-ci.*

Enfin, les manifestations textuelles renseignent sur les hiérarchisations de fait qu'un texte présente : la place où apparaissent les diverses forces agissantes et le volume de texte qui leur est consacré sont à cet égard significatifs.

Bonheur *est ici répété quatorze fois ; cette fréquence et cette répartition en font une notion majeure dans le discours de Saint-Just.*

attributs que le texte confère à des f.a. (Saint-Just voit l'aristocratie omniprésente : l. 5). Le cas échéant, donc, les reporter sur le tableau d'inventaire.

7. Leurs traits les plus marquants peuvent être indiqués auprès des f.a. dans le tableau.

C

STATUT ET DYNAMIQUE DES FORCES

La prise en compte de ces éléments amène à l'examen du ⬛statut⬛ des forces agissantes et de leur ⬛dynamique⬛ dans le texte.

— Le **statut** des f.a. est la fonction qui est dévolue à chacune dans les configurations de leurs rapports. Les indications quantitatives des manifestations textuelles ne suffisent pas à dégager ces statuts. Mais elles peuvent y aider, en donnant un point de départ. Les forces agissantes qui, par l'importance de leurs manifestations textuelles, apparaissent comme principales, seront celles que l'on essaiera de situer en premier lieu pour établir à partir d'elles les configurations de fonctions actantielles. Rappelons [8] que celles-ci se répartissent en : destinateur/destinataire, sujet/objet, adjuvants/opposants.

8. Voir p. 74 les définitions.

Comment lire

Le **Bonheur** *est ce qu'on recherche ; ce sera donc l'objet. Le* **Nous** *du locuteur a fonction de destinateur* **(nous offrîmes le bonheur...)** *; le* **Vous** *a un statut un peu particulier puisqu'il désigne, selon les moments :*

• *l'ensemble des députés qui sont les destinataires du propos, mais qui sont en même temps inclus parmi les destinataires de l'action relatée dans le passage narratif* **(Nous vous offrîmes le bonheur)**, *et donc liés au peuple ;*

• *les adversaires de Saint-Just (l. 41 à 52).*
Ces deux emplois du **vous** *correspondent donc à des fonctions différentes :*
— *dans la part du récit au passé (l. 6 à 38), la configuration des fonctions est* [9] :

9. La réalisation du schéma suppose qu'il ait une légende précise.

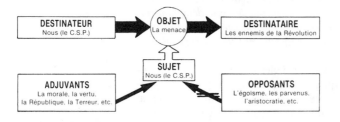

Légende :
Les flèches indiquent l'action des forces les unes sur les autres :

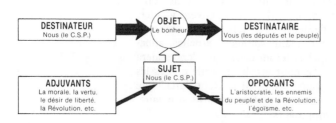

Ce schéma fait apparaître le passé évoqué par Saint-Just comme le moment d'une action positive, visant à créer un équilibre satisfaisant : il y a en effet coïncidence entre le sujet (qui désire) et le destinataire (qui reçoit).
— *dans l'acte de communication lui-même, au présent du texte, les fonctions mises en jeu et leur configuration sont différentes :*

Il va de soi que les forces ne sont pas dans un rapport fixé une fois pour toutes [10] : une série de ruptures d'équilibres peut venir modifier la répartition des fonctions [11]. Ces modifications constituent la **dynamique** des forces dans le texte. Elle s'observe à travers les situations-clefs [12] : la situation initiale et la situation finale à l'évidence, mais aussi les situations intermédiaires essentielles, correspondant aux changements dans les rapports de forces [13].

Dans le discours de Saint-Just, la situation satisfaisante que résume le schéma 1 est bouleversée par l'irruption d'une force autre, simple opposant dans le premier cas, qui prend la place à la fois du destinateur et du sujet réel [14] *(tout en laissant au peuple le rôle de sujet apparent). Cette force, désignée seulement par* **on,** *est celle des* **ennemis de la Révolution,** *qui tentent de prendre le pouvoir (coups d'État manqués de 1793), et donc de se faire destinataires, pour s'octroyer leur propre bonheur tel qu'ils le désirent. Ils seraient donc à la fois destinateur, sujet et destinataire : situation typique de l'égoïsme qui est de se donner à soi-même ce que l'on désire. Tout cela aux dépens du peuple, mais en lui laissant l'illusion qu'il reste le bénéficiaire.*

De même, dans l'ordre de la communication, le texte progresse depuis l'exhortation initiale jusqu'à la menace finale, en isolant peu à peu de la masse des députés les adversaires de l'orateur. Le jeu des pronoms est révélateur : un **vous** *global, puis* **on,** *puis plusieurs* **vous** *partiels. La visée du propos se modifie de même : au début, il s'agit d'appeler à continuer la Terreur ; à la fin, d'une menace de l'appliquer.*

10. Une même force peut occuper plusieurs fonctions et cela est toujours signifiant : selon que ces fonctions se confondent ou s'opposent, la configuration est un équilibre ou une rupture.

11. Cela peut nécessiter l'élaboration d'autant de schémas adéquats.

12. En rester au plan des situations-clefs, ne pas se perdre dans la multitude d'actions ponctuelles des microséquences.

13. Vérifier les articulations essentielles qui relèvent de l'étude de l'action et de celle de la structure.

14. Ici, il y a deux sujets, mais qui n'entrent pas vraiment en conflit *dans* le texte. Si tel était le cas, il faudrait distinguer un sujet 1 et un sujet 2, voire faire deux schémas pour éviter les confusions.

d

EFFETS DU JEU DES FORCES

De la dynamique des forces agissantes se dégagent les effets de leurs rapports.

Ces effets sont de plusieurs types :

— la fréquence plus ou moins grande des variations d'équilibres crée le **rythme général** du texte (sans rapport obligé avec le rythme stylistique), qui propose au lecteur un type de plaisir déterminé, et une facilité plus ou moins grande de mémorisation des situations essentielles ;

— la comparaison méthodique des situations-clefs entre elles fait apparaître **les forces qui tendent à s'imposer,** et celles qui régressent. La hiérarchie ainsi créée peut d'ailleurs contredire les déclarations explicites du texte et révéler des implications idéologiques (qui, le cas échéant, échappent même à l'auteur) ;

Comment lire

— à travers les configurations de fonctions se dégage une **force agissante centrale,** celle dont la place et le mouvement influent directement sur toutes les autres, et dont la disparition entraîne l'annulation immédiate du jeu des forces. Celle-ci n'est pas forcément principale, c.-à-d. qu'elle n'occupe pas toujours une part importante du texte. Mais il est essentiel de la discerner pour comprendre quelle signification symbolique prend le texte.

Dans le discours de Saint-Just, on observera comment le **Peuple** *n'occupe jamais la fonction de destinateur qui correspond à la détention du pouvoir ; c'est pourtant par rapport à lui que les autres forces agissantes définissent leur action.*

— à travers les deux plans (celui des contenus et celui de la communication), tout texte crée un **rapport de forces avec ses lecteurs.** Même si aujourd'hui la problématique du discours de Saint-Just n'est plus pertinente (en France tout au moins, où l'Assemblée n'a plus à voter la Terreur), son objectif fondamental garde un sens pour le lecteur actuel : celui-ci peut encore s'interroger sur le bien-fondé de l'action du Comité de Salut Public, dans le cadre d'une réflexion sur un événement aussi important que la Révolution française dans l'histoire universelle. Or ces rapports de forces avec les lecteurs mettent en jeu le pacte de lecture.

En analysant le champ des réalités embrassé par le propos, les hiérarchies qui s'y opèrent, les effets mis en œuvre pour soutenir chacune des f.a., le lecteur investit le texte de sa propre lecture. Il en dévie peut-être le pacte, mais il en décèle les dynamiques profondes et en prend ainsi une connaissance réelle.

Les étapes essentielles de cette démarche de lecture peuvent se résumer sous forme de fiche (v. p. 209).

3 Déceler la psychologie

L'étude de la **Psychologie** est envisagée ici dans un sens large : elle concerne évidemment ce qui dans un texte relève de l'affectivité (avec ses composantes instinctuelles, émotives, sentimentales...), mais aussi toutes les données mentales, morales, voire pour partie philosophiques, au sens large de ce terme. Ces données psychologiques sont omniprésentes, au moins de façon diffuse, dans tout texte : ne serait-ce que parce que sa production et sa lecture sont des activités mentales et affectives. Sa communication met en relation au moins deux personnes (donc deux psychologies) et, pour exercer une action sur le lecteur, il doit solliciter sa mémoire, sa sensibilité, sa raison, son imaginaire [1]. Tous les textes sont donc susceptibles d'une telle approche, que leur sujet soit proprement affectif (les courriers du cœur, la poésie lyrique, etc.), qu'ils visent à persuader (discours), à peindre des personnages, à susciter du plaisir..., ou qu'ils n'aient apparemment aucun contenu de cet ordre : même un manuel scientifique ou une lettre officielle utilisent des données psychologiques pour orienter les réactions du lecteur. L'omniprésence des éléments psychologiques fait l'importance de cette approche ; elle en fait aussi la difficulté :

1. D'où une première difficulté, due aux réactions affectives que provoque la première lecture du texte. En garder trace, pour les confronter ensuite avec le jugement critique final.

— toute communication est à cet égard problématique : l'auteur et le lecteur sont bien obligés de supposer chacun chez l'autre des catégories psychologiques homologues aux siennes, sans quoi le pacte de lecture lui-même devient impossible ; mais chacun se trouve en même temps assez largement prisonnier de sa propre psychologie ;

— l'implicite est particulièrement important dans ce domaine, et les données psychologiques sont souvent latentes autant et plus que manifestes ; on est amené par ailleurs à considérer que s'exprime dans le texte un inconscient psychique (individuel ou collectif) ;

Comment lire

– la psychologie garde encore une place prépondérante dans la critique et l'enseignement littéraires, et l'analyse des textes se trouve en ce domaine sans cesse confrontée à de multiples systèmes d'interprétation, pas toujours explicites, et contradictoires entre eux [2]. Certains valorisent les intentions de l'auteur, sa finesse d'analyse, le caractère des personnages ; d'autres au contraire, en empruntant librement aux psychanalyses, s'attachent à suivre le développement de l'inconscient dans le texte sous toutes ses formes.

L'étude de la psychologie est donc particulièrement aléatoire. Mais elle est indispensable pour :

– expliciter *les présupposés et les implicites* du texte, et la teneur des points de vue qui y interviennent, donc certains aspects essentiels de son idéologie [3] ;

– évaluer le(s) rôle(s) de la psychologie *dans la communication* du texte. On aura soin, à ce propos, de n'aborder les référents et les contextes qu'à partir du texte, et à seule fin de l'éclairer [4].

En outre, quelque système interprétatif que l'on applique, on aura soin de l'énoncer comme tel et d'en justifier la pertinence.

2. Souvent même, on utilise un système sans le connaître vraiment comme tel. Préciser, donc, dans toute la mesure du possible, sur quelle théorie on fonde ses analyses (psychologie - laquelle ? psychanalyse - laquelle ?). Dans tous les cas, ne pas prendre son savoir, souvent fragmentaire, pour certitude absolue.

3. Il y a aussi une psychologie sociale. V. la notion de *rôle* (p. 72) et confronter les analyses de ces rubriques avec celles de la sociologie (v. p. 169).

4. Les marques de l'énonciation (v. p. 34) servent de base textuelle à cette observation. Se documenter, au besoin, sur les savoirs et idées (not. en matière de psychologie) de l'auteur du texte.

texte 36

Le crapaud

Un chant dans une nuit sans air...
La lune plaque en métal clair
Les découpures du vert sombre.

... Un chant ; comme un écho, tout vif
5 Enterré, là, sous le massif...
— Ça se tait : Viens, c'est là, dans l'ombre...

— Un crapaud : — Pourquoi cette peur,
Près de moi, ton soldat fidèle !
Vois-le, poète tondu, sans aile,
10 Rossignol de la boue... — Horreur ! —

... Il chante. — Horreur ! ! — Horreur pourquoi ?
Vois-tu pas son œil de lumière...
Non : il s'en va, froid, sous sa pierre.
. . . .
Bonsoir — ce crapaud-là c'est moi.

Ce soir, 20 juillet.

T. Corbière, *Les Amours Jaunes* (1873).

Annonce parue dans
Le Monde, 13 février 1979.

a

CHAMP AFFECTIF

Tout texte couvre un certain **champ affectif** : il dote d'une charge affective certains éléments du réel qu'il représente.

Ce champ affectif est constitué par : les interlocuteurs (auteur et lecteurs) dans tous les cas ; des personnages, très souvent ; toutes sortes de relations affectives mises en jeu, portant sur des personnes, personnages, objets, faits, idées, etc.

• Les **interlocuteurs** sont des personnes réelles : l'auteur, dans les discours notamment, et les destinataires. Des éléments biographiques peuvent être essentiels pour comprendre le texte, en éclairant la situation d'énonciation, les circonstances et les motivations de sa rédaction. De très nombreux textes cependant n'exigent pas cette connaissance détaillée et historique des interlocuteurs pour être intelligibles.

5. Nécessité de se documenter ; v. Annexe 2.

C'est le cas pour les deux textes pris comme exemples : savoir si **Le Crapaud** *correspond à une anecdote authentique de la vie de Corbière n'en modifie ni n'en éclaire beaucoup le sens ; connaître l'auteur que représente le* **nous** *de l'annonce (un publiciste au service d'une entreprise), pas davantage.*

La biographie de l'auteur peut éclairer le choix d'une problématique, et amener à repérer quelques projections de lui-même dans son texte ; le *moi* présent dans le texte ne s'en confond pas pour autant avec le *moi* social et historique de l'auteur. Dans le cas de textes autobiographiques, la connaissance de la biographie « vraie » est importante pour évaluer les distorsions que l'écriture apporte à l'histoire [6] ; mais elle ne remplace pas l'analyse du texte.

6. Tenir compte des genres, de leurs conventions et contraintes.

Comment lire

*Quant aux lecteurs, ils sont dans un cas (**Le Crapaud**) non pré-cisés, dans l'autre (l'annonce), supposés par le texte : **si vous avez envie, si vous avez 23 ans**... parmi les milliers de lecteurs du journal qui le publie. Dans l'un et l'autre cas d'ailleurs, il y a double situation de parole, car des interlocuteurs fictifs s'ajoutent aux interlocuteurs réels : le poème mime un dialogue entre deux personnages, mais il est proposé par l'auteur aux lecteurs du recueil ; l'offre d'emploi inclut un* curriculum vitae *imaginaire, écrit par un candidat fictif, mais vise de vrais candidats :* **vous**..., **écrire à**...

• **Les personnages** [7] (not. les personnages principaux, les « héros ») sont, selon les habitudes culturelles, le plus familier des éléments psychologiques. L'analyse essaie de définir leur personnalité (ce qui revient à faire leur por-trait), à travers leurs actions, leurs comportements, leurs attitudes, leurs propos et les descriptions qu'en donne éventuellement le texte.

7. Ne pas se borner à en dresser une liste, ni à faire une galerie de portraits ; tenir compte des inter-ventions de l'auteur ou du narrateur à leur sujet, ainsi que des implicites. Tenir compte aussi des manifestations textuelles de chacun.

Dans **Le Crapaud**, *on ne connaît pas avec exactitude l'identité des personnages, on ne sait même pas s'ils ont une existence historique ou s'ils sont fictifs ; l'usage de la première personne laisse supposer que* **moi** *représente le poète, mais rien ne l'affirme. On est amené à penser que ces personnages sont un homme et une femme : l'expression* **soldat fidèle** *est un équiva-lent de « chevalier servant », traditionnellement appliqué à un amoureux auprès de sa belle. De ces personnages, pas de por-trait à proprement parler ; mais on peut inférer certains ren-seignements d'ordre psychologique à partir de leurs compor-tements (la peur de la jeune femme, son dégoût,...). Il y a égale-ment un animal, un* **crapaud**, *auquel le dernier vers confère le statut de symbole du poète ; cela constitue, dans un autre plan, un donné psychologique majeur du texte (un jeu de symbole et d'identification).*

Le personnage n'est pourtant qu'un être de mots et de papier.

Dans **Le Crapaud**, *un* **moi** *et un* **tu** *; dans l'annonce, une pure hypothèse :* **si vous**...

Les données sur lesquelles se fonde l'analyse ne doivent pas excéder le cadre textuel, sous peine de tomber dans un des pièges de l'illusion réaliste qui donne ces « êtres de papier » comme des êtres vrais. De plus, tous les personnages ne relèvent pas forcément d'une analyse psychologique : cer-tains peuvent être à cet égard d'une minceur extrême. Par ailleurs, ils ont aussi des fonctions dans le texte, qui ne relè-vent pas de l'étude psychologique.

En établissant le portrait des personnages, il faut tenir compte également de leur évolution au fil des pages (lorsqu'il y en a une), et les apprécier dans leur qualité de type, de stéréotype ou de création originale (v. p. 72).

A travers l'ensemble de ces observations, on peut définir la place faite au personnage. Dans certains cas, il peut être une fin en soi : le texte privilégie alors l'analyse de ses faits, gestes, sentiments ; dans d'autres, il n'est qu'un moyen au service d'un effort pour persuader ou informer.

Ainsi, le premier exemple construit un personnage fictif pour exprimer une perception de soi dans l'existence ; le second en fait un procédé susceptible de retenir l'attention du lecteur, mais ni dans l'un ni dans l'autre cas les personnages ne sont des fins en soi.

• **Les relations affectives** [8] concernent l'ensemble des rapports de cet ordre qui s'établissent entre personnages et entre interlocuteurs, mais aussi entre les uns et les autres et quelque objet, fait, idée, entité que ce soit. On se bornera dans cette première phase à l'analyse de ce que le texte inscrit comme relevant manifestement du domaine psychologique. Un objet, un animal,... peuvent être personnifiés (c'est le cas du texte 36). Ils peuvent, sans aller jusque-là, être le point d'application de sentiments divers, de connotations affectives : un **job** peut être **sûr**, **solide** et **passionnant** (texte 37). Les éléments les plus divers ont une fonction et une valeur psychologiques.

Le graphique, les dessins, sont tous codés comme signes ayant une importance affective : la réussite désirée, l'affirmation gestuelle d'un jugement admiratif (le pouce levé), le fait d'être désigné, élu, choisi (l'index tendu).

8. Elles peuvent le cas échéant être figurées par un schéma. Mais il n'y a pas de modèles en la matière. De plus, un schéma confus complique au lieu d'éclairer. A n'utiliser donc qu'avec prudence.

b

THÈMES PSYCHOLOGIQUES

Relèvent du même domaine les $\boxed{\text{thèmes psychologiques}}$. Motifs et thèmes peuvent être manifestes ou latents ; ils s'observent à travers le relevé des isotopies (v. p 28).

– Les motifs et thèmes affectifs **manifestes** [9] peuvent être des sujets d'ordre psychologique qu'aborde le texte.

La **peur** *dans* Le Crapaud *apparaît comme un motif dans le thème plus général de la répulsion.*

Ce peuvent être des lieux communs et thèmes culturels d'un milieu et d'une époque, se situant dans le registre psychologique.

9. Établir le relevé des champs lexicaux essentiels. Les comparer de façon à voir où le texte place l'accent.

Comment lire

Dans le texte-annonce, le thème de la préparation à la vie active, liée à la difficulté de trouver un emploi, est largement développé (début du **curriculum vitae** *fictif), et une série de lieux communs l'illustre (l'école* **y prépare mal, elle déforme le jugement, le rend trop abstrait,** *etc.). On notera d'ailleurs que cette rédaction, tout en condamnant l'institution scolaire, suppose que les candidats aient fait des études ; cette annonce est farcie de lieux communs, bien qu'elle joue à les dénoncer, en prétendant p. ex. s'inscrire en faux* **contre toutes les pesanteurs sociologiques,** *alors que la formule « pesanteurs sociologiques » n'est qu'un cliché pour « idées reçues ».*

— Les motifs et les thèmes affectifs **latents** [10] : à travers l'analyse des isotopies du texte, on peut discerner des motifs et thèmes affectifs qui débordent le cadre des interlocuteurs et des personnages, et donnent une coloration affective diffuse.

10. Tenir compte du jeu des connotations.

Dans **Le Crapaud,** *on discerne une isotopie funèbre, à partir du champ lexical de l'enterrement (***enterré, froid, pierre, sans air, ombre***), où un élément sonore (le son [r]) est constant ; elle se fonde sur deux motifs (un phonème : [r], et un sème : la mort) qui valent comme connecteurs, et tend à s'imposer comme ligne d'interprétation générale du texte : celui-ci dit l'angoisse de la mort, ou plus exactement de se sentir mort en étant vivant. Par le jeu des sons,* **horreur** *prend ainsi une connotation différente de celle qu'il a dans le fil du dialogue.*

L'analyse des motifs et des thèmes affectifs se combine avec les indications données par l'étude des interlocuteurs, personnages et relations affectives pour dégager les données d'ordre psychologique du texte [11]. Les buts que celui-ci assigne à ses éléments psychologiques sont ainsi mis au jour.

11. On obtient ainsi un inventaire ; mais il faut qu'il soit ordonné de façon à faire apparaître la dynamique des relations affectives.

Le Crapaud *vise moins à convaincre une interlocutrice, qu'à exprimer une angoisse ; l'annonce publicitaire cherche à définir un « profil psychologique » et sélectionner des candidats marqués par certaines déterminations idéologiques (difficultés professionnelles, échecs scolaires, frustrations...).*

Celles-ci peuvent relever de *l'inconscient* [12], tel que les systèmes interprétatifs fondés sur la psychanalyse l'envisagent dans les textes.

12. Point sur lequel le choix d'un « système » psychologique est particulièrement délicat.

*Dans le texte annoncé, les indices graphiques et verbaux d'une virilité désirée mais peu sûre d'elle-même, abondent ; ce qui est présenté comme le signe d'une maturité (***affronter la vie active***) repose, peut-être entièrement sur une grande immaturité de fait (se sentir impuissant devant la tâche à accomplir, tout en rêvant de faire et de pouvoir), mais refoulée.*

c

MYTHOLOGIES · ATTITUDE DEVANT L'EXISTENCE

Certains thèmes équivalent en fait à des mythologies [13]. Une mythologie (ensemble de récits fabuleux dans une culture donnée) relève du domaine collectif, mais un texte ou un auteur peuvent mettre en œuvre ou élaborer un mythe qui leur est propre, parfois même toute une mythologie personnelle.

13. V. déf. p. 40. La documentation est en ce domaine assez difficile. V. p. 206.

Pour parvenir à ses fins, le texte-annonce met en œuvre le mythe de l'élite et de sa puissance ; il construit un champ lexical (ambition, faire face, caractère, persévérance, emporter les obstacles, travailler beaucoup) qu'il organise en un embryon de récit (le curriculum vitae *constitue, dans sa seconde partie, une sorte de biographie au futur). Le symbole du* crapaud *pour sa part reprend un mythe qui se développe tout au long du XIXᵉ siècle, celui du poète assimilé à un animal martyr ; Corbière en fait ici un usage particulier, en l'associant au thème du mort-vivant (tout vif enterré). Dans l'un et l'autre cas, il y a donc intervention dans le texte de certains mythes.*

A travers l'ensemble des éléments d'ordre psychologique et les modalités de leur mise en œuvre, on peut discerner les attitudes devant l'existence (ou visions du monde) [14] qu'exprime le texte : peu importe à cet égard qu'elles soient voulues, délibérées (c'est le cas pour le texte 37), ou que l'on ne puisse savoir jusqu'où allaient les intentions de l'auteur (Le Crapaud). De même il n'est pas toujours possible de distinguer entre ce qui est proprement individuel et ce qui est un fait d'époque ou de mentalité [15].

14. On appelle « vision du monde » un ensemble d'images et de valeurs, en grande partie peu conscient, qui détermine l'attitude d'un individu ou d'un groupe.

15. A confronter, donc, avec les analyses de la sociologie.

d

SIGNIFICATIONS ET IMPLICATIONS PSYCHOLOGIQUES DU TEXTE

L'essentiel reste d'apercevoir que ces attitudes sont présentes et qu'elles confèrent au texte des significations et implications psychologiques. Ainsi Le Crapaud manifeste une angoisse, et le texte-annonce de l'agressivité et de la frustration. Ailleurs, on aura à l'inverse la manifestation de joies, d'enthousiasmes, etc. Ces significations psychologiques se situent dans l'aspect symbolique du texte, mais elles concernent aussi sa pragmatique puisqu'elles engagent la façon dont les divers aspects du texte seront perçus

Comment lire

et reçus par le lecteur. Dans le cas de textes utilitaires (texte 37), c'est leur efficacité immédiate qui est en jeu (réponse à l'annonce, sélection des candidats). Pour des textes à visée esthétique (**Le Crapaud**), c'est le type de plaisir offert qui s'y décide. Dans l'un et l'autre cas, il n'y a d'efficacité qu'à travers une acceptation du pacte proposé par le texte. Lorsque ce pacte est pleinement accepté, se produit le phénomène de l'identification : naïve et sans doute aliénante, tant que le lecteur n'a pas perçu le pacte comme tel ; plus élaborée, dès lors qu'il est amené à saisir de façon distanciée une vision du monde, une attitude existentielle, où l'affectivité se mêle aux valeurs éthiques et philosophiques. Cela peut aussi être l'objet de contresens créateurs : on peut lire le texte 37 en récusant son idéologie et son pacte, mais en savourant le comique involontaire de ses astuces élémentaires : c'est alors un cas-type de lecture ironique, « au second degré ». Les implications psychologiques d'un texte se jouent au moment où ses codes, manifestes et délibérés ou non, sont confrontés à ceux du lecteur, qu'ils soient conscients ou non.

Les principales étapes de cette lecture peuvent se résumer sous forme de fiche (v. p. 209).

4 Analyser la sociologie

L'**approche sociologique** d'un texte, qui inclut les faits sociaux et les faits historiques, présente trois difficultés.

• La première est due à la dualité des liens entre texte et société : il y a du social dans le texte, et en même temps, le texte est lui-même partie intégrante de la vie sociale et culturelle. Cette difficulté dicte l'un des principes de cette démarche de lecture : confronter aussi constamment que possible ce que le texte dit de ses référents et contextes historiques et sociaux, avec les savoirs établis à leur sujet par l'Histoire et la Sociologie [1].

1. D'où la nécessité d'une documentation. Voir annexe 2.

• Tout peut dans un texte relever du domaine historique et social. Ne serait-ce que parce que la langue même qu'il met en œuvre correspond à un certain état de société. Un objectif essentiel de l'étude sera donc de définir le champ proprement socio-historique du texte, c.-à-d. l'ensemble des représentations qu'il donne du monde social. Sans cela, les rapports du texte et de la société seraient tellement diffus qu'on ne pourrait les étudier en tant que tels.

• La nature même des objets de cette étude, enfin, fait difficulté : tous sont empreints d'idéologie (donc d'implicite) ; de plus, ils ne sont perçus qu'à travers l'idéologie des lecteurs (même si elle est élaborée en systèmes critiques). Il est possible cependant d'aborder cet implicite à partir d'observations précises sur le texte, d'évaluer les distorsions qu'il fait subir au réel et d'en déterminer les causes. Cela rend possible la mise au jour de ses significations historiques.

Comment lire

Du 22 au 25 juin 1848, les ouvriers parisiens s'insurgent contre le gouvernement bourgeois qui dirige le pays depuis la Révolution de février 1848, qui avait chassé Louis-Philippe. L'insurrection se solde par un échec et la répression est violente. Renan adresse cette lettre à sa sœur Henriette ; il est sorti du séminaire depuis deux ans.

Lettre du 1ᵉʳ juillet 1848

1ᵉʳ juillet 1848

L'orage est passé, ma chère amie ; mais qu'il laissera longtemps après lui de funestes traces ! Paris n'est plus
reconnaissable ; les autres victoires n'avaient que des chants
et des folies ; celle-ci n'a que deuils et fureurs. Les atrocités
5 commises par les vainqueurs font frémir, et nous reportent en
un jour à l'époque des guerres de religion [2]. Une vraie Terreur
a succédé à cette déplorable guerre, le régime militaire a pu
déployer à son aise tout l'arbitraire et toute l'illégalité qui le
caractérisent ; quelque chose de dur, de féroce, d'inhumain
10 s'introduit dans les mœurs et dans le langage. Les personnes
d'ordre, ceux qu'on appelle les honnêtes gens, ne demandent
que mitraille et fusillade ; l'échafaud est abattu, on y substitue le massacre ; la classe bourgeoise a prouvé qu'elle était
capable de tous les excès de notre première Terreur [3], avec
15 un degré de réflexion et d'égoïsme de plus. Et ils
croient qu'ils sont vainqueurs pour jamais ; que sera-ce le
jour des représailles ?... Et pourtant, telle est la terrible position où nous a mis la force des choses, qu'il faut se réjouir de
cette victoire, car le triomphe de l'insurrection eût été plus
20 redoutable encore. Non pas qu'il faille croire tous ces contes
à faire peur, inventés par la haine et par de ridicules journaux.
J'ai vu de près les insurgés ; nous avons été un jour et une nuit
entre leurs mains, et je puis dire qu'on ne peut désirer plus
d'égard, d'honnêteté, de droiture, et qu'ils surpassaient infini-
25 ment en modération ceux qui les combattaient, et qui, sous
mes yeux, ont commis des atrocités inouïes sur les personnes
les plus inoffensives. Mais la difficulté, l'invincible difficulté
eût été du côté de la France [4], qui, certes, n'eût point consenti
à la révolution de Paris ; et en supposant même que, dans
30 quelques grandes villes, comme Lyon, Rouen, etc. l'insurrection populaire eût eu des appuis, une épouvantable guerre
civile eût été nécessaire pour faire triompher violemment et
prématurément une cause [5] qui doit tout attendre du temps. [...]

E. Renan, *Nouvelles lettres intimes* (1846-1850).

2. Celles du XVIᵉs.

3. Celle de 1793.

4. Ici, la province sur-
tout.

5. Celle du socialisme.

L'Huître

L'huître, de la grosseur d'un galet moyen, est d'une apparence plus rugueuse, d'une couleur moins unie, brillamment blanchâtre. C'est un monde opiniâtrement clos. Pourtant on peut l'ouvrir : il faut alors la tenir au creux d'un torchon, se servir
5 d'un couteau ébréché et peu franc, s'y reprendre à plusieurs fois. Les doigts curieux s'y coupent, s'y cassent les ongles : c'est un travail grossier. Les coups qu'on lui porte marquent son enveloppe de ronds blancs, d'une sorte de halo.

A l'intérieur l'on trouve tout un monde, à boire et à manger :
10 sous un *firmament* (à proprement parler) de nacre, les cieux d'en dessus s'affaissent sur les cieux d'en dessous, pour ne plus former qu'une mare, un sachet visqueux et verdâtre, qui flue et reflue à l'odeur et à la vue, frangé d'une dentelle noirâtre sur les bords.

15 Parfois très rare une formule perle à leur gosier de nacre, d'où l'on trouve aussitôt à s'orner.

F. Ponge, *Le parti-pris des choses* (1942). Éd. Gallimard.

Le premier de ces textes est à la fois un témoignage (un récit des journées insurrectionnelles de juin 1848 et de leur répression), et surtout une affirmation d'opinions politiques : sa dominante manifeste relève du discours. Aussi est-il lourd d'informations et d'analyses d'ordre socio-historique. Le second, en revanche, écrit pourtant dans des circonstances historiques troublées (1942 : l'Occupation allemande et les débuts de la Résistance en France ; Ponge est alors proche du Parti communiste, interdit et clandestin), ne contient aucune référence à des faits sociaux (si l'on met à part la consommation des huîtres et sa technique !), aucune à des faits historiques.

a

CHAMP SOCIO-HISTORIQUE

L'analyse du **champ socio-historique** du texte passe d'abord par l'inventaire de ses contenus manifestes en ce domaine[6]. Ils sont très inégaux selon les textes.

Sont en premier lieu considérés comme **faits sociaux** tous les événements ou phénomènes qui affectent des collectivités ou des individus représentatifs de collectivités.

6. Utiliser les relevés de champs lexicaux. Ne pas faire de simples répertoires, mais classer et hiérarchiser pour dégager les lignes de force.

Renan décrit des événements historiques précis : les journées de juin 1848, la violence de la répression militaire, la propagande bourgeoise antirévolutionnaire, et il fait aussi allusion à la Terreur de 1793. Ces événements sont largement des manifes-

Comment lire

*tations de phénomènes sociaux plus vastes : l'affrontement des
forces progressistes et de la bourgeoisie conservatrice, l'alliance
du pouvoir militaire avec cette bourgeoisie ; plus profondément
encore : la constitution dans la première moitié du XIXe siècle
d'un prolétariat urbain important.*

Ces événements et phénomènes sociaux peuvent être
authentiques, mais aussi bien fictifs. Ils peuvent servir de
toile de fond au propos ou à l'action ; ou en être, à
l'inverse, le sujet même comme ici ; ou encore avoir le rôle
de circonstances déterminantes. Aussi, dans tous les cas, on
aura soin d'analyser le (ou les) point(s) de vue à travers
lequel ils sont présentés.

*Dans le cas de Renan, un seul point de vue dans l'écriture
puisqu'il y a un seul locuteur, et d'un point de vue idéologique,
celui d'un intellectuel influencé par le socialisme utopiste et
pacifiste.*
Il sera également nécessaire de confronter la façon dont les
faits sont traités dans le texte avec ce que l'on en sait historiquement. On tiendra compte aussi de la destination et du
but du texte, pour évaluer la place qui leur est faite et leur
présentation (partielle ou globale, partiale ou aussi objec-
tive que possible).

• Les **catégories sociales** sont un second élément consti-
tutif du champ socio-historique. Elles peuvent être directement liées aux événements et phénomènes collectifs,
comme dans le texte de Renan (il décrit des affrontements
de groupes sociaux). Mais elles peuvent aussi intervenir de
façon plus médiatisée : dans un récit de fiction, ce peut être
simplement pour préciser le portrait d'un personnage en
indiquant le milieu auquel il appartient. L'analyse des catégories sociales, dans un texte comme dans la réalité, est difficile [7]. Elles sont nombreuses et diverses, depuis les groupes d'affinités (clubs, bandes...) jusqu'aux structures
majeures de la société (catégories socio-professionnelles,
classes sociales) en passant par les groupes d'idées ou
d'intérêts (partis, courants de pensée...). Ces catégories
sociales évoluent historiquement, les façons de les concevoir et de les analyser aussi : l'Ancien Régime organisait la
société en trois « ordres » ; le marxisme construit ses analyses sociologiques sur la notion de « classe » ; le libéralisme
politique et économique lui oppose les « catégories socio-
professionnelles ». La terminologie qu'emploiera la description sera forcément une option interprétative, mais
pour éviter d'imposer des *a priori*, l'analyse devra porter
d'abord sur la façon dont le texte lui-même désigne les catégories sociales. Elle tiendra le plus grand compte de l'état
de langue et de savoirs qui lui fournissait les moyens de les
nommer et de les concevoir.

7. D'autant que les systèmes politiques et philosophiques optent pour des
notions différentes. On
aura soin de commencer
par se fonder sur les catégories que met en œuvre
le   texte   lui-même,
lorsqu'elles y sont ex-
plicites.

Lorsque Renan emploie les mots **classe bourgeoise,** *l'analyse marxiste des structures sociales n'est pas encore fixée, et elle est loin de s'être imposée auprès du public ; il est peu probable que Renan y fasse par ces mots référence.*

Reste que la façon dont les personnages et les interlocuteurs se situent dans les catégories sociales, les conçoivent, les jugent et se représentent leurs rapports (complémentaires ou conflictuels), est essentielle pour discerner leur psychologie sociale et leur vision de la société.

• Cela incite donc à examiner les **valeurs** et les **systèmes de pensée** à l'œuvre dans le texte.

− Par **valeurs,** il faut entendre tous les critères de jugements moraux ou politiques que le texte décrit ou met en jeu de façon explicite ou implicite. En dresser le relevé lexical, en notant toutes les connotations qui les affectent, est une approche de l'axiologie [8] du texte. Mais ces valeurs ne sont pas toujours manifestes. Souvent, elles sont présentées à travers des comportements collectifs ou individuels, des *rôles* que certains individus prennent en charge, et plus largement, des *attitudes.*

8. C.-à-d. l'ensemble des codes de valeurs.

Dans le texte de Renan, l'attitude des **insurgés** *est décrite non par leurs actes, mais par des substantifs qui désignent autant de valeurs morales* (**égard, honnêteté, droiture**).

Valeurs et attitudes sont souvent choses diffuses, qui ne peuvent se nommer avec précision, mais que l'on perçoit pourtant (**quelque chose de dur, de féroce, d'inhumain...**). De plus, l'auteur du texte est un être social, et il impose, comme tel, l'empreinte de ses propres codes de valeurs : on doit donc observer toutes ses interventions, et les jugements ou les connotations dont elles investissent le texte.

− Les valeurs sont liées à des **systèmes de pensée,** qui peuvent intervenir de deux façons :

• comme sujet du propos ; en particulier, dans des textes « à thèse » (c.-à-d. qui s'assignent pour but de défendre ou d'attaquer des idées ou des attitudes), des systèmes de pensée sont au cœur du propos, soit de façon directe dans un débat d'idées, soit de façon indirecte à travers le jeu d'une fiction ;

• comme moyen (souvent implicite) de concevoir et d'interpréter le réel ; ce peut être le système de pensée que l'auteur fait sien, ou encore les divers systèmes de pensée qui s'affrontent dans un même texte (texte 38, les vues de la bourgeoisie, celles des insurgés, celles de Renan). Lorsqu'il faut discerner des systèmes de pensée qui ne s'énoncent pas explicitement, on dispose de l'ensemble des indications fournies par les analyses précédentes : représentations de la société et du monde, valeurs.

Comment lire

Un système de pensée constitue « une façon de voir », un *point de vue* idéologique [9]. Il est souvent difficile à définir, n'étant pas conscient de lui-même. Mais sa mise au jour permet de discerner l'un des *prismes* les plus importants du texte. Elle permet aussi de situer le texte dans l'histoire des idées et des mentalités, d'évaluer sa conformité avec un courant de pensée ou la façon dont il s'en démarque, de l'inscrire dans l'Histoire. Cela peut se faire à partir de données explicites, manifestes.

Renan parle de questions sociales, politiques, historiques, avance des opinions, des analyses.

Cela peut aussi être d'ordre implicite :

Le texte de Ponge, par le sujet qu'il traite, de même que par le titre du recueil, s'inscrit en fait dans une problématique sensible de son époque ; depuis **La Nausée** *de Sartre au moins (1938), la conscience d'un « en-soi » du réel et de sa résistance à l'emprise humaine était un thème de réflexion pour la philosophie existentialiste : en en reprenant les thèmes, quitte à y ajouter sa propre fantaisie (les traits d'humour ne manquent pas dans ce texte), Ponge prend, lui aussi, son parti de l'existence des choses. La relation à un système de pensée se fait donc ici dans l'aspect symbolique [10] du texte.*

9. Prendre appui sur les techniques du point de vue utilisées dans le texte. Confronter avec Psychologie.

10. V. déf. p. 21. Le jeu des symboles est lié à l'idéologie.

b
LE TEXTE DANS LA SOCIÉTÉ ET L'HISTOIRE

Tous ces éléments prennent leur signification d'ensemble en fonction de la place qu'occupe le texte dans la société et l'histoire. Le situer de la sorte est souvent difficile : cela suppose en effet que l'on connaisse avec une précision suffisante ce que furent sa *genèse* et l'*accueil* qu'il reçut. Or on manque souvent d'informations à ce sujet. De telles lacunes ne vont cependant pas jusqu'à rendre le texte illisible (sauf cas particulier : lettres privées p. ex.), et il conserve toujours un sens dans la perspective socio-historique, ne serait-ce que par ses contenus mêmes. Mais la connaissance de sa genèse et de son accueil complète et éclaire souvent son étude interne [11].

11. La documentation est donc très utile. De toute façon, relever avec soin les indices d'énonciation et les contenus temporels du texte.

• **La genèse du texte** dépend d'abord de la date et des conditions de sa conception, sa rédaction, sa publication. Son étude envisage les modalités du travail du scripteur, les remaniements successifs le cas échéant, et les sources et intertextes dont il relève. De même, il n'est pas indifférent de savoir à quel type de communication (informations, conseil, polémique, distraction, etc.) il était destiné, de quel « genre » il relève, et de vérifier si la lecture que l'on en fait s'inscrit toujours dans ce même cadre. Par ailleurs, l'étude de la genèse peut permettre de mieux saisir, à travers des faits historiquement établis, quels liens il peut avoir avec des phénomènes sociaux et des courants de pensée contemporains ou de peu antérieurs (texte 38) à sa conception. Toutes ces informations sont extérieures au texte : il en porte cependant des marques observables, et on aura soin non d'accumuler des renseignements à leur sujet, mais de définir ceux qui sont pertinents en se fondant sur ces indices textuels. On situe ainsi le texte dans le champ littéraire et culturel de son temps.

• L'**accueil** fait au texte lors de sa parution permet de juger le sens qu'il a en son temps, que celui-ci soit dans un passé lointain ou tout proche, ou du moins les significations qu'y reconnaissent ses contemporains et qu'ils acceptent, applaudissent ou refusent. Il fait apparaître le rôle des genres et formes dont relève le texte, et leur conformité avec les horizons d'attente du public ou du destinataire. Il permet aussi d'apercevoir des conflits entre divers courants d'idées et comment le texte s'y est inséré. De plus, les conditions et effets de cet accueil renseignent aussi sur la société dans laquelle il prend place, et sa culture.

Situer le texte dans l'histoire, c'est aussi envisager son devenir, quand il s'agit de textes appartenant au passé. Se pose d'abord la question de sa **survie** [12] : tous les textes qu'on lit encore survivent, d'une certaine façon. Mais cette survie peut avoir été très aléatoire : des périodes d'oubli, d'éclipse, et des moments de succès (re-publication, re-diffusion) ont pu alterner. De plus, les lectures qui en ont été faites à ces divers moments ont pu le détourner de son but et de sa signification d'origine. L'environnement culturel, en évoluant, suscite parfois des contresens créateurs qui investissent le texte de significations nouvelles ; la pragmatique peut s'en trouver modifiée, quand au lieu du destinataire visé il atteint des lecteurs imprévus.

C'est le cas du texte de Renan qu'un lecteur moderne peut lire aussi à travers ses propres savoirs sur la Commune de 1871, la Libération de 1944-1945, etc.

Il est important de préciser, dans la mesure du possible, l'image et l'usage qui en ont été faits [13] à diverses époques, et les interprétations qu'on en a proposées dans la critique, dans les manuels scolaires éventuellement, par des mises en scène nouvelles pour les textes de théâtre. Cette survie doit s'entendre jusques et y compris au présent.

12. Il s'agit en premier lieu d'évaluer s'il est peu ou beaucoup lu (nombre et types d'éditions, adaptations...).

13. Il s'agit donc de savoir qui le lit et pourquoi. Tenir compte des horizons d'attente des publics.

Comment lire

Ainsi Ponge à ses débuts a été violemment critiqué par les écrivains conservateurs et mal accepté par les institutions, et seule une avant-garde l'appréciait ; or il est aujourd'hui un auteur pratiqué dans les classes.

Parallèlement à cette survie, la **postérité** du texte doit être envisagée. Elle correspond à la place qu'il a pu prendre dans les intertextes : réécritures dont il a été l'objet, imitations plus ou moins directes qui en ont été faites et, de façon plus diffuse, influence qu'il a pu exercer sur la production de textes ou d'autres objets de communication depuis sa première publication [14].

14. Penser aux traductions, adaptations, citations.

Ponge, sans avoir été imité à proprement parler, est tenu pour l'un des initiateurs de tout un courant de la poésie contemporaine, et les écrivains du « Nouveau Roman » l'ont considéré comme un modèle dont on pouvait s'inspirer.

c

SIGNIFICATIONS SOCIO-HISTORIQUES

Proposant une certaine image de la société et de l'Histoire, mais pris à son tour dans la vie sociale et le mouvement de l'Histoire, le texte offre donc à son lecteur certaines significations socio-historiques . Elles dépendent à la fois de ses contenus de tous ordres et de son histoire, mais aussi des attentes et attitudes du lecteur [15]. Il pourra être perçu comme :

15. Importance des prises de position qu'affirme le texte, mais aussi de celles dont il a fait l'objet (réactions du public, des critiques, des pouvoirs).

– document historique, renseignant sur des faits sociaux et politiques, ou sur des traits d'idéologie et de mentalité. Telle est sans doute la principale lecture que l'on peut faire du texte de Renan, aujourd'hui.

– symbolique de valeurs et d'attitudes culturelles, d'un auteur, d'un milieu, d'une époque.

Le texte de Renan illustre, pour le XIXᵉ s., l'attitude de ces intellectuels dont les sympathies pour l'égalitarisme disparaissent rapidement, dès qu'une insurrection populaire semble devoir entraîner des bouleversements fondamentaux.

– mise en œuvre de codes et de conventions [16] que peut encore accepter ou non un lecteur actuel, avec ses déterminations culturelles propres ; not. le texte offre un jeu et un pacte qui gardent ou non un sens pour ce lecteur.

16. Tenir compte de l'évolution des genres. V. Annexe 3.

*Le poème de Ponge offre à cet égard une problématique riche :
il confie à l'écriture la fonction de dire les « choses » (ici* **l'huître***) et le monde tels qu'ils sont ; mais il domine en même temps
par l'humour, discret mais efficace, l'angoisse devant ce monde
qui exclut l'homme. Ce* **monde clos,** *c'est aussi le texte et la littérature : il faut l'***ouvrir** *à force de* **travail,** *on y trouve* **à boire
et à manger** *et parfois une perle (le mot* **formule,** *dans son double sens, joue ici le rôle de motif connecteur : le mot latin « for-
mula » signifie à la fois « apparence attrayante » et « formule »). La littérature même ne livre ses* **perles** *qu'à force d'un*
travail *acharné sur le langage, tel que le conçoit Ponge. Or,
cette pratique littéraire du texte (not. poétique) comme objet
clos a toujours cours aujourd'hui, et est au centre de débats
actuels.*

Les étapes essentielles de cette démarche de lecture peuvent se résumer sous forme de fiche (v. p. 209).

5 Dégager la structure

L'étude de la **structure** d'un texte envisage son organisation générale. La recherche de ses unités et des principes selon lesquels elles s'organisent est l'objet de la présente démarche de lecture.

Ces modes d'organisation sont signifiants :

− parce qu'ils portent sur des signes ou séries de signes, donc sur la chaîne sémantique du texte ;

− parce qu'ils donnent au texte une configuration, à travers laquelle se décide, très largement, son adaptation plus ou moins exacte à une situation de communication, à des normes, des attentes du public, aux lois d'un genre, etc. ;

− parce qu'ils constituent un des prismes essentiels par lesquels passe la représentation des réalités que propose le texte : les mêmes informations changent de sens quand on modifie l'ordre dans lequel elles sont énoncées.

Tout texte est, à cet égard, un objet clos. Sa structure générale résulte de la combinaison de plusieurs modes d'organisation ; ils peuvent être manifestes ou latents, ce qui fait une des difficultés de cette étude. D'autre part il faut, dans l'analyse, les envisager séparément, mais ils forment un tout (le texte) et leur confrontation est essentielle. Aussi l'étude ne doit-elle pas se borner à une simple description, mais dégager les implications de ces modes d'organisation et leur dynamique.

Saint-Nicolas et les trois petits enfants

Il était trois petits enfants
Qui s'en allaient glaner aux champs.

S'en vinr't un soir chez un boucher ;
« Boucher voudrais-tu nous loger ?
5 — Entrez, entrez, petits enfants,
Y a de la place, assurément. »

Ils n'étaient pas sitôt entrés
Que le boucher les a tués,
Les a coupés en p'tits morceaux,
10 Mis au saloir comme pourceaux.

Saint Nicolas, au bout d' sept ans,
Vint à passer dedans ce champ ;
Il s'en alla chez le boucher ;
« Boucher, voudrais-tu me loger ?

15 — Entrez, entrez, saint Nicolas,
De la place il n'en manque pas. »
Il n'était pas sitôt entré
Qu'il a demandé à souper :

« Voulez-vous un morceau d' jambon ?
20 — Je n'en veux pas, il n'est pas bon.
— Voulez-vous un morceau de veau ?
— Je n'en veux pas, il n'est pas beau.

De ce salé, je veux avoir,
Qu'y a sept ans qu'est dans l' saloir. »
25 Quand le boucher entendit ça
Hors de sa porte il s'enfuya :

« Boucher, boucher, ne t'enfuis pas ;
Repens-toi, Dieu te pardonn'ra. »
Saint Nicolas pose trois doigts
30 Dessus le bord de ce saloir :

« Petits enfants qui dormez là,
Je suis le grand Saint Nicolas. »
Le grand saint étendit trois doigts,
Les p'tits se relèvent tous les trois.

35 Le premier dit : « J'ai bien dormi. »
Le second dit : « Et moi aussi. »
Et le troisième répondit :
« Je croyais être en Paradis ! »

Il était trois petits enfants
40 Qui s'en allaient glaner aux champs...

Chanson populaire anonyme (fin du XVIe s.).

a

COMPOSITION

Le mode d'organisation immédiatement visible est la
$\boxed{\text{composition}}$ [1], le découpage manifeste, qui correspond
à des conventions et habitudes culturelles communes au
scripteur et au lecteur [2].

*Dans l'aspect matériel de ce texte, on distingue immédiatement
des unités : des strophes, dont certaines font refrain ; des passages de dialogue indiqués par des tirets, etc.*

Ce découpage est destiné à faciliter la lecture en rendant
visibles dans l'aspect matériel même du texte une certaine
répartition des contenus et certaines articulations générales [3]. Il s'enseigne à l'école, en préceptes de rédaction (une
phrase pour chaque information ; un paragraphe pour chaque idée ; une partie pour chaque phase du récit ou du raisonnement, etc.). Il s'accompagne parfois de titres et de
sous-titres, qui explicitent la démarche du propos. L'examen de la composition rend compte d'une des premières
informations que le lecteur reçoit du texte : la présentation
typographique et l'aspect matériel sont chargés de significations dans l'aspect pragmatique. Cependant, ces découpages ne correspondent pas toujours avec des unités. Il
arrive qu'un auteur ou un éditeur découpe en plusieurs
paragraphes ou chapitres un seul et même épisode ou un
seul raisonnement, dans le but d'aérer le texte et de le rendre plus attrayant pour l'œil [4]. L'organisation du propos ne
se manifeste donc que partiellement dans la composition
du texte.

L'arrivée de Saint Nicolas marque pour le récit une étape nouvelle, plus importante que le passage d'une strophe à une autre.

D'où la nécessité de repérer des subdivisions qui correspondent à des modes d'organisation (qui peuvent être
latents) fondés sur le sens du texte, et non plus seulement
sur un jeu de conventions typographiques. Cela exige que
l'on repère des $\boxed{\text{séquences}}$.

1. Liste sommaire des
principales subdivisions
de composition : paragraphes, chapitres, sections,
parties, livres, tomes,
pour les textes en prose ;
strophes et chants pour
les poèmes ; scènes,
tableaux, actes au théâtre.
2. Penser au cas des textes présentés sous forme
de répertoires (dictionnaires).
3. Utiliser les index et
tables des matières.
Attention au sens de *livre*
(sens courant) et *livre*
unité de fabrication en
langage d'imprimerie. De
même, *volume* est un
terme technique d'imprimerie.
4. Au théâtre, selon le
découpage traditionnel,
une *scène* correspond à
toute entrée ou sortie de
personnage ; mais ce
découpage n'est pas toujours respecté : en effet,
l'arrivée ou le départ d'un
acteur ne font pas forcément passer d'une phase
de l'action à une autre.

b

SÉQUENCES

Un découpage en séquences s'effectue toujours dans la lecture, même la plus rapide.

On peut en rendre compte dans un schéma [5].

Dans le texte 40, on peut opérer les découpages et regroupements suivants :

5. Il est utile de consigner sous forme d'un schéma les relevés qu'on y opère, afin de ne pas faire de confusions dans la hiérarchie de ces séquences (v. p. 27).

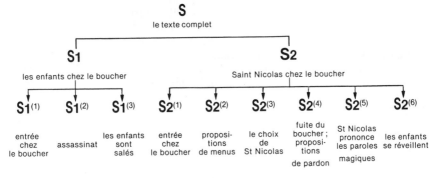

Légende : S = Séquences

Le texte pris dans son ensemble forme une grande séquence, qui se découpe en deux séquences, elles-mêmes subdivisées en trois et six micro-séquences.

Les séquences peuvent avoir des fonctions différentes : dans le cas des récits, elles peuvent être des péripéties ou des épisodes ; dans les discours, il peut s'agir d'arguments clefs, de développements ou de digressions. Dans l'un et l'autre cas, la répartition de ces séquences et la fonction particulière attribuée à chacune donnent au texte son mouvement, son rythme général. D'autre part, le jeu de la « mise en texte » s'y décèle : la façon dont sont mises en rapport les séquences les unes avec les autres crée des effets de sens essentiels : succession simple, inclusions, oppositions, parallélismes, etc.

Comment lire

C

ORGANISATION TEMPORELLE ET/OU LOGIQUE

Les séquences représentent une structuration fondée sur la succession des éléments dans l'énonciation. Mais cet ordre coïncide rarement avec celui de l'énoncé. On est ainsi amené à examiner l'**organisation temporelle** pour le récit, et l'**organisation logique** pour le discours. Les deux pouvant être combinés.

Pour étudier **l'organisation temporelle** du récit, il convient de confronter la durée de la narration et la durée de l'histoire (ou de la fiction)[6]. Il est utile d'en construire une représentation en forme de schéma[7]. On porte sur un axe les séquences dans l'ordre où elles apparaissent dans la narration, avec indication du volume de texte qui leur est consacré[8] ; sur un second axe, on figure l'ordre des faits dans l'histoire (ou la fiction), en construisant des proportions entre la durée de chacune et la durée totale[9]. On opère ensuite les projections qui s'imposent.

Soit pour l'exemple :

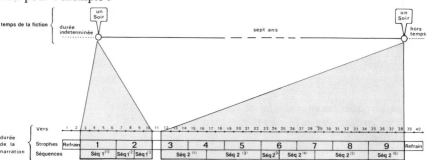

On constate combien l'accent est mis sur trois moments privilégiés, qui correspondent à des événements brefs et, pour deux d'entre eux, à des épisodes. Le texte vise donc moins à relater des faits en respectant leur durée, ou à souligner leur gravité (en s'indignant de l'assassinat d'un enfant p. ex.), qu'à privilégier certains épisodes. Il se trouve que ceux-ci constituent autant de prises de paroles, ce qui oriente l'interprétation du texte vers l'analyse des valeurs et pouvoirs conférés à la parole.

Pour les récits qui bousculent l'ordre de la fiction, la confrontation des deux durées fait apparaître ce que le texte souligne, résume ou passe sous silence. En outre elle met au jour, à partir de l'ordre dans lequel le texte les représente, le type de liens qu'il établit entre des faits qui chronologiquement n'ont pu que se succéder ou survenir simultanément[10]. On dégagera ce qui apparaît comme la dominante caractéristique de l'organisation temporelle.

6. V. p. 66.

7. Un inventaire aussi précis que possible des indications de temps (adverbes, compléments circonstanciels, prépositions, temps verbaux) est utile.

8. L'échelle s'en établit aisément en tenant compte du volume total.

9. Le texte ne précise pas toujours toutes les données du temps de l'histoire. Les approximations ou les « blancs » sont aussi signifiants.

10. En particulier les confusions possibles entre conséquence et consécution (v. p. 64).

Dans le cas des textes qui ne comportent aucune histoire ou fiction (certains discours, certains poèmes), seule compte leur **organisation logique.** C'est alors la place de chaque élément et la part qui lui est consacrée qui sont pertinentes.

On reportera donc, en regard du découpage des séquences, le type de lien logique (au sens large, v. p. 89) qui existe entre elles, et on dégagera la logique dominante du texte. Un schéma prend ainsi forme : s'il s'agit d'un raisonnement complet, la série des arguments se disposent sur l'axe de la logique [11] d'une façon continue : elle constitue de fait un résumé du texte. Sinon, des blancs ou des changements de niveaux apparaissent, révélant ainsi des décalages du propos (v. pp. 89 à 95 les divers types d'organisation du propos dans le discours).

11. Équivalent pour le discours à ce qu'est l'axe du temps de l'histoire pour le récit.

L'analyse de l'organisation temporelle ou logique permet donc une description du texte, mais induit aussi à des observations touchant aux choix qu'il opère dans ses représentations du réel.

Le texte exemple présente deux macro-séquences qui se compensent l'une l'autre (l'intervention du saint annule la mort des enfants), mais dont la distribution interne n'est pas identique : trois micro-séquences pour l'une, cinq pour l'autre ; la deuxième de l'une (assassinat) correspond à la cinquième de l'autre (miracle de la résurrection) ; mais en ajoutant une sixième micro-séquence (les paroles des enfants), non indispensable à la réalisation de la fiction, le texte se charge d'un effet de sens particuliers : perçus comme un sommeil et un rêve, les sept ans écoulés depuis l'assassinat se trouvent comme annulés ; le pouvoir du saint n'est pas simplement de guérir un mal, mais d'annuler totalement ce mal.

Ailleurs, ce sont des sélections significatives qui se révèlent parmi les différents types d'arguments et d'organisation possibles du discours : dans le texte 19, il s'agit d'assertions et d'appels à la sensibilité, plutôt que d'un raisonnement fondé sur la logique entendue au sens strict.

d

ORGANISATION THÉMATIQUE

Un autre principe d'organisation peut venir traverser les précédents : il s'agit de l'⸤organisation thématique⸥ du texte [12].

12. L'ordre d'analyse entre temporel et thématique peut le cas échéant être inverse.

Comment lire

Celle-ci s'analyse à partir des thèmes tels qu'ils apparaissent dans le texte (c.-à-d. à partir des isotopies majeures).

On aura soin, là encore, de dégager les thèmes-clefs du texte, quitte à préciser leurs motifs (auquel cas, il est bon de construire des séries hiérarchisées, du même type que pour les séquences)[13]. Les thèmes contribuent à rythmer, par leurs apparitions répétées, la durée du texte. Mais surtout ils tendent à rapprocher des éléments qui, dans la chronologie et le propos, sont éloignés les uns des autres. Ainsi est-on amené à s'interroger sur la façon dont sont répartis ces éléments dans le texte. Cela s'applique à tous les textes, narratifs ou discursifs, et prend une importance particulière dans les textes poétiques : le jeu des rythmes et des sonorités y crée en effet des motifs sémantiques[14]. L'organisation thématique pourra donc entrer dans des rapports divers avec les structures temporelles et logiques (complémentarité ou contradiction p. ex)[15].

13. Pour l'inventaire des thèmes, recourir aux champs lexicaux, aux inventaires d'isotopies.

14. Tenir compte de *tous* les aspects du texte (p. ex., ici, l'effet de refrain = aspect matériel).

15. Le *temps* et *l'espace* peuvent être aussi des thèmes parmi d'autres ; à distinguer alors de l'organisation spatio-temporelle comme principes structurants.

*Dans l'exemple, on peut esquisser très rapidement l'analyse de deux thèmes majeurs : la nutrition et les chiffres symboliques. Le premier correspond à un champ lexical très étendu : **boucher, salé, manger, veau**, etc. ; le second à l'occurence de deux chiffres : **sept**, et surtout : **trois**. Ce dernier chiffre est tenu pour symbolique dans toutes les mythologies occidentales, tant judéo-chrétienne que gréco-latine, et affecté d'une connotation symbolique dans le texte par le geste du saint étendant **trois doigts**. Ces deux thèmes sont mis en relation par la conversation entre saint Nicolas et le boucher : trois questions, trois réponses à propos de nourriture. La forme de cette conversation joue donc ici le rôle de motif connecteur, et ouvre une nouvelle ligne thématique : celle de la parole et de ses pouvoirs. Dès lors, on constate que le texte a placé l'accent, par ses structures temporelles, sur deux séquences où s'exerce une parole en trois temps (strophes 3 et 6) : il y a donc complémentarité entre les structures thématique et temporelle pour ce texte-ci.*

L'analyse des structures thématiques joue un rôle essentiel pour l'étude des textes où la dominante est discursive ou poétique : la façon dont des signes peuvent y être inclus dans des ensembles fondés sur des relations autres que l'ordre de succession en fait apparaître le plus souvent la dynamique profonde.

e

IMPLICATIONS DES MODES D'ORGANISATION

Ces diverses analyses (et leurs conclusions) doivent être confrontées pour dégager les **implications des modes d'organisation**.

Cette phase ultime de la démarche doit en particulier envisager :

– Le rapport entre la structure manifeste (la composition) et les structures latentes : la composition rend-elle compte des structures effectives du texte ? est-elle un moyen de les occulter ?

– Les rapports qui s'établissent entre les divers modes d'organisation et le type de structure qui prédomine.

– Le principe d'agencement qui est ainsi mis en avant et donne au texte sa forme caractéristique : succession simple, inclusion, enchâssement, alternance, opposition, contra-diction, mise en abyme, parallélisme... Ces principes d'organisation peuvent se combiner. La dominante mani-feste (narrative, discursive, poétique) peut se trouver confirmée ou infirmée ; de plus, il devient possible de la caractériser : récit linéaire, entrecoupé, en abyme, lacu-naire, etc. ; discours assertif ou de déduction continue, etc.; poèmes narratif ou fondé sur des jeux d'échos ou des répétitions, etc.

L'étude des structures permet donc de délimiter les élé-ments du réel que le texte met en valeur ou élude, et elle spécifie les rapports qui s'établissent entre eux. Les effets esthétiques (au sens strict : les effets qu'ont les formes sur l'esprit et la sensibilité) qui résultent des structures sont alors perçus non comme des enjolivements, des arrange-ments plus ou moins accessoires ou gratuits, mais comme les moyens mêmes par lesquels sont perceptibles au lecteur ces rapports créés entre divers éléments.

C'est, au total, une vision du réel qui se décide à travers l'organisation du texte, et tend à s'imposer au lecteur : une telle démarche d'étude, en lui faisant prendre conscience de ces structurations, le préserve d'une lecture aliénée, sou-mise à des procédés qu'il ne discernerait pas, et le met en mesure de prendre position face aux implicites et au pacte que lui propose le texte.

Les étapes essentielles de cette démarche de lecture peu-vent se résumer sous forme de fiche (p. 209).

Comment lire

6 Identifier le style

L'étude du style envisage la façon dont un texte utilise le langage. Cette mise en œuvre est prise dans un réseau de contraintes ; mais elle reflète aussi des choix. L'objectif de l'étude est de définir les uns et les autres. Elle ne saurait donc se limiter à l'examen des figures de rhétorique [1]. Elle ne tiendra pas davantage le style pour le « beau langage », qui apporterait au texte un enjolivement, un supplément d'élégance : elle envisage *toutes* les ressources d'expression qu'utilise le texte, qui toutes sont signifiantes. L'objet de son étude est donc vaste. Comme elle doit souvent en examiner le détail, une de ses difficultés réside, quand il s'agit de textes longs, dans la mise en relation du détail et de l'ensemble [2]. Une seconde difficulté est la nécessaire distinction entre les traits qui relèvent des conventions et contraintes (not. des normes linguistiques et esthétiques), et les éventuels choix originaux que représente le texte : cela suppose une documentation sur les états de langue et les « lois des genres », pas toujours facile d'accès et souvent lacunaire [3]. Une troisième difficulté vient de la charge idéologique et affective (idéologie d'un auteur, d'un milieu, d'une culture) qui s'attache aux faits de style, souvent délicate à évaluer [4]. La démarche de lecture centrée sur le style devra être par conséquent très vigilante aux détails apparemment anodins. Il reste que le style est ce par quoi le texte s'impose au lecteur, et ce qui décide en dernier recours de nombreux effets de sens.

1. V. Annexe 4. Les procédés rhétoriques sont présents dans tout texte.

2. Dans ce cas, il faut envisager plusieurs « échantillons », c.-à-d. des passages analysés en détail. Pour les choisir, il est bon d'examiner le début (où s'établit le pacte de lecture) et la fin du texte, ainsi que les passages correspondant aux péripéties essentielles. Mais il n'y a pas de règle, sinon que mieux vaut multiplier les échantillons.

3. V. Annexe 3.

4. Affectivité aussi du lecteur. Des confrontations avec les analyses de la Psychologie et de la Sociologie sont indispensables au fil de l'étude.

a

NORMES ET CONVENTIONS

Tout texte est pris dans un cadre de contraintes d'expression, constitué par les **normes et conventions** auxquelles il doit se plier.

• **La norme linguistique** n'est pas forcément perçue par celui qui s'exprime comme une contrainte : l'usage de la langue telle qu'elle existe paraît naturel. Elle impose pourtant une certaine façon de dire les réalités. Pour le lecteur, le poids de ces contraintes apparaît à l'évidence lorsqu'il se trouve en présence de textes anciens, mais le phénomène lui échappe souvent lorsqu'il se trouve en face d'un texte dont le langage est proche ou identique à celui qu'il pratique. Définir l'*état de langue* [5] d'un texte est donc une précaution indispensable. Il ne suffit pas de repérer et nommer cet état de langue : il faudra tout au long de l'étude s'y référer constamment pour évaluer correctement les divers faits d'expression observés (et aussi, avant même cela, comprendre correctement les mots et les phrases !).

5. Une documentation minimum sur les états de langue est nécessaire. V. Annexe 2, « usuels ».

• Seconde norme essentielle, la **Poétique** dans laquelle se situe le texte. Tout texte relève d'une Poétique [6] : les textes littéraires, auxquels elle s'applique de façon préférentielle, mais aussi le curriculum vitae, la lettre officielle, la lettre amoureuse, etc., qui ont leurs conventions et leurs formes obligées, de façon déclarée parfois, et plus souvent encore implicite. La Poétique impose des contraintes : en premier lieu, les « lois » d'un genre : il y a un tour-type de la lettre officielle, au point que l'on peut en fournir des modèles ; une tragédie classique devait être en 5 actes et en alexandrins, etc. Mais elle fournit aussi des conventions, des codes, qui dispensent celui qui écrit de rechercher des formules neuves ou appropriées exactement : les formules de politesse à la fin d'une lettre officielle par ex., sont codées d'après le rapport hiérarchique des interlocuteurs, et restent stéréotypées quel que soit le contenu de la lettre. Ces conventions définissent des critères de ce que l'on tient, à une époque, pour beau ou au moins acceptable. En particulier, elles définissent le vraisemblable dans l'expression : par ex. l'alexandrin du théâtre classique était considéré, par convention, comme une image (certes anoblie) de la conversation des honnêtes gens. Par la façon dont il se situe dans une poétique, le texte établit donc un certain type de rapports avec un public et ses horizons d'attente. Il faudra, ici encore, essayer d'évaluer constamment ce qui est conformité à ces conventions, et ce qui peut être originalité.

6. Tenir compte des « Registres »
(v. Annexe 3, p. 211).

• Le **pacte de lecture** que le texte propose à son lecteur dépend donc en grande partie, pour son côté stylistique, de ces normes et conventions. C'est dans le détail de l'expression que chaque texte indique comment il se situe par rapport à elles, selon les buts qu'il vise.

Le Procès-verbal

(début)

Il y avait une petite fois, pendant la canicule, un type qui était assis devant une fenêtre ouverte ; c'était un garçon démesuré, un peu voûté, et il s'appelait Adam ; Adam Pollo. Il avait l'air
5 d'un mendiant, à rechercher partout les taches de soleil, à se tenir assis pendant des heures, bougeant à peine, dans les coins de murs. Il ne savait jamais quoi faire de ses bras, et les laissait ordinairement baller le long de son corps, y touchant le moins possible. Il était comme ces animaux malades, qui, adroits, vont se terrer dans des refuges, et guettent tout bas le
10 danger, celui qui vient à ras de terre, se cachent dans leurs peaux au point de s'y confondre. Il était allongé dans une chaise longue devant la fenêtre ouverte, torse nu, tête nue, pieds nus, dans la diagonale du ciel. Il était vêtu uniquement d'un pantalon de toile beige abîmée, salie de sueur, dont il
15 avait replié les jambes jusqu'à hauteur des genoux. [...]

J.M.G. Le Clézio, *Le Procès-verbal* (1963) début du livre. Éd. Gallimard.

Ce texte contient dès ses premières lignes un certain nombre d'indices de son appartenance au domaine narratif, et fait même référence aux formes traditionnelles du conte : Il **était une fois,** *avec indication d'un moment, un lieu, un personnage. De plus, il propose un portrait, genre conventionnel et obligé dans les formes traditionnelles du conte et surtout du roman. Mais, d'emblée aussi, certains détails viennent contrarier ces conventions :* Il **était une petite fois ; un type** *(décalage, au lieu d'« un homme » qu'utiliserait le conte) ;* **pendant la canicule.** *De même plus loin des tours comme* **se cachent dans leurs peaux au point de s'y confondre...** *Le nom même du personnage apparaît comme un jeu sur un code culturel* (**Adam**). *Et le titre du roman lui-même joue de l'équivoque ; le* **procès-verbal,** *mot qui désigne le compte rendu fidèle des faits, semble renvoyer au roman réaliste, dont c'est là le principe déclaré ; mais dès les premières lignes, le style révèle un* **procès verbal** *(procès est aussi, dans l'un de ses sens, un synonyme savant de processus ; procès verbal = processus du langage). Les références à des normes sont donc posées pour indiquer aussitôt l'intention de les subvertir. Le pacte de lecture proposé est cette subversion même, qui se révèle par le jeu du style.*

En indiquant un pacte de lecture, un texte *s'auto-norme* : à partir des conventions et contraintes qui lui sont imposées de l'extérieur par sa situation dans la culture, il définit les contraintes et conventions qui lui seront propres et que le lecteur doit accepter s'il veut le comprendre et le goûter. Aussi faut-il analyser cette norme propre du texte et en garder, pour toute cette lecture, une trace mémorielle [7].

7. Éventuellement, sous forme écrite. Mais la compréhension de cette norme progresse au fil de l'analyse : le libellé de notes écrites à son propos se précise donc peu à peu.

b

LES CHOIX D'ÉCRITURE

Mais le pacte de lecture n'est qu'un programme de départ, un embryon de l'écriture du texte. Celui-ci ensuite, tout au long de son propos, en déploie les éléments, en confirme ou en modifie les données initiales, à travers l'ensemble des **choix d'écriture** [8] qu'il met en œuvre selon les buts (l'action sur le lecteur) qu'il s'assigne.

8. Ces choix sont multiples. On tiendra compte du fait qu'un genre peut imposer un certain vocabulaire, ou une forme fixe influer sur la syntaxe.

• Ils s'observent d'abord dans le **lexique,** la **syntaxe** et les **niveaux de langue.** Leur examen doit faire apparaître :
– pour la syntaxe, sa conformité aux normes usuelles de l'état de langue, ou l'usage privilégié de certains tours, voire de certaines ruptures de la norme ;
– pour le lexique, son étendue et sa variété, mais aussi les champs lexicaux privilégiés ; éventuellement, la récurrence importante de certains mots ou de certaines connotations ;
– directement lié au lexique et à la syntaxe, le niveau de langue que le texte utilise indique un certain type de rapport au public. Un niveau de langue n'est en effet qu'un des moyens possibles pour le locuteur de signifier une certaine attitude ; c'est donc un signe social et culturel [9].

9. Quand plusieurs niveaux de langue sont utilisés, il ne suffit pas d'en dresser la liste : il faut examiner quand, comment et pourquoi ils se combinent. Confronter avec Sociologie.

Le Clézio introduit, dans une langue d'ensemble commune, des termes familiers (**petit, type**...) *mais aussi des tournures syntaxiques recherchées* (**ces animaux qui, adroits,**...) *ou des mots peu usités* (**baller**) : *sur un fond linguistique simple (les phrases débutent par :* **il** *ou* **c'était, il avait l'air**) *apparaissent donc des indices d'autres niveaux, qui viennent récuser l'allure générale apparente d'un propos simple qui se contenterait d'enregistrer des faits.*

• Une seconde catégorie de choix d'écriture se manifeste dans les **modes d'exposition** qu'utilise le texte. La part respective qu'il fait aux modes : narratif proprement dit (fondé sur des verbes d'action), descriptif (verbes d'état), assertif, délibératif, et la façon dont s'y répartissent les modes de citation (style direct, indirect, indirect libre), influe sur son approche de ses référents et de ses contextes, et sur son rapport au destinataire.
Le procès-verbal *privilégie largement, dans cette page mais aussi par la suite, les tours descriptifs et les passages au style direct.*

De ces divers modes, il ne suffit pas de dresser l'inventaire et d'établir la hiérarchie. Mais ces constats doivent être mis en relation avec les indications de points de vue, les interventions du narrateur ou de l'auteur, et la dominante narrative, discursive ou poétique du texte, qu'ils peuvent confirmer ou contredire.

Comment lire

• Une troisième série de choix peut apparaître dans l'usage de **procédés rhétoriques.** Ceux-ci concernent surtout l'usage des « figures », et la part faite à la fonction poétique du langage. Mais chaque texte peut forger ses propres procédés, user à sa façon des ressources rhétoriques [10].

Dans le début du **Procès-verbal,** *on relève des répétitions de constructions* (il était...), *qui reviennent ensuite comme un leitmotiv au long du roman* (il était, c'était...). *On note aussi le recours à des déviations syntaxiques : ambiguïté du pluriel dans* se cachent dans leurs peaux, *et emploi inhabituel du pronom complément dans* au point de s'y confondre. *Ces procédés réapparaîtront dans le dernier paragraphe du livre :*

10. La disposition (le « plan ») est directement liée aux procédés (v. p. 81).

Adam Pollo a abouti à l'asile d'aliénés

Le Procès-verbal
(fin)

[...] En attendant le pire, l'histoire est terminée. Mais attendez. Vous verrez. Je (notez que je n'ai pas employé ce mot trop souvent) crois qu'on peut leur faire confiance. Ce serait vraiment singulier si, un de ces jours qui viennent, à propos d'Adam ou
5 · de quelque autre d'entre lui, il n'y avait rien à dire.

*Ce dernier paragraphe marque à la fois une rupture et une confirmation : rupture, parce que le narrateur se manifeste à la première personne et s'adresse directement au narrataire ; confirmation par l'emploi de formules qui font écho aux formules initiales (*L'histoire est terminée / *début :* il y avait une fois*), et la reprise de tours mis en relief dès les premières lignes qui se trouvent à la fin chargés d'une signification nouvelle : la répétition (* l. 1 En attendant / attendez*), et la déviation de construction syntaxique* (quelque autre d'entre lui) *prennent valeur de motifs. L'association en un même paragraphe de l'adresse directe au narrataire et des procédés caractéristiques du texte, apparaît comme une invite à déclarer que le pacte a été admis jusqu'au bout, et que le texte a été goûté et compris (la distorsion syntaxique ne fait plus obscurité).*

L'analyse des choix d'écriture ne vise donc pas à rendre compte de toutes les modalités du langage dans le texte (ce serait davantage l'objet d'une étude linguistique), ni même à en décrire les procédés originaux seulement. Elle doit faire apparaître ce qui caractérise le texte et rechercher les significations et les finalités des choix d'écriture. La synthèse de ces observations (contraintes et choix) suppose que l'on évalue la part d'originalité ou de conformité du texte avec les normes et les conventions ; en un mot : l'accomplissement de son programme initial, ou les modifications de celui-ci survenues au fil des pages [11].

11. On ne peut donc dire, pour des textes longs, se borner aux seuls échantillons : une lecture attentive de l'ensemble, de fréquentes vérifications sont indispensables, même si l'analyse détaillée se limite aux quelques pages retenues.

c

STYLE ET ENJEUX DU TEXTE

Cela permet d'évaluer le rapport entre le ⟨style et les enjeux du texte⟩.

• Le **rapport du style au destinataire** est le premier de ces enjeux. Il s'agit d'analyser quel rôle joue le style dans le texte, en fonction du sujet traité et de l'action à exercer sur le lecteur. A-t-il été orienté par le souci d'enjoliver le propos, de surprendre le lecteur ou d'insister sur certains points de l'énoncé ? Ou bien a-t-il été une, voire *la* part essentielle du texte (auquel cas, celui-ci peut se caractériser par le rôle dominant du fait poétique) ? Selon la réponse à ces diverses hypothèses, la signification non seulement du style, mais de l'ensemble du texte, peut être envisagée différemment. Les effets de rythme, les images produites par le jeu des figures (éventuellement), le ton [12] général du texte, seront ou bien des redondances par rapport aux contenus, ou bien des faits signifiants par eux-mêmes ; auquel cas ils sont générateurs d'isotopies où se décident des significations essentielles du texte (c'est ce que la fin du **Procès-verbal** revendique, quand l'ambiguïté syntaxique se confond avec l'ambiguïté du personnage).

12. Toujours délicat à définir : utiliser les « registres » (v. Annexe 3, p. 211).

• Mais il faut envisager également la relation entre le **style et une vision du monde.** Tout style est chargé, même de façon inconsciente, de valeurs sociales et affectives [13]. La publicité en use largement : **Mennen, pour nous, les Hommes !** implique toute une idéologie fondée sur la supériorité et la force viriles. Elles correspondent à une vision du monde (d'un auteur, d'un courant de pensée, d'un milieu...) ; dans un texte de fiction, tout particulièrement au théâtre, c'est à travers le style de leurs propos que se dessine la psychologie et les mythologies des personnages (qu'ils soient stéréotypés ou originaux ne change pas le processus fondamental) [14]:

13. D'où l'utilité d'une documentation. Mais il ne faut pas partir de la documentation comme d'un a priori : le texte lui-même indique sa position (relevé des champs lexicaux, des tours syntaxiques, des marques d'énonciation...).

14. Confronter avec Psychologie et Sociologie. Tenir compte des rapports entre les propos des personnages et leur place dans l'Action, leur rôle comme forces agissantes.

Dans le texte 41, on discerne une contradiction entre une syntaxe parfois élémentaire (Il était...), et des ruptures incidentes qui disent la désorganisation du monde comme du langage sous leur banalité apparente.

Mais le lecteur peut discerner ces procédés, découvrir et analyser le rythme, les images, le ton, sans y adhérer ; ou au contraire se laisser prendre à leur jeu au fil de sa lecture. Le style est un des moyens clefs de l'action du texte sur son destinataire. Mieux en saisir la texture peut aider à le goûter ; ou peut expliquer aussi à l'inverse pourquoi il a été

Comment lire

récusé. Mais le rapport entre un style et un lecteur se décide essentiellement en fonction des goûts et des sensibilités, qui sont aussi bien des traits individuels que les produits d'un milieu et d'une culture [15]. Là se situent les limites de cette démarche (on peut analyser un style, mais cela ne décide pas pour autant de ses effets sur le lecteur) mais aussi ses prolongements possibles (recherches sur les visions du monde ou encore la culture dont il porte l'empreinte).

15. Éviter, en particulier, les faux sens dus à une appréciation erronée des conventions (p. ex. tenir pour « noble » un langage qui, à son époque, était « moyen »).

Les étapes essentielles de cette démarche de lecture peuvent se résumer sous forme de fiche (v. p. 209).

7 Confronter les lectures

PRINCIPES

Les diverses perspectives d'une lecture plurielle font apparaître différents ordres de réalités à l'œuvre dans un texte. Chacune de ces démarches offre un éclairage du texte, en révèle des significations, engage des interprétations d'ensemble. Mais elles ne sont pas exclusives les unes des autres : au contraire, un texte forme un tout. Il est donc nécessaire de *confronter* les diverses démarches de lecture, et de les faire se critiquer mutuellement. Cela permet de vérifier si leurs conclusions sont compatibles entre elles et d'engager, à partir des interprétations avancées par chacune, à la fois un choix sur l'interprétation globale du texte, et un jugement critique.

La confrontation est donc une phase *décisive* (elle prend des décisions). Sa teneur varie selon les textes et selon les conclusions des diverses perspectives de lecture. Mais elle est toujours à la fois rétrospective (elle vérifie chacune de ces démarches) et prospective (elle engage un choix d'interprétation et un jugement).

> N.B.   Rappel : nous réduisons ici au minimum les exemples pour éviter qu'ils soient pris pour des « modèles ». Pour des cas de confrontations réalisées, voir *Faire/Lire*, IIᵉ partie.

LES DÉMARCHES DE LA CONFRONTATION

Chaque texte et chacun des acquis des différentes perspectives de lecture, dictent ce que doit être la démarche d'ensemble de cette phase de l'étude. Il ne saurait donc être question d'en esquisser un canevas-type ; il est essentiel au contraire que chaque lecteur (ou groupe de lecteurs) cherche la façon de procéder la plus adéquate. Pourtant, certaines démarches partielles s'imposent dans tous les cas (l'ordre adopté ici n'a rien d'impératif).

– La confrontation opère des *vérifications*. Elles sont déjà présentes dans le cours de chaque démarche de lecture, lorsque certaines notions ou analyses interviennent dans plusieurs perspectives, ou qu'un même donné du texte est envisagé sous plusieurs angles. Mais à ce stade ultime du travail, elles doivent être reprises et opérées systématiquement, soit à partir des descriptions du texte, soit à partir des arguments avancés à l'appui des hypothèses d'interprétation. Ces vérifications s'assurent de la pertinence des analyses menées selon les diverses perspectives, et de leur compatibilité. Par ex. : on met en regard les configurations actancielles, le synopsis de l'action, la structure des séquences ; ou encore, on vérifie que le style n'est pas envisagé selon des critères qu'interdiraient les données socio-historiques (erreur de perspective historique). Toutes les inconséquences manifestes qui pourraient subsister se trouvent ainsi éliminées ; d'autre part, des questions ponctuelles qui seraient restées sans réponses peuvent trouver là leur solution.

– Une *récapitulation* des informations recueillies et des conclusions tenues pour acquises s'impose également.

– Un *bilan critique* s'établit en comparant les résultats des diverses « lectures » : il apprécie l'importance de chacune pour le texte considéré, c'est-à-dire son efficience. Il peut conduire ainsi à opérer une hiérarchisation des démarches de lecture pour chaque texte. Ce bilan, joint à la récapitulation ci-dessus, donne une vision d'ensemble des traits qui *caractérisent* le texte. Mais ce bilan doit aussi porter sur les *interprétations* avancées par les diverses démarches et aboutir à formuler un *jugement critique*.

C

CONFRONTATION, INTERPRÉTATIONS, QUESTIONS-CLEFS

L'importance d'une « lecture » ne tient pas seulement à son extension, c'est-à-dire au nombre élevé d'éléments du texte qu'elle éclaire, mais à la pertinence et à la portée des interprétations qu'elle avance. Des éléments en apparence peu importants peuvent en fin de compte se révéler des connecteurs susceptibles d'engager des significations essentielles et prendre le pas sur d'autres qui semblaient plus « riches ».

• **convergence, divergence, concurrence des lectures**

Trois cas de figure principaux sont possibles.

– Il y a *convergence des lectures* lorsque les conclusions des diverses démarches vont dans le même sens. Pour tel texte, par exemple, le constat de la pauvreté du style, de son abondance en clichés, coïncide avec une psychologie stéréotypée, une sociologie simpliste, une action conventionnelle, etc. Cette convergence peut se faire par une *complémentarité* des diverses interprétations : à partir d'angles d'attaque différents, elles aboutissent à des conclusions identiques ou similaires. Elle peut se faire aussi par une *hiérarchisation :* une lecture impose une ligne d'interprétation que les autres viennent confirmer et étayer. Elle peut se faire enfin par une *synthèse*, lorsque des interprétations différentes se fondent en une même interprétation d'ensemble dans l'aspect symbolique ou pragmatique.

– Il y a *divergence* lorsque plusieurs confèrent au texte des significations différentes et incompatibles. Par exemple : **Le Misanthrope** (v. texte 24) a été interprété tantôt comme comédie gaie, tantôt comme une pièce à résonances tragiques.

– Il y a *concurrence* lorsque plusieurs lectures, sans être contradictoires, proposent des significations cohérentes entre lesquelles aucun argument décisif ne permet de trancher. Dans **Boule de Suif**, on peut voir une dénonciation des classes dirigeantes, de leur faux patriotisme et de leur égoïsme, *ou* l'image ironique du sacrifice d'un « rédempteur » dérisoire. Il arrive que de telles interprétations concurrentes puissent s'ajouter l'une à l'autre sans se fondre dans une synthèse, affirmant alors le caractère polysémique du texte considéré.

• les niveaux d'interprétation

De même qu'on est amené dans l'analyse du texte à prendre en compte plusieurs aspects de signification (v. p. 48), de même la confrontation des lectures peut amener à constater différents *niveaux d'interprétation*. Les implications du texte varient, de la sorte, selon qu'on s'en tient à son aspect sémantique ou qu'on envisage son aspect symbolique, la vision du réel qu'il exprime, sa place dans la vie culturelle de son temps et d'aujourd'hui. Dans le cas de **Boule de Suif**, le thème biblique du sacrifice est latent ; dans l'aspect pragmatique du texte à sa date de publication, il pouvait passer inaperçu, ou paraître secondaire ; à un siècle de distance, il peut être tenu par le lecteur actuel comme essentiel dans la perspective d'une réflexion sur l'histoire des symboliques littéraires.

• Le jugement critique comporte une part fondamentale d'appréciation objective

du texte. Mais l'option de chaque lecteur pour telle ou telle interprétation, lorsqu'elles sont divergentes ou concurrentes, relève de ses opinions, de sa sensibilité et de sa culture. Or le jugement critique amène à une prise de position sur l'intérêt, le plaisir, l'importance du texte. Tout au long des démarches et de leur confrontation, le souci d'éviter les a priori et les réactions affectives doit être constant ; au moment du jugement critique se place la charnière entre l'objectivité et le choix personnel de chaque lecteur, forcément subjectif.

Dans la pratique, la confrontation peut se faire dans l'ordre indiqué ci-dessus, mais aussi bien en partant, par exemple, d'une interprétation qui a paru s'imposer comme dominante dans le cours des analyses ; vérification, récapitulation, bilan se feront alors à partir de l'énoncé de cette interprétation et de l'analyse point par point des arguments en sa faveur, qui se verront ainsi confirmés ou infirmés. Au total, cette phase de confrontation doit être une confrontation du texte lui-même et du lecteur, muni de ses savoirs et des éléments qu'il a acquis par sa lecture. Initiatives de l'un, exigences ou résistances de l'autre, décideront du modelé de cette démarche et surtout de ses résultats.

Il peut être utile également de confronter cet ensemble avec les jugements et les analyses de la critique concernant le texte. Chaque lecteur peut, une fois qu'il a formé son opinion sur le texte, mettre en regard de celle-ci les jugements portés par d'autres. Un autre dialogue s'engage alors, et les lecteurs (critiques professionnels ou non) confrontent leurs points de vue. Opter pour un système ou le récuser, pour prolonger la réflexion : tel est le bon usage de la Critique, à partir d'un jugement personnel informé.

Dans tout le travail de confrontation des lectures, comme à toute étape des six démarches de lecture, il est indispensable de ne pas perdre de vue les **questions clefs** auxquelles il faut répondre avec précision sous peine de n'avoir, en fait, même pas vraiment lu :

> **Qui** parle (ou écrit) ? **A qui** (ou pour qui) ? **De quoi ? Quand** et **où** (situation d'énonciation) ? Avec quelle(s) **idée(s),** selon quelle(s) ligne(s) directrice(s) ? Et surtout *comment* (oral ou écrit, genre(s), ton(s) et registre(s) ?

Ces données sont la base aussi bien des exercices liés à la lecture (« contraction de texte », « commentaire de texte », « essai littéraire », « lecture expliquée », etc.) que de tout jugement critique personnel.

Annexes

1 Rôles et tendances de la critique littéraire

L'INSTITUTION CRITIQUE

La critique n'a pas très bonne réputation. Elle vise à informer le public et à orienter ses choix, ses goûts, ses réactions. Elle est donc à la fois une activité de lecture (elle analyse, interprète et apprécie les textes) et une activité socio-économique (elle intervient dans la circulation des textes, les prône ou les déconseille). Mais on lui reproche de s'arroger le droit de juger ce qu'elle est incapable de faire elle-même : la création de textes. On lui reproche surtout d'être en contradiction avec elle-même : elle prétend éclairer le goût du public, et tend souvent à annuler le jugement critique individuel. De fait, elle constitue bien un prisme supplémentaire : entre le lecteur et le texte s'interposent les opinions et façon de penser du critique professionnel. Il reste qu'elle est très pratiquée, qu'elle est un « genre » en soi, et qu'elle a pris le rang d'une institution.

1 Pratiques sociales de la critique

L'activité critique est d'abord un fait individuel : chaque lecteur interprète et juge. Mais elle recouvre un certain nombre de pratiques sociales qui lui confèrent des assises et des pouvoirs. Elle intervient dans le commerce du texte (comme du cinéma, de la musique, du spectacle...) à travers les rubriques spécialisées des media (et aussi à travers la censure : le métier de censeur est d'abord un travail de critique). Elle est une profession : il y a peut-être plus de critiques que d'écrivains qui aujourd'hui vivent de leur plume. Elle s'enseigne : l'enseignement littéraire et ses manuels contiennent toute une série de notions, de choix et de commentaires (où l'implicite a souvent libre cours) qui relèvent de la critique. Il faut ajouter à cela que les écrivains font volontiers œuvre d'auto-commentaire, de théorie, de polémique, ce qui entre de plain-pied dans le domaine critique.

Si l'activité critique existe depuis qu'il existe des textes, on peut dater la **naissance de l'institution critique** du moment où l'imprimerie s'est généralisée (XVIᵉ siècle). Des textes plus nombreux et variés sont mis en circulation, et il devient nécessaire d'informer un public plus important ; en même temps, on redécouvre les textes anciens, qu'il faut commenter ; enfin, discussions et polémiques sur les textes se multiplient.

Dans une **première période (XVIᵉ-XVIIᵉ siècles)** dominent les « arts poétiques », ouvrages qui codifient la façon de composer les textes, mais aussi de les juger. Les premières recensions d'auteurs et d'ouvrages antiques et modernes jettent les bases de l'histoire littéraire. Les questions et les techniques d'exégèse et d'interprétation, d'abord réservées aux textes religieux, s'étendent peu à peu aux textes profanes.

Le XVIIIᵉ siècle voit l'expansion des recherches érudites d'histoire littéraire. En même temps, la littérature et les débats d'idées étant étroitement liés, la critique tend à devenir un « genre ». **Au XIXᵉ siècle,** cette institutionnalisation est réalisée : le fait littéraire devient socialement plus vaste ; il y a désormais des **critiques de profession,** et la littérature devenant une discipline qui s'enseigne, la critique se trouve une assise universitaire (par exemple Taine est d'abord un universitaire). Les fonctions de la critique tendent à se diversifier : critique d'actualité d'une part, recherches savantes de l'autre. Elles peuvent être assumées par un même spécialiste (Sainte-Beuve, not.).

Au XXᵉ siècle, la scolarisation généralisée, la place importante faite à l'enseignement littéraire, en même temps que l'explosion des media et des loisirs, font de la critique une activité importante, avec des branches spécialisées : l'information, le jugement, la recherche.

2 Les trois rôles de la critique

A l'heure actuelle, on peut distinguer, même si les frontières entre elles ne sont pas étanches :

– *la critique d'information* : liée à l'expansion des media et du commerce du livre, elle est présente dans toute la presse : pas de journal, de chaîne de radio ou de télévision qui n'ait sa rubrique ou son émission, parfois d'auditoire important (« Apostrophes » ou « La rage de lire » à la télé, « Le Masque et la plume » ou « La Matinée littéraire » à la radio, le cahier hebdomadaire du « Monde des livres » etc.). Elle ne se limite jamais à la « Littérature » au sens strict. Même quand elle paraît se borner à présenter ouvrages et auteurs, elle est en fait sélective, normative, volontiers polémique (la polémique fait vendre). Elle représente le lieu où s'observe le plus nettement la Poétique de base du temps présent, c'est-à-dire ses principes de classement des ouvrages et les critères d'appréciation qu'il propose. Poétique largement implicite, redisons-le.

– *la critique de goût et de jugement :* elle est la critique en tant que « genre », à proprement parler. Il s'agit toujours d'informer, mais le trait essentiel est que l'on y trouve les commentaires et jugements de critiques qui se posent en égaux des écrivains. La plus grande extension de ce courant date de l'entre deux-guerres. Aujourd'hui, les revues spécialisées (*La Quinzaine littéraire, Les Nouvelles littéraires, Le Magazine littéraire*) tendent, pour subsister, à s'ouvrir plus largement sur l'actualité culturelle générale. D'autres (*Europe, L'Arc, Obliques,* etc.) vivent de la fidélité d'un public très averti, mais restreint.

– *la recherche critique* d'interprétation apparaît comme le domaine de l'Université surtout. Elle est moins liée à l'actualité de la production littéraire que les deux autres branches de la critique. Mais c'est dans ce domaine que s'élaborent le plus les notions et les systèmes qui orientent, par le relais de l'enseignement, les pratiques d'analyse des textes.

b

TENDANCES DE LA RECHERCHE CRITIQUE

Recherches d'informations historiques sur les textes, les écrivains, les pratiques sociales du fait littéraire, réflexions sur les notions nécessaires pour leur analyse, toutes ces études ont connu depuis la seconde guerre mondiale un mouvement d'expansion et de diversification (V. Roger Fayolle, *La critique*, A. Colin, « coll. U », 1978 ; D. Couty et alii, *La critique littéraire*, P.U.F., « Que sais-je ? », 1980). On peut distinguer quatre secteurs principaux.

1 L'histoire littéraire

Entendue au sens large, elle recouvre toutes les formes de la critique. Toutes en effet portent sur des textes qui appartiennent au passé, fût-il très proche. Entendue au sens strict, il s'agit de l'étude historique des faits littéraires (mieux vaut, d'ailleurs, parler alors d'*histoire de la littérature*) ; elle se distingue ainsi des recherches de poétique ou de sémiologie. Ce domaine a fait l'objet d'options diverses et de polémiques : faut-il centrer l'attention sur la biographie des auteurs, sur l'histoire des thèmes, des formes ? S'agit-il d'une science auxiliaire de l'histoire ou d'une discipline autonome ? Dans la pratique, l'histoire littéraire rassemble aujourd'hui encore les plus gros bataillons de chercheurs. Par sa nature même, elle tend à intégrer les divers systèmes critiques, les admettant tous dès lors qu'ils établissent des faits propres à fournir ce qui est la raison d'être de cette discipline : l'érudition historique fondamentale. Elle aborde donc les textes de l'extérieur, en envisageant leurs relations avec leurs contextes et référents, et les phénomènes historiques de tous ordres dans lesquels ils prennent place : l'histoire littéraire n'est pas un système critique, mais un domaine de recherche.

2 Critiques psychologiques et psychanalytiques

Dans les années 1920 et 1930, l'histoire littéraire faisait la part belle à la biographie des auteurs, et la critique voyait dans les textes des transpositions directes du vécu de l'écrivain. Dans le même mouvement, on conférait aux personnages la « réalité » d'êtres autonomes. De telles vues n'ont plus guère cours dans la critique universitaire actuelle (mais elles persistent dans certains manuels scolaires et les media). D'autres démarches s'inspirant de travaux de psychologie ou de psychanalyse abordent les textes en interrogeant ce qui s'y manifeste, au-delà des intentions délibérées de l'auteur. Trois courants en ce domaine :

• Dans la ligne de la *psychanalyse de Freud*, des travaux qui envisagent l'« inconscient du texte », ce que tout individu écrivant met en jeu sans le maîtriser, à travers les mots. La psychanalyse, qui se fonde sur l'interprétation du « discours » individuel, est mise à contribution : on lui emprunte des démarches et des concepts, applicables par analogie aux textes écrits.

> Pour faire le point : J. Bellemin Noël : *Psychanalyse et littérature* (« Que sais-je ? », P.U.F., 1979).

• J.-P. Sartre a utilisé la psychanalyse pour éclairer le sens de l'œuvre en l'inscrivant dans les choix fondamentaux (et inconscients) d'*attitude existentielle* de l'auteur.

> De J.-P. Sartre : *Baudelaire*, 1967 ; *Saint-Genet*, 1952 ; *Flaubert ou l'idiot de la famille*, 1970. L'œuvre critique de Sartre touche aussi des aspects sociaux et politiques : voir ses *Situations*.

• Une *critique thématique*, plus orientée vers la « psychologie des profondeurs », et influencée par Jung autant que par Freud ; elle a été enclenchée par G. Bachelard, qu'ont suivi J.P. Richard, G. Poulet, J. Starobinski. Elle s'attache à suivre non un texte, mais le cheminement de *thèmes* à travers de multiples textes, pour les interpréter comme autant de manifestations de désirs cachés.

> De Bachelard, divers travaux depuis la *Psychanalyse du feu* (1937) jusqu'à la *Poétique de la rêverie* (1961). Citons entre autres G. Poulet : *Études sur le temps humain*, 1951-1968 ; J. Starobinski : *L'Œil vivant*, 1961.

3 Sémiologie et Poétique

Tout un ensemble de recherches se rattachent à la sémiologie. Elles sont souvent dites « formalistes », en souvenir des formalistes russes qui dans les années 1920 proposèrent une analyse interne des structures textuelles ; elles sont dites parfois aussi par restriction, « structuralistes ». Elles empruntent nombre de modèles et de concepts à la linguistique, notamment aux travaux de Saussure et de Benveniste.

Plusieurs branches. Citons :

• L'analyse des *structures du récit*.

> Not. : G. Genette : *Figures III*, 1972 ; *Communications*, n° 8.

• Les recherches sur la *Poétique* proprement dite ; définition et répartition des *genres* (ou types) de textes, analyse de leur fonctionnement et de leur esthétique.

> T. Todorov, *Les genres du discours*, 1978 ; G. Genette : *Introduction à l'architexte*, 1979.

• Les recherches sur la *Rhétorique*, envisagée comme rhétorique générale.

> « Groupe μ » (Liège) : *Rhétorique générale*, 1970 ; *La Rhétorique*, P.U.F., « Que sais-je ? », 1981.

• Des travaux sur le style, la fonction poétique, le fait poétique.

> Jakobson : *Questions de Poétique*, 1973 ; H. Meschonnic : *Pour la Poétique*, 1970-1973 ; M. Rifaterre : *Essais de stylistique structurale*, 1971.

• Des travaux plus théoriques de *sémiologie* générale.

> J. Kristeva : *Semiotiké, recherches pour une sémanalyse*, 1968.
> V. les divers essais de R. Barthes (*Le Degré zéro de l'écriture*, 1953 ; *S/Z*, 1970) ; etc.

4 Critiques sociologiques

Elles sont diverses, souvent controversées.

• L'étude de la *condition sociale* des auteurs (R. Picard, *La carrière de Racine,* 1956) et des modèles de la création littéraire (J. Scherer : *La dramaturgie classique en France,* 1960).

• La recherche, selon des principes marxistes, de liens entre les faits sociaux et les textes en tant que symboles d'*idéologies.* La situation d'un groupe social et sa « vision du monde » s'expriment dans les œuvres ; plus précisément encore, se trouve analysée la façon dont l'idéologie s'insère dans les textes.

> Le premier aspect de ce courant fut illustré par L. Goldmann : *Le Dieu caché,* 1956, thèse sur le Jansénisme et la vision tragique du monde. Le second par les réflexions sur la sociocritique (*Sociocritique* de C. Duchet, 1980). Citons aussi les revues *Critique* et *Littérature.*

• Les études de la *lecture* comme fait social, et de la littérature comme institution.

> R. Escarpit : *Le littéraire et le social,* 1970 ; H. R. Jauss : *Pour une esthétique de la réception,* 1979 ; J. Dubois (Liège) : *L'Institution de la littérature,* Nathan, 1979. Voir aussi, pour certains de ses chapitres P. Bourdieu, *La Distinction,* 1979.

2 Conseils pratiques

a

ÉDITIONS ET USUELS

1 Le choix des éditions

La lecture d'un texte dans son intégralité est toujours préférable. En effet, dès qu'on isole un « extrait » de son contexte (qu'il s'agisse d'un roman ou d'un article de presse, d'un manuel d'économie ou d'un poème), on s'expose à un risque grave de contresens, tant sur le fragment lui-même que sur la structure et les significations d'ensemble du texte dont il est tiré. Il est rare qu'un extrait soit significatif de toutes les caractéristiques du texte complet. En l'isolant, on en fait une structure en grande partie close sur elle-même. De plus, sa sélection engage des options idéologiques, qui deviennent perceptibles dès qu'on a accès au texte intégral. La pratique des extraits se justifie pourtant quand on se propose comme objectif principal l'illustration d'un mode de pensée ou d'un tour d'écriture, ou encore qu'on recherche une information ou une opinion ponctuelles sur un sujet précis : les extraits ont alors un rôle d'exemples, ou de documents pour la constitution d'un dossier ou l'argumentation d'un débat.

Parfois aussi, des textes ne sont accessibles que sous forme de fragments : quand le texte d'origine n'existe plus dans son intégralité (de nombreux documents et œuvres littéraires anciens ne subsistent ainsi que dans un état lacunaire), ou quand il n'est accessible au grand public que par extraits (traductions partielles, éditions introuvables dans le commerce...). Les manuels scolaires de quelque discipline que ce soit — même si le fait est particulièrement net pour les manuels littéraires — contiennent ainsi en abondance des fragments de textes qu'on ne peut se procurer en éditions actuelles (à côté de textes très courants, mais traités de même).

Mais en aucun cas on ne doit perdre de vue le caractère incomplet des extraits, et ils ne sauraient se substituer au texte intégral. Il y a plus de plaisir et plus d'apport intellectuel à attendre de la lecture de textes complets, même en nombre limité, que d'un saupoudrage de fragments.

Sur l'énorme masse des textes écrits de tous ordres qui se publient chaque année, et à plus forte raison sur l'immense quantité des textes produits au fil des siècles, seule une infime fraction est commodément accessible. Une majorité disparaît rapidement ; la plus grande partie de ce qui reste est conservée à peu d'exemplaires et seules quelques grandes bibliothèques ont des fonds assez fournis pour réunir des ensembles vraiment significatifs. Le phénomène est tout aussi net quand on considère les seuls textes littéraires. L'*édition*, c'est-à-dire la pratique qui met les textes à la disposition du public, est donc une activité décisive pour la lecture. Elle se fait sous diverses formes : journaux, brochures, livres..., et bien des textes et des documents ne sont connus du public qu'à travers les fragments qu'en donnent les manuels, nous venons de le voir. En situation scolaire, de nos jours, l'usage des textes polycopiés se répand. En revanche, il est d'autres textes (beaucoup moins nombreux), dont le succès durable explique qu'ils soient proposés par plusieurs éditeurs à la fois, sous plusieurs présentations. Le lecteur se trouve donc tantôt démuni et contraint d'accepter la seule forme disponible, tantôt embarrassé par le choix entre plusieurs éditions.

Or l'aspect matériel d'un texte engage son rapport au lecteur et sa signification. Le choix — quand il s'offre — entre diverses éditions est donc important.

Établies à destination de catégories précises de lecteurs, les diverses éditions d'un même texte peuvent se présenter, outre la multitude des éditions courantes, comme :

— Des éditions savantes, où le texte est accompagné de notes, critiques, commentaires, introductions, variantes, dossiers documentaires.

— Des éditions de prix, parfois accompagnées de notes et commentaires, parfois limitées au seul texte, mais présentées avec une typographie, un papier, une couverture de qualité. Les deux principales collections de ce type sont : « La Bibliothèque de la Pléiade » (Ed. Gallimard), « les Classiques Garnier » (Ed. Garnier). A signaler aussi : « L'Intégrale » (Ed. du Seuil). Ces ouvrages sont coûteux ; mais ils se trouvent au moins en bibliothèque et rendent des services.

— Des éditions de poche, donnant le texte et en général un minimum de notes ou d'indications documentaires. Les quatre principales collections : « Le Livre de poche », « Folio », « Garnier-Flammarion », « 10/18 ».

Toutes ces éditions proposent en règle générale des textes intégraux. Il n'en va pas toujours de même avec certaines autres : les éditions expurgées, bien sûr, mais aussi certaines collections à destination de la jeunesse ou à usage scolaire. Les « petits classiques » donnent le plus souvent des textes complets quand il s'agit d'œuvres assez brèves ; mais à cause de leurs dimensions restreintes, ils se limitent pour les textes plus volumineux à des extraits accompagnés parfois du résumé de certains passages.

Quand il y a possibilité de choix entre plusieurs éditions, les principaux critères sont :

— *Le respect du texte.* Cela suppose que l'on s'en tienne à des éditions donnant des textes complets chaque fois que c'est possible, et correctement établis.

— *La qualité documentaire.* Quand on a accès à des éditions contenant des notes, documents et commentaires, il faut privilégier celles où domine le souci documentaire. Cela ne signifie pas que la documentation soit forcément abondante. Mais une édition documentaire donne la priorité aux notes et aux documents apportant des informations et éclaircissements, tandis qu'une édition commentée consacre davantage ses notes et introductions à des critiques et interprétations.

— *La maniabilité de l'édition* tient non seulement à des questions de volume et de format, mais surtout à la présence de tables des matières claires, d'index détaillés, de numérotation des vers ou des lignes au besoin, de bibliographies ordonnées.

Il n'y a pas de collections parfaites ; surtout, chacun est le plus souvent soumis à la richesse ou l'indigence des bibliothèques et librairies auxquelles il a accès, et bien sûr au prix souvent élevé des livres. Au moins peut-on chercher selon de tels principes.

2 Les usuels, la documentation

On appelle *usuels* (nom sous lequel ils sont classés dans les bibliothèques) les ouvrages qui permettent de constituer la documentation de base dès qu'on veut éclairer ou approfondir tel ou tel point d'un texte. Ce sont les dictionnaires, encyclopédies, bibliographies... De tels ouvrages, quelles que soient leurs qualités scientifiques, ne sont pas exempts d'options et de points de vue, et ne donnent pas forcément des vérités absolues ou intangibles. Leur utilisation doit donc se faire aussi de façon critique.

— Parmi les *dictionnaires,* on distinguera : les dictionnaires de langue, élémentaires ou détaillés, modernes comme les *Robert* ou classiques comme le *Littré,* et les dictionnaires encyclopédiques et historiques. L'usage régulier de dictionnaires (au moins de langue), est une nécessité constante.

— Les *encyclopédies* sont aujourd'hui assez nombreuses, de présentations et de niveaux de difficulté assez divers, pour permettre de disposer par leur moyen de sources d'information historique et critique suffisantes dans bien des cas, qui indiquent les éléments principaux de documentation.

— Les *ouvrages historiques* (ouvrages généraux et histoires des faits littéraires) constituent une autre base de documentation, à utiliser quand les usuels précédents ne suffisent pas.

— Lorsqu'on envisage une étude plus approfondie sur un point donné, il devient nécessaire de recourir aux *bibliographies* (c'est-à-dire des listes d'ouvrages traitant un sujet particulier). Les ouvrages cités ci-dessus en donnent l'essentiel. Pour des questions spécialisées, il existe des revues et répertoires bibliographiques.

b

FICHES DE LECTURE

Le conseil de « lire un crayon à la main », de « prendre des notes », de « faire des fiches », est maintes fois prodigué aux lycéens, étudiants, adultes en formation permanente. Encore faut-il que les « fiches » soient bien conçues, dans leur réalisation et leur utilisation. Elles ne sont pas une fin en soi, et ce n'est pas parce qu'on aura « mis en fiches » un texte qu'on l'aura forcément mieux lu ; mais elles sont un moyen de conserver sous une forme aisément accessible et consultable des informations utiles. Leur rôle est de servir et soutenir la mémoire, et d'aider à établir des liens entre diverses séries de renseignements. Elles sont donc des outils et des relais de la lecture ; elles ne la remplacent pas. Une fiche est un document bref et commode, qui consigne quelques renseignements importants. Elle doit donc présenter un certain nombre de qualités pratiques qui la rendent efficace. Les exigences de base sont simples : les renseignements notés doivent être réduits à l'essentiel et présentés le plus clairement possible ; la fiche doit être facile à classer et à retrouver parmi d'autres, et donc comporter des en-tête bien détachés du reste du contenu et avoir un format standard.

La présentation doit cependant s'adapter à des usages différents. On peut distinguer deux types principaux de fiches.

• les fiches simples

Elles sont destinées à recevoir un seul type de renseignements : les références bibliographiques d'un ouvrage ou d'un auteur, des renseignements sur une biographie, le relevé des occurrences d'un mot dans un texte ou un « corpus » donné, des éléments pour l'étude d'un champ sémantique, les occurrences d'un motif pour l'étude d'un champ lexical, etc.

Exemple de fiche de référence bibliographique pour un ouvrage :

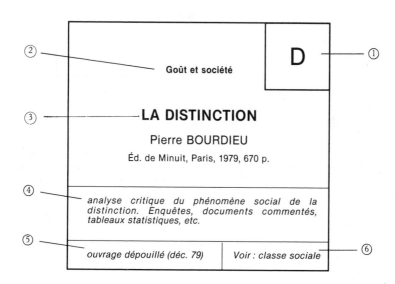

Cette fiche comporte :
— *un en-tête où figurent :*
  • *une lettre code pour classer la fiche* ① *; ici : D pour « distinction » ;*
  • *l'indication très succincte du sujet principal* ②.
— *une partie centrale avec :*
  • *les références complètes de l'ouvrage* ③ *; titre, nom d'auteur, lieu et date d'édition, nombre de pages, format.*
  • *l'indication brève du type de contenu* ④ *;*
— *des précisions complémentaires (facultatives) concernant :*
  • *le mode de lecture qui a été fait de l'ouvrage : parcouru, consulté, dépouillé, lecture personnelle ou en groupe, etc.* ⑤
  • *des corrélats (renvois à d'autres fiches ayant un lien avec le sujet traité)* ⑥.

Dans l'exemple ci-dessus, il s'agit d'enregistrer une seule référence bibliographique ; mais on peut être amené à noter, sous un même nom d'auteur, plusieurs titres, ou par un seul mot ou une notion plusieurs occurrences ou renvois... Dans de tels cas, il faut parfois simplifier les renseignements notés (ne pas indiquer de rubrique ⑤ , abréger ou supprimer la rubrique ④); il faut parfois adopter un format de plus grande dimension.

• les fiches complexes

Elles consignent des renseignements plus nombreux et variés. Elles peuvent se présenter de cette façon :

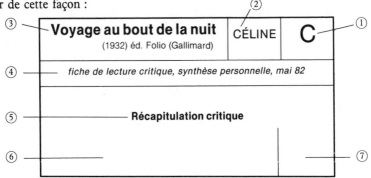

On retrouve dans ce type de fiche :

— *un en-tête indiquant :*

> • *une lettre-code pour le classement* ① *; ici : C pour Céline.*
> • *l'indication de la rubrique de classement adoptée* ② *; ici il s'agit d'un nom d'auteur, mais ce peut être ailleurs un renvoi à un sujet — c'était le cas dans l'exemple précédent — ou à une période historique, un courant littéraire, un thème général.*
> • *les références complètes du texte* ③ *(date de première publication, édition utilisée — ailleurs ce sera un numéro de revue, la date d'un périodique —, etc.).*

— *des précisions concernant les conditions de réalisation et l'orientation de la fiche* ④*.*

— *les renseignements proprement dits, constituant le corps de la fiche* ⑤*, avec des rubriques et subdivisions.*

— *des renvois :*

> • *aux pages (chapitres, lignes, actes, scènes) où figurent les éléments notés dans le corps même de la fiche* ⑥*.*
> • *à d'autres documents ou sujets : corrélats* ⑦*.*

Un tel type de fiche se prête à deux classements au moins : par auteurs ou centres d'intérêt (cartouche ②) ou par titres ou références de textes (cartouche ③).

Dans le cas des fiches complexes, les contenus qui s'inscrivent dans le corps de la fiche (cartouche ⑤) peuvent être de divers ordres. Ils peuvent en particulier rendre compte des analyses menées dans le cours d'une lecture plurielle (voir ci-dessous), ainsi que des conclusions et récapitulations de la phase de confrontation et bilan de celle-ci.

Dans tous les cas, quel que soit le type de fiche utilisé, la rédaction doit être claire, brève et précise. Une fiche en effet est destinée à être consultée rapidement et à permettre de retrouver immédiatement dans le texte les éléments dont elle rend compte. Le style télégraphique est souvent commode dans la rédaction, mais il doit rester intelligible — cela en fait d'ailleurs un exercice d'écriture assez délicat — et ne peut être utilisé à tort et à travers. Les références de pages et d'éditions sont indispensables car elles permettent de se reporter rapidement au document original. De même, dès qu'il y a utilisation de fiches en grand nombre, des corrélats s'imposent, sinon la mise en relation de chaque fiche avec d'autres documents devient impossible. L'ensemble des fiches ainsi réalisées constitue la matière d'un fichier personnel.

• **Chacune des six démarches de la lecture plurielle** peut aussi s'inscrire dans une fiche de lecture. Le canevas et les rubriques à utiliser se trouvent indiqués par les étapes mêmes de chaque démarche. Les éléments dégagés lors de la phase de confrontation et bilan se rassemblent à leur tour en une septième fiche, globale.

titre **ACTION** auteur
1. synopsis • résumé • fable et argumentaire **2. intrigue et progression** **3. enjeux** **4. significations et portée de l'action** (v. pp. 147-152)

titre **SOCIOLOGIE** auteur
1. champ socio-historique • faits sociaux, catégories sociales • valeurs et systèmes de pensée **2. le texte dans la société et l'histoire** • genèse • accueil • postérité et survie **3. significations socio-historiques** (v. pp. 169-177)

titre **FORCES AGISSANTES** auteur
1. inventaire des forces **2. modes de vision et manifestations textuelles** **3. statut et dynamique des forces** **4. effets du jeu des forces** (v. pp. 153-160)

titre **STRUCTURE** auteur
1. composition **2. séquences** **3. organisation temporelle et logique** **4. organisation thématique** **5. implications des modes d'organisation** (v. pp. 178-185)

titre **PSYCHOLOGIE** auteur
1. champ affectif • interlocuteurs • personnages • relations affectives **2. thèmes psychologiques** • manifestes • latents **3. mythologies, attitudes devant l'existence** **4. significations et implications psychologiques du texte** (v. pp. 161-168)

titre **STYLE** auteur
1. normes et conventions • normes linguistiques • place du texte dans une poétique • le pacte de lecture **2. les choix d'écriture** • lexique, syntaxe, niveau de langue • modes d'exposition • procédés rhétoriques **3. style et enjeux du texte** • style et destinataire • style(s) et vision(s) du monde (v. pp. 186-192)

Annexes

3 La question des genres

1 Définitions

On appelle **genres** des ensembles de textes regroupés selon quelques traits communs.

Lorsqu'en présence d'un texte inconnu on se demande : « qu'est-ce que c'est ? », la première réponse se fonde souvent sur une indication, même imprécise, concernant son **genre** : « c'est un roman, un article, un manuel... ». De fait, l'appartenance d'un texte à un genre oriente d'emblée, au moins confusément, ce que le lecteur en attend et admet d'avance.

Une lecture critique doit tenir compte des habitudes et contraintes qui s'attachent à un genre à une époque donnée, mais évaluer en même temps la part d'originalité de chaque texte ou sa conformité à un modèle. Elle ne vise pas à « étiqueter » les textes en les rangeant dans des genres, mais fait apparaître le rôle de ces derniers dans leurs significations et leurs rapports au lecteur.

La définition donnée plus haut est extrêmement large ; de fait, la notion est délicate à cerner et il n'en existe pas à ce jour de typologie fixée. Les critères de regroupement sont de nature et d'importance diverses, si bien qu'on place sous le terme de « genres » des ensembles très différents (on parle du « genre narratif », aussi bien que du roman policier ou du sonnet comme genres, par exemple).

Pour éviter des confusions, on distinguera :

• Les **genres** au sens courant du terme ; ce sont des ensembles de textes qui obéissent à des modèles, des conventions et des contraintes (on parle ainsi des « lois » d'un genre) ; et ils sont déterminés par des goûts, des habitudes, et des attentes du public. Chaque époque en privilégie certains, en invente, en renouvelle d'anciens ; d'autres qui ne sont plus productifs survivent néanmoins parce que des textes qui en relèvent restent lus.

• Les **types** de textes, qui correspondent à des catégories plus générales (tout texte et tout genre représentant des combinaisons de ces catégories).

On peut déterminer des types de textes à partir de critères de deux ordres.

• *Des modalités d'expression :*

— Les domaines de significations : récit, discours, poésie, qui peuvent se combiner.

— Les <u>formes</u> : vers ou prose, longs ou brefs, subdivisés ou pas en unités manifestes, ordre de présentation du propos obligatoire ou non. Lorsqu'un type de texte ne se définit que par sa forme (le sonnet par exemple), c'est ce mot qu'il convient d'employer plutôt que celui de « genre ».

• **Des spécifications :**

— selon les <u>sujets</u>, ce qui amène à prendre en compte des grands thèmes culturels : roman « d'apprentissage », « d'aventures », « de mœurs », « picaresque » (qui met en scène un picaro, l'aventurier fripon de la tradition romanesque espagnole), etc ;

— selon les <u>fonctions</u> dévolues au texte : informer, représenter (le réel ou une fiction), spéculer (penser et interpréter), affirmer (des avis, des goûts, des décisions...) ;

— selon des <u>registres</u>, qui correspondent à des façons de faire percevoir le réel. Ils sont autant de « façons de voir », et de ressentir à travers lesquelles les textes font apparaître les choses, qui deviennent alors sources de rire (le comique), ou d'angoisse (le tragique), ou encore échappent à l'ordre rationnel (le fantastique), etc.

Principaux registres

Le **comique** perçoit le réel à travers le rire. Il comporte de nombreuses nuances importantes : *l'ironie,* qui use du rire pour attaquer ; *l'humour,* qui aperçoit sous le sérieux ses aspects plaisants ou absurdes (comique de situations et de caractères surtout) ; la *parodie* qui imite pour railler ; le comique de farce, trivial et volontiers grossier (comique de gestes et de mots surtout), auquel on rattache aujourd'hui le *burlesque* (comique de fantaisie débridée), qui était à l'origine fondé sur le décalage entre un sujet noble et une expression triviale. Le comique ne se borne pas à la comédie, pas plus que la comédie n'est forcément comique.

Le **didactique** qui fait de toute réalité la matière d'un enseignement (moral, scientifique...).

L'**épique** donne aux faits et personnages une force et une noblesse inhabituelles. Il peut se rencontrer hors de l'épopée. Il comporte toujours, au sens strict, une intervention du *merveilleux* (manifestation directe des puissances divines). Il est proche de l'*héroïque* (mais celui-ci s'en distingue par l'absence de merveilleux).

L'**éthique** est le mode de perception du monde qui privilégie la problématique des valeurs morales.

Le **fantastique** consiste à ne plus distinguer les explications naturelles et celles qui échappent au rationnel.

Le **féérique** crée un monde merveilleux et hors du réel, en faisant intervenir des personnages doués de pouvoirs supranaturels.

Le **lyrique** manifeste les sentiments intimes. Le mot vient de ce qu'à l'origine il était le domaine d'une poésie faite pour être chantée avec accompagnement à la lyre ; mais le lyrique ne se limite pas à la poésie lyrique.

Le **mystique** cherche un lien avec l'absolu, par-delà les limites des démarches rationnelles.

Le **mythique** (ou : *fabuleux*) lit la réalité à travers des fictions et images (individuelles ou collectives) qui en donnent des explications là où la connaissance rationnelle fait défaut ou ne donne pas satisfaction.

Le **pathétique** privilégie les émotions intenses.

Le **polémique** met en avant les attitudes de combat et le conflit.

Le **réaliste** veut représenter la réalité telle qu'elle est, en observant les faits pour en dégager des lois. La « littérature réaliste » florissante du XIXᵉ siècle n'en est qu'une manifestation.

Le **romanesque** mêle les rêveries et la sentimentalité à la perception de la réalité. Se rencontre très souvent ailleurs que dans le roman.

Le **tragique** exprime la prise de conscience par l'homme des forces qui pèsent sur lui, le dépassent et le dominent. Il ne se manifeste pas que dans la tragédie, et toutes les tragédies ne sont pas forcément tragiques.

2 Répertoire des principaux genres

Les genres, tels qu'on peut en établir le répertoire sommaire, sont donc le résultat de combinaisons des critères énoncés ci-dessus. Cette liste se limite à des genres vivaces ou encore lus aujourd'hui. Elle n'envisage que les *genres* au sens courant du terme, qu'ils se définissent par des critères de forme (la ballade...), ou de sujet (l'hymne...), ou des combinaisons plus complexes (la comédie...). La question des genres ne concerne pas les seuls textes littéraires, même si la Poétique s'est surtout attachée à ceux-ci ; toute sorte de textes est susceptible d'être codifiée de façon explicite ou implicite et donc de former un genre : les dictionnaires, les manuels, les cours et les exposés, les traités scientifiques ou philosophiques, mais aussi l'article de presse, le curriculum vitae, la petite annonce, la lettre privée ou d'affaires, l'histoire drôle, la devinette et tous les jeux de société fondés sur le langage (charades, rébus...), le fait-divers, le slogan, les guides et modes d'emplois, le télégramme, etc. Elle exclut également les termes désignant des écoles ou courants littéraires qui ne concernent pas des genres à proprement parler et ne peuvent être employés en ce sens qu'abusivement (baroque, classique, galant, précieux, romantique, surréaliste, etc. ; v. bibl. n° 1).

autobiographie

Récit de la vie d'une personne, fait par elle-même. Toutes époques, mais productif not. depuis le XVIIIᵉ s. Souvenirs vrais et fictions s'y mêlent parfois. Genres voisins : *confessions ; mémoires* (moins centrés sur la vie de l'auteur que sur les événements dont il a été le témoin) ; *souvenirs ; l'essai* dans une certaine mesure.

ballade

Poème à forme fixe ; 3 couplets d'octo ou de décasyllabes, dont le dernier vers fait refrain, et suivis d'un « envoi » (strophe plus courte dédiant le texte à une personne réelle ou fictive) ; souvent mis en musique. XIVᵉ et XVᵉ s. surtout, avec un renouveau au XIXᵉ et XXᵉ s. par goût de l'archaïsme. A distinguer de la *ballade* allemande (XIXᵉ s., forme libre, contenu légendaire ou familier) et anglo-saxonne (forme de chanson, XIXᵉ et XXᵉ s.).

calligramme

Poème qui, par la disposition des mots dans la page, forme un dessin qui, le plus souvent, imite l'objet dont parle le poème (genre ancien ; en vogue au début du XXᵉ s.).

chanson

Genre mixte (texte, le plus souvent versifié, + musique) ; suite de couplets avec refrain. Toutes époques, mais grand développement au XXᵉ s., avec l'expansion des media. Genre très populaire, susceptible de nombreuses subdivisions selon le public visé et surtout des catégories de sujets.

chanson de geste (ou geste)

Poème narratif, formé de « laisses » (séries de décasyllabes ou d'alexandrins assonnancés), souvent groupées deux à deux sur un même point du propos ; était accompagné de musique. XIᵉ s. surtout. Avait pour sujet les exploits (la « geste ») des chevaliers. Genre voisin : l'*épopée*. Relève du registre épique.

comédie

Pièce de théâtre, dont les personnages sont de condition moyenne ou modeste, le sujet tiré de la vie quotidienne et le dénouement heureux (caractéristique essentielle). Cette définition de base a été nuancée, de l'Antiquité à nos jours. Elle trouve sa pleine expansion au XVIIᵉ s. : sa forme la plus élevée est alors en 5 actes et en vers (les plus modestes en 1 ou 3 actes, et/ou en prose). La comédie implique souvent, mais pas forcément, des effets comiques : le XVIIIᵉ s. invente la *comédie sérieuse,* voire *larmoyante.* Dans un sens élargi, le terme désigne aujourd'hui toute pièce (ou film) comique. Nombreuses subdivisions selon les sujets (*comédie de mœurs ; de caractère ;* etc.) ou de registres (comédie réaliste ; pathétique ; héroïque, c.-à-d. qui met en scène des personnages de haut rang). Genres voisins : *la farce* (v. ce mot) ; *le vaudeville ; la pastorale* (qui met en scène des personnages de bergers, dans un univers de convention) ; *le drame* (v. ce mot).

comptine

V. p. 118

conte

Récit bref, le plus souvent en prose, d'événements imaginaires. Toutes époques, mais s'impose surtout à partir de la fin du XVIIᵉ s., quand on publie des contes populaires, circulant jusque-là oralement et dédaignés par la Littérature. Nombreuses subdivisions selon les sujets ou les registres (fantastique, merveilleux...). Parfois difficile à distinguer de la *nouvelle* (v. ce mot) : en principe, le conte se donne comme une fiction non réaliste, tandis que la nouvelle feint l'authenticité. V. aussi : *fable, roman, récit, mythe, légende.*

discours

V. p. 76. On distingue les discours selon leurs destinataires ou leur sujet : *allocution, plaidoyer, harangue,* etc. mais aussi les discours religieux comme *le sermon* ou *l'homélie* et ceux qui s'adressent à la divinité : *prière, psaume* (prière chantée). Variété répandue : *l'éloge funèbre,* qui prend le nom *d'oraison funèbre* dans la pratique religieuse.

drame

Au sens large, toute pièce de théâtre ; dans un emploi plus strict : pièce qui mêle tragique et comique, et se veut représentation du vrai. Se développe sous des formes variées à partir du XVIIIᵉ s. et au XIXᵉ s. Genres voisins : le *mélodrame,* le *Grand guignol* (du nom d'un théâtre de la fin du XIXᵉ s. qui jouait sur l'horreur), *le mystère* (v. p. 100).

élégie

Poème sur un sujet tendre et triste, de forme libre (à la différence de l'élégie latine, dont le sujet était libre et la forme fixée). Genres voisins : *l'idylle* (poème tendre, heureux), *l'églogue* (poème amoureux bucolique), *l'épithalame* (poème pour un mariage). Plus largement, on nomme parfois « poésie lyrique » tous les poèmes exprimant des sentiments intimes. Toutes époques.

épopée

Long poème narratif, chantant les exploits des héros, exaltant un grand sentiment collectif, et recourant au merveilleux. Elle est pratiquée dans cet esprit depuis l'Antiquité et tenue pour le genre le plus noble jusqu'au XIXᵉ s. Mais elle est concurrencée par la *tragédie* et le *roman* (que l'on considère comme un de ses substituts possibles).

essai

Écrit en prose, où l'auteur aborde de façon personnelle diverses questions sans les examiner à fond (à la différence du *traité*). Inauguré au XVIᵉ s. par Montaigne, très vivant depuis. Prend souvent la forme du *dialogue d'idées,* renouant ainsi avec la tradition platonicienne.

Annexes

fable

Poème court, relatant une fiction dont se dégage une leçon morale. Toutes époques, XVIIᵉ s. en particulier. Genres voisins : l'*apologue ;* la *parabole.*

farce

Pièce de théâtre qui se fonde sur un comique élémentaire, souvent grossier (comique de mots et de gestes surtout). Les acteurs jouaient masqués. Vivant au Moyen Age et jusqu'au XVIIIᵉ s., ce genre a laissé de nombreux éléments épars dans des ouvrages comiques divers : *sketch, mascarade, pochade, pantalonnade* (genres brefs).

Histoire

V. p. 49. L'Histoire constitue un genre défini par l'ordre narratif du propos et sa fonction (représenter le vrai). Jusqu'au XVIIᵉ s., et pour certains auteurs jusqu'au XIXᵉ s., est conçue comme proche de l'épopée. Nombreuses subdivisions : *annales* (recueil de faits et de documents), *chronique* (récit au jour le jour fait par un témoin) ; v. aussi : *récit, roman, essai historique.*

hymne

Écrit de caractère louangeur, célébrant une personne ou une entité quelconque. Genres voisins : l'*éloge,* le *panégyrique,* l'*ode,* voire le *madrigal* (texte bref et spirituel).

journal

Récit au jour le jour d'événements vécus par l'auteur. Forme également utilisée pour présenter des récits fictifs. Genres voisins : *autobiographie, mémoires, chronique.*

lettre

Texte échangé comme mode de correspondance, mais qui a été pris comme forme littéraire dès l'Antiquité romaine, puis à partir du XVIᵉ s. et surtout du XVIIᵉ s. Très nombreuses subdivisions selon les sujets. Beaucoup de correspondances privées ont été publiées pour leur valeur littéraire ou documentaire. Cette forme a aussi été employée pour donner une apparence authentique à des récits fictifs (not. le *roman par lettres* des XVIIᵉ et XVIIIᵉ s.), ou plus de vivacité à des écrits polémiques. Genres voisins : l'*épître* (au sens large : toute lettre ; au sens strict aujourd'hui : lettre de ton soutenu). La *lettre ouverte* s'apparente au *pamphlet.*

manifeste

Déclaration publique des thèses et du programme d'une personne ou d'un groupe (politique ou artistique). Pratique de toutes les époques, mais le mot s'impose au XIXᵉ s. Genres voisins : *déclaration, proclamation, profession de foi.*

maxime

Texte exprimant sous une forme très ramassée une réflexion morale ou philosophique de portée générale. Toutes époques. Genres voisins : la *sentence,* les *dictons* et les *proverbes, l'adage, l'aphorisme, les pensées,* etc.

mythe

V. p. 40.

nouvelle

Récit bref en prose. Origine italienne, se développe à partir du XVᵉ s., prospère depuis. Se différencie du *conte* par son caractère vraisemblable (le mot « nouvelle » signifie d'abord : fait réel), et du *roman* par sa brièveté. Relate en principe un seul événement. Nombreuses subdivisions selon les registres.

ode

Poème sur un sujet héroïque, en tout cas sérieux. Pas de forme fixe, mais en principe une série de strophes symétriques. Pouvait être mise en musique. En vogue aux XVIᵉ et XVIIᵉ s., reprise au XIXᵉ s. et au début du XXᵉ s.

pamphlet

Écrit polémique, en général bref, qui attaque violemment une opinion, une institution ou une personne. Toutes époques. Se présente sous des formes très diverses. Genres voisins : le *libelle* (qui désigne tout texte bref, mais plus particulièrement polémique), l'*épigramme* (petit poème railleur, fondé sur un mot d'esprit), la *satire.*

pastiche

Texte qui imite scrupuleusement le style d'un autre texte ; lorsque cette imitation prend un ton railleur, il y a *parodie*. Toutes époques.

poème en prose

Poème dont la forme n'est pas versifiée. Au XIXᵉ s., désigne des textes courts, dont l'unité de sujet, de style ou de registre est très marquée, et dont l'inspiration peut évoquer le poème en vers.

récit

V. p. 49. Ce terme est employé parfois comme nom de genre par des auteurs désirant éviter le mot « roman » et pour désigner toute sorte de textes narratifs.

roman

Genre narratif long, en prose (il était versifié jusqu'au XIVᵉ s.). Au Moyen Age, « roman » renvoie à la langue employée ; le *roman*, par opposition au latin. Cette forme peu contraignante n'a cessé de se développer, et est aujourd'hui le genre le plus prolifique. Peut aborder tous les sujets et registres, avoir toute sorte de fonction. Très nombreuses subdivisions (roman d'aventures, de mœurs, d'amour, policier, de science-fiction, fantastique, réaliste, etc.), auxquelles s'ajoutent celles qui tiennent au mode de diffusion (roman-photo, roman-feuilleton, etc.). Genres voisins : *nouvelle, conte, récit, portrait, épopée*. V. aussi *registre romanesque*.

satire

Poème qui attaque en les ridiculisant les mœurs d'une époque, d'un milieu, d'un individu. Forme non contraignante. Au sens large, tout texte de critique (même en prose) dénonçant les ridicules pour les corriger. Toutes époques. Genres voisins : le *pamphlet*, l'*épigramme*.

sonnet

Poème à forme fixe de 14 vers groupés en 2 quatrains et 2 tercets ; les quatrains doivent présenter la même disposition de rimes (ABAB ou ABBA) ; dans les tercets l'ordre CCDEDE est plus fréquent que CCDEED. L'une des règles observées (mais non impérative) est celle de la *chute :* le dernier vers apporte un effet de sens surprenant. Importé d'Italie au XVIᵉ s., cette forme reste très utilisée au XVIIᵉ s. puis au XIXᵉ s.

tragédie

Pièce de théâtre (en général, 5 actes en vers), dont les personnages sont de rang élevé, les événements exceptionnels, le dénouement malheureux. Imitée de l'Antiquité (grecque surtout), s'impose comme genre de premier plan au XVIIᵉ s., où elle est codifiée de façon stricte. Se prolonge ensuite sous des formes assouplies. A pris la place de l'*épopée* dans la hiérarchie classique des genres. Genre voisin : la *tragi-comédie* (mais dont le dénouement est heureux) ; le *drame* et le *mystère*. V. aussi : *registre tragique*.

vaudeville

Comédie légère dont l'intrigue burlesque est dépourvue de caractère de gravité. En ce sens, XIXᵉ s. surtout. Genres voisins, v. *comédie*.

4 Principales figures de rhétorique

La Rhétorique a codifié des tours d'expression permettant d'obtenir des effets de sens particuliers : on les nomme *figures* de rhétorique (ou : « figures de style »). On les distingue traditionnellement en figures de mots (dont celles qui portent sur un seul mot, les *tropes :* la catachrèse, la métaphore, la métonymie, la synecdoque), figures de construction (la répétition, l'anaphore...) et figures de pensée (l'ironie par ex.). On ne peut spécifier a priori les effets de sens que produisent les figures, puisqu'ils dépendent du contexte dans lequel elles sont employées. Mais on retiendra que toutes relèvent de deux processus fondamentaux :
− viser à des effets d'insistance (l'hyperbole, la question oratoire, etc.) ;
− susciter des sens au second degré (les tropes, mais aussi l'ironie, la litote, etc.).
Les figures se combinent souvent entre elles : une périphrase peut utiliser une métaphore, une antithèse peut se construire sur une hyperbole, etc.
Le répertoire ci-dessous n'est pas exhaustif : en le consultant, on se souviendra not. que toutes les structures syntaxiques ou presque ont fait l'objet de réflexions tendant à les définir comme figures (l'exclamation, l'interrogation, la répétition, l'énumération,...). On se souviendra aussi que les noms « savants » des figures recouvrent en fait des procédés extrêmement fréquents, y compris dans la langue courante.

allégorie (une)
Présente une pensée sous l'image d'une chose, qui a donc un sens littéral et un sens spirituel à la fois (elle prend valeur de symbole).
Dans *La Peste* de Camus, le Père Paneloux décrit la maladie comme un fléau qui tournoie au-dessus de la ville.
Elle peut consister aussi à personnifier et faire agir des abstractions (**la vertu, la Justice,** etc.).

allusion (une)
Formule les choses de telle façon que l'interlocuteur perçoive un rapport avec d'autres choses qu'on ne dit pas, mais qu'il connaît, par sa culture ou sa situation.
Anecdote : **le favori d'un roi, menacé de disgrâce, croise en descendant de chez le roi, un de ses rivaux plus heureux ; celui-ci lui demande quelles nouvelles.**
« — Rien, sinon que je descends et que vous montez. » (Allusion ici à la situation.)

anaphore (une)
Consiste à répéter au début d'une phrase (ou d'un membre de phrase, ou d'un vers) une même expression ou une même construction.
[...] **Ce qu'il faut de malheur pour la moindre chanson**
    Ce qu'il faut de regret pour payer un frisson
    Ce qu'il faut de sanglot pour un air de guitare. [...] (Aragon.)

antiphrase

Emploie une expression, par ironie notamment, pour faire entendre son contraire.
Hitler, ce grand démocrate.

antithèse (une)

Souligne l'opposition de deux choses ou de deux idées en les rapprochant.
Guerre et Paix (titre d'un roman de Tolstoï).
Capable du meilleur et du pire.

apostrophe (une)

S'adresse directement à un personnage, une idée, un objet, une force surnaturelle, en le prenant à parti ou à témoin.
Toi, l'Auvergnat, quand tu mourras,
Quand le croqu'-mort t'emportera, [...] (Brassens.)

asyndète (une)

Rapproche des mots de même catégorie grammaticale, sans mot de liaison.
Du pain, du vin, du Boursin (slogan publicitaire).
Travail, Famille, Patrie (slogan politique).

catachrèse (une)

Se produit quand la langue, ne disposant pas d'un mot propre pour désigner une réalité quelconque, est contrainte d'avoir recours à une expression par métaphore, métonymie ou synecdoque. Phénomène extrêmement courant, elle est davantage un fait linguistique qu'un fait stylistique à proprement parler.
Une dent de scie, une feuille de papier (catachrèses par métaphore obligée).

chiasme (un)

Croisement de termes.
Tunisie : le cœur de la Méditerranée... Tunisie : la Méditerranée du cœur !... (slogan de l'Office national du Tourisme tunisien).

comparaison (la)

Rapproche une chose d'une autre pour en souligner l'idée, par ressemblance ou différence. Le terme initial est le *comparé*, le second le *comparant*.
Elle pleure comme une fontaine.

ellipse (l')

Raccourcit l'expression, en supprimant des mots dans une construction sans en obscurcir le sens. Ce procédé peut aussi affecter des passages entiers dans des récits ou des discours.
Je t'aimais, inconstant, qu'aurais-je fait fidèle ? (Racine.)
C.-à-d. : je t'aimais alors même que tu étais inconstant ; que n'aurais-je pas fait si tu avais été fidèle !

équivoque

V. p. 132.

gradation (une)

Présente une suite d'idées, de sentiments, de qualités, dans un ordre tel que chacun est plus fort (crescendo) ou plus faible (decrescendo) que celui qui le précède.
C'est un roc, c'est un pic, c'est un cap [...] (E. Rostand.)
(Il s'agit du nez de Cyrano.)

hyberbole (une)

Présente l'extrême grandeur ou l'extrême petitesse (en qualité ou en quantité) avec excès ou exagération.
Un géant (pour : un homme de grande taille).
Une fée (pour : une femme aux multiples qualités, qui atteint à la perfection).

ironie (l')

Consiste à dire, sous forme de raillerie, le contraire de ce qu'on pense, ou qu'on veut faire penser. L'effet de l'ironie tient au ton et au contexte.

C'est malin !
On m'y reprendra à vouloir rendre service !
Vas-y ! Frappe-moi !

litote (une)

Consiste à dire le moins pour faire comprendre le plus : au lieu d'affirmer positivement une chose, on nie la chose contraire ou on la diminue, pour donner plus de force à l'affirmation ainsi déguisée.

Va, je ne te hais point ! (Chimène à Rodrigue dans *le Cid* de Corneille) signifie : sois assuré que je t'aime.
Son appartement n'est pas mal signifie : il est joli et confortable.

métaphore (la)

Est une sorte de comparaison sous-entendue. Elle consiste à désigner une chose en utilisant un terme qui en désigne une autre dans son sens littéral.

Le soir de la vie (pour : la vieillesse) ; la vieillesse est au déclin de la vie, *comme* le soir est au déclin du jour.
Les chevaliers du ciel (titre d'un feuilleton télévisé consacré aux exploits des pilotes de chasse) : l'aviation militaire, par son mode de combat et son code moral, est assimilée à la chevalerie de jadis.

métonymie (la)

Désigne une chose par un terme qui en désigne habituellement un autre, unie à la première par une relation de nécessité logique : désigner la cause pour l'effet, le contenant pour le contenu, le physique pour le moral, le lieu de la chose pour la chose elle-même, etc. et vice-versa.

Un Picasso (métonymie de la cause : le producteur, pour l'effet : le tableau).

mythologisme (le)

Emprunte à la mythologie des expressions pour les substituer à celles du langage ordinaire.

Le soleil avait achevé plus de la moitié de sa course et son char, ayant attrapé le penchant du monde, roulait plus vite qu'il ne voulait. [...] (Scarron.) Allusion, ici parodique, au char de Phébus, dieu du soleil et de la lumière.

oxymore (un)

Consiste à associer deux mots (not. un substantif et un adjectif) dont les sens sont contradictoires.

[...] Cette obscure clarté qui tombe des étoiles [...] (Corneille.)
Hâtez-vous lentement !

paradoxe (un) (encore appelé : **alliance de mots**)

Rapproche ou combine des mots ordinairement opposés ou contradictoires, de façon à rendre plus frappante une affirmation.

Qui paie ses dettes s'enrichit (proverbe).
La poésie dit l'indicible.

paraphrase (une)

Reprend ce qui a déjà été exposé, sous une forme plus étendue et diffuse.

− Dans le sens courant, prend valeur péjorative (elle n'est que redite maladroite).
− Dans le sens technique, désigne l'exercice qui ajoute à une idée de fond, des embellissements d'expression, souvent par accumulation de périphrases.

périphrase (une)

Désigne une chose d'une manière détournée et imagée.

La ville-lumière (pour : Paris).
L'astre de la nuit (pour : la lune).

personnification (la)

Présente un objet ou une entité quelconque comme un être réel, doué d'intentions.

La République nous appelle ! [...] *(Chant du Départ.)*

pléonasme (un)

Formule ou expression qui répète ce qui vient d'être dit.

Il peut être fautif **(descendre en bas)**, mais pas nécessairement. Proche de la *rédondance,* qui apporte une information superflue parce que déjà donnée auparavant. Le *truisme* est une vérité d'évidence qu'il était inutile d'énoncer **(les enfants sont plus jeunes que les adultes)** ; très voisin de la *tautologie,* qui présente comme une démonstration effective ce qui précisément était à démontrer **(il est absent parce qu'il n'est pas là)**.

prétérition (la)

Annonce qu'on ne parlera pas de certaines choses, tout en en parlant pourtant nettement, par l'énumération même de ce dont on ne va pas parler.

Je ne rappellerai pas le rôle ambigu de ce personnage pendant la guerre, ni sa compromission dans de graves scandales financiers.

prolepse (la)

Consiste à prévenir une objection, en y répondant d'avance.

Vous me direz que je n'avais qu'à rester chez moi ; mais je vous répondrai qu'il faut savoir goûter le spectacle de la rue.

prosopopée (la)

Consiste à mettre en scène des êtres surnaturels ou inanimés, des absents ou des morts, et à les faire agir et parler.

question oratoire (une)

Consiste à poser une fausse question, c.-à-d. non pas pour demander une réponse qu'on ignorerait, mais pour répondre soi-même. Souvent la réponse est contenue dans la formulation même de la question.

Irai-je perdre mon temps avec un tel imbécile ?

Elle peut aussi exprimer une interrogation qui est une affirmation marquée :

Penses-tu t'en sortir ainsi ? (pour : tu comprends aisément que tu ne t'en sortiras pas ainsi).

rétroaction (la)

Consiste à revenir sur ce qu'on a dit, pour le renforcer, l'atténuer ou l'annuler.

suspension (la)

Consiste à faire attendre jusqu'à la fin d'une phrase (ou d'un paragraphe, ou davantage) une information ou un jugement pour les rendre plus frappants.

synecdoque (une)

Désigne une chose par le nom d'une autre avec lequel elle forme un même ensemble ; elles sont unies par un rapport d'appartenance : la partie pour le tout, la matière pour l'objet, le singulier pour le pluriel, l'espèce pour le genre, etc. et vice-versa.

Les deux-roues (pour : les véhicules à deux roues ; synecdoque de la partie pour le tout). **Un fer** (pour : une épée ; synecdoque de la matière pour l'objet).**L'homme** (pour : les hommes, le genre humain ; synecdoque du singulier pour le pluriel). **Un Harpagon** (pour : un avare ; synecdoque d'un cas particulier pour l'espèce tout entière).

synonymie (la)

Encore appelée *métabole.* Consiste à accumuler des synonymes ou presque synonymes pour souligner une même idée.

Promis, juré, craché.

zeugme (un)

Construction syntaxique où un mot est énoncé une seule fois, alors qu'il est associé à deux termes distincts qui lui donnent chacun une valeur différente. Par exemple, le verbe **aimer** est pris une fois en son sens le plus large **(aimer la vie)**, une fois en son sens le plus concret et restreint de « plaisir gustatif » **(aimer les coquillettes)** dans : **J'aime la vie et les coquillettes** (Renaud).

5 Pistes bibliographiques

Nous n'indiquons ici que des « pistes » utiles à qui souhaitera approfondir tel ou tel des aspects principaux des études littéraires. Consulter aussi la rubrique **« Usuels »,** p. 206

1. Pour les données fondamentales d'**histoire de la littérature** française :

— M.M. FRAGONARD, *Précis d'histoire de la littérature française,* Didier, 1981 (comporte une bibliographie indiquant les usuels d'histoire littéraire et des ouvrages pour chaque genre et période).

2. Pour les méthodes et techniques d'**expression :**

— F. VANOYE, *Expression-Communication,* A. Colin, coll. U, 1973.

— F. VANOYE et alii, *Pratiques de l'oral,* A. Colin, coll. U, 1981.

Et, pour les exercices pratiqués au lycée et à l'université :

— D. BARIL et J. GUILLET, *Techniques de l'expression écrite et orale,* Sirey, Uni-tech, 2 vol., 1975-1978.

3. Pour des travaux en matière de **critique et théories littéraires,** voir la section « *Critique* », pp. 199 à 203, qui donne une bibliographie classée et commentée.

4. Sur l'analyse des **récits** et du **fait poétique,** la revue *Poétique,* n° 30 (1977), fournit deux bibliographies très détaillées.

5. Sur l'analyse des **discours,** outre les indications données dans les chapitres 3 et 4 de la deuxième partie de ce volume-ci, on pourra consulter aussi la revue *Pratiques,* n° 28 (oct. 80) intitulé « Argumenter », ainsi que le n° 16 de la revue *Communications* (1970).

6. Sur la liaison entre recherches critiques et pratiques de **lecture,** voir *Faire/lire* (Didier, 1983) ; cet ouvrage donne aussi des compléments bibliographiques sur cette question.

7. Pour des pratiques et jeux d'**écriture :**

— J.-M. CARÉ et F. DEBYSER, *Jeu, langage et créativité,* Hachette-Larousse, 1978.

— OULIPO, *Atlas de littérature potentielle,* Gallimard, coll. Idées, 1982.

6 Alphabet phonétique international (A.P.I.)

VOYELLES	CONSONNES
[i] idée, dynastie	[p] prix, part
[e] étrangler, imité	[t] tri, patte
[ɛ] fait, brouet, permis	[k] crâne, quai, bac, képi
[a] jade, latte	[b] brun, jabot
[ɑ] gâter, pâte	[d] don, rade
[ɔ] corps, étonner	[g] gaz, bègue
[o] tôle, veau, ébauche, rabot	[f] fuite, veuf, photo
[u] chou, boue	[s] sol, celle, ça, dessus, passe, ovation
[y] ruche, venue	
[ø] feu, deux	[ʃ] chambre, bâche
[œ] grandeur, fleur	[v] vie, révolution
[ə] fourberie, petit	[z] zénith, maison, pause
[ɛ̃] fin, peinture	[ʒ] jarret, geler, geôlier
[ɑ̃] cran, auvent	[l] lourd, bol
[ɔ̃] rond, ombre	[r] rame, partir
[œ̃] brun, lundi	[m] mort, paume
	[n] nœud, borne, âne
SEMI-CONSONNES	[ɲ] règne
[j] briller, yeux (appelée yod)	[h] hep ! (exclamatif)
[w] oui, vouer	['] hasard (pas de liaison)
[ɥ] nuire, fuite	

7 Index

Les chiffres renvoient aux numéros de pages ; les chiffres en gras renvoient aux passages où les termes sont plus particulièrement définis. Ne figurent pas dans le présent index les termes désignant les genres littéraires, les figures de rhétorique et les registres, qui sont présentés par ordre alphabétique pp. 211 à 219.

Imprimé en France
par l'Imprimerie Hérissey, Évreux
Dépôt légal : Mars 1991 — N° d'impression : 58132